本书得到国家自然科学基金青年项目"政治关系网络下策略性减排的形成机制及空间溢出效应研究"（项目编号：71703035）资助

外商直接投资、环境污染与策略性减排研究

邓玉萍　许和连◎著

Foreign Direct Investment,Environmental Pollution and
Strategic Emission Reduction

人民出版社

序

　　本书紧扣"开放经济体系下中国利用外资与环境保护协调发展"这一主题,结合当前全面构建开放型经济新体制以及生态文明和美丽中国建设的宏观背景,试图从国家层面、地区层面、行业层面、企业层面探寻促进环境与引进外资协调发展的有效途径。改革开放40年来,中国经济一直保持着高速增长态势并创造了举世瞩目的"中国奇迹",外商直接投资规模也在不断扩大。然而随之而来的环境污染也在加剧,大气污染、固体废弃物、酸雨等一系列的环境问题日益严重。频发的环境污染事故造成了重大的经济损失,严重影响了人们的生活和身体健康,并引发了一系列群体性事件(如紫金矿业"污染门"、长治苯胺泄漏事件等),环境污染问题不容小觑。加强环境治理、建立青山蓝天绿水的美丽中国已成为社会的普遍共识。然而,作为全球价值链中的一个重要环节,中国通过引进外资、降低环境规制来积极承接发达国家的产业转移,其中不乏一些污染密集型产业,这在一定程度上沦为了发达国家的"污染避难所"。与此同时,在现行的"政治集权"加"经济分权"的制度组合之下,地方政府在推动中国经济增长的进程中一直居于核心地位。因而中国的环境污染问题是现行经济发展方式的结果,这种经济发展动力又源于独特的地方政府行为。

　　有鉴于此,本书结合当前日趋严重的跨境污染转移、污染溢出以及污染攀比等现象,首先,将复杂网络理论纳入国际投资理论分析中来,探讨一国在国际投资网络中的角色及地位对当地环境质量的影响及在跨境污染转移中所起的作用。其次,选择中国作为国际投资网络中的重要节点,进一步以地方政府在招商引资过程中的策略互动为关键,实证检验分权体制下的地方政府间的策略性引资竞争对地区环境质量的影响。再次，考察了财政分权和政企关系如何影响 FDI 环境效应，并进一步探讨了地方主政官员更替如何调节 FDI 的环境效应。最后，结合新经济地理学和空间集聚理论实证检验外商直接投资与产业集聚互动对环境质量的影响，据此探讨相邻行业间及区域策略性减排的成因。与以往的研究相比，该专著有以下四个突出的特点：

一是从国际投资网络的视角考察了跨境污染转移的成因和形成机制，有效地融合并拓展了现有的国际投资和"污染避难所"假说的理论和经验研究，进而为跨境污染转移问题提供一个全新的研究视角。二是从地方政府竞争这一新的角度出发，以地方政府在招商引资过程中的策略互动为关键，采用空间计量模型全面考察了经济发展和财政收支双重激励下的策略性引资竞争对环境的外溢效应。三是基于地级市层面的环境污染数据和官员特征数据检验了地方政府官员和外资企业关系对环境污染的影响，并进一步选择各省中国共产党代表大会作为政企关系变动与策略性减排的重要事件，据此判断了污染排放的时间分化和空间分化等策略性减排特征，从而回答了中央政府政策何时"抓"和何时"放"的问题。四是试图将 FDI、产业集聚与策略性减排纳入统一的研究框架，并以产业集聚的环境外部性为切入点，通过考察"专业化"与"多样化"两个维度的集聚外部性影响环境质量的内在机理和减排效应，以期为节能减排寻求新的政策着力点。

外商直接投资对环境污染的影响是多方面的，也具有一定的复杂性。在有限的篇幅中，本书在以往的研究基础上进一步考察了 FDI 对环境污染的空间效应，并从宏观层面上有效识别了策略性减排的制度性根源，为构建中国特色的政治合作机制、避免政府间的过度竞争提供了重要的借鉴和指导意义。相关研究有助于较为综合全面地解析"财政分权"背景下我国环境治理绩效，为规范地方政府行为、优化 FDI 环保效应提供了有力的证据，也为基层行政管理体制改革和政府职能转变提供了经验和政策借鉴。

邓玉萍　许和连

目　　录

导　　论

　　经济全球化的深入发展使得各个国家在经济上的相互依赖性不断增强,也使得经济增长与环境污染的两难冲突越发明显,进而引起人们对可持续发展问题的重新关注和广泛思考。20 世纪 90 年代以来,以跨国公司为载体的国际直接投资呈现出强劲的增长态势,并通过促进国际贸易发展和提高国际市场效率来全面推动世界经济的快速增长。资本的流动方向也以发达国家之间的相互投资为主,发达国家既是国际资本的主要流入地,也是国际资本的主要流出地。进入 21 世纪后,发展中国家普遍认识到外资对国内经济的积极促进作用,通过参与国际分工来加大资本引进与输出的势头越来越强。随着国际分工体系的不断深化,跨国公司利用前后向联系带动其他国家加强投资合作,并形成一个相互联动、相互制约、相互依存的投资网络。此时发展中国家必将成为该投资网络中的一个据点,这种关联式投资为发达国家的污染产业转移提供了便捷的渠道。具体来说,发达国家可以利用对全球投资网络的高度依赖性和控制能力强化网络核心地位,并通过直接或间接供应商渠道将本国受环境规制影响的污染产业转移到其他国家。另外,对国际资本依赖性较高的发展中国家在承接发达国家的产业转移时,也可能通过"逐底竞赛"的方式引进部分污染密集型产业,进一步导致污染源的大范围区际转移。

　　作为国际投资网络中的一个节点,中国在创造出举世瞩目的"中国奇迹"之际,更成为外商投资的重要市场。目前,中国已连续 24 年成为吸引外资最多的发展中国家,并于 2014 年开始成为世界上最大的外资流入国。作为"资本、技术、营销、管理的结合体"的外商直接投资(Foreign Direct Investment,简称 FDI)不仅弥补了经济发展过程中的资金缺口,而且通过溢出效应带来了新的管理经验、新技术、新观念,推动区域产业结构的调整和市场化进程。然而长期以来"重数量、轻质量,重速度、轻效益"的引资模式不仅加剧了国内资源短缺和环境恶化,使得经济发展容易受到资源、能源供给不足和环境承受能力的严重制约,而且还导致区域之间的恶性引资竞争频繁上演,低质量、高污染外资开始逐渐由发达国家转入我国的东部沿海地区。2013年在国家环保总局公布的存在环境违法行为的130家外资企业名单中,一些口碑不错的跨国公司如松下、联合利华、博世、通用汽车、美标也"榜上有名"。对这130家上过环保黑名单的跨国企业进行事后督察时发现,部分公司仍然对中国的环境法律置若罔闻,数次被发现有环境违法行为。对一些知名企业的跟踪调查结果显示,包括福特汽车、通用电气等口碑不错的外资企业竟然实施了双重环境标准,这些跨国公司在其本国乃至某些发达国家都拥有良好的环保口碑,但在我国却连最基本的排放标准都没有达到。

随着全球经济一体化步伐的加快和生产要素的快速融通,地区之间的招商引资竞争愈发激烈,地方政府将存在足够的激励去采取主动降低环境标准这种"逐底竞赛"的方式来吸引更多的外资,国内环保法规、监管漏洞等则促使跨国公司通过寻求"投机"空间来采取有别于本国的双重环保标准。与此同时,区际产业转移已成为区域经济发展中的一个突出现象,在产业梯度转移经济规律的指导下,东部沿海地区通过FDI方式承接了大批发达国家的产业转移,其中不乏一些被发达国家淘汰的高污染产业。近几年来,由于外资进入门槛的不断提高和劳动力成本及土地价格攀升,部分外企投资开始由沿海地区转移至中西部地区或其他新兴市场,一些污染产业乘机流入内陆环境规制水平更低的地区并形成产业集聚,从而给西部地区脆弱的生态环境增加了新的负担。由此可见,FDI引起的环境问题不仅仅体现为污染的空间外溢,而且在区域竞争和产业转移的双重作用下越来越多地体现为污染源的大范围区际转移,从而给当地的环境质量和社会福利带来很大的负面影响。

继哥本哈根气候大会后,中国在2014年联合国气候峰会上明确承诺2020年碳减排40%—45%。把握当前国际环保大趋势,努力协调FDI与区域环境问题已成为地方政府面临的严峻而又现实的问题。2014年国际低碳经济研究所发布了以《中国已成为污染大国》为题的相关报告,并将中国各地频发的雾霾称为"当今全球最大的环境灾害"。统计数据显示,2015年我国工业废水和生活废水排放量分别为199.5亿吨和535.2亿吨,废水排放总量达到734.7亿吨;工业固体废弃物排放量为32.7亿吨;工业二氧化硫排放量为1556.7万吨,自2005年以来一直居世界第一。全国七大水系42.5%的断面属于Ⅴ类及劣Ⅴ类水质,富营养化问题非常突出。酸沉降、光化学烟雾、细颗粒物等已经在城市密集地区构成严重的区域性污染,城市中只有不到20%的垃圾按照环保方式处理。2015年英国石油公司(British Petroleum,简称BP)发布的《BP世界能源统计年鉴》相关数据显示,中国各类污染物排放量均居世界首位,其中,二氧化碳排放量占全球的29%,氮氧化物占28%,二氧化硫占31%。《2016年全球环境绩效指数评估报告》显示,在全世界180个参加排名的国家和地区中,中国整体空气质量排名世界倒数第二,其中$PM_{2.5}$平均值全球倒数第一,$PM_{2.5}$超标范围已基本覆盖全国绝大部分地区。

中国在环境污染方面的巨大挑战,已经引发了世界各国之间一系列的讨论。日益加剧的雾霾现象、不断曝光的工业污染偷排事件、遍布全国的"血铅超标"和"癌症村"问题等环境污染事件无不表明,中国环境承载能力已经达到或接近上限,加强环境治理刻不容缓。为此,中央政府开始将主要污染物减排作为经济社会发展的约束性指标纳入"十一五"发展规划,并在党的十八大、十八届四中和五中全会中进一步提出全面减排目标。2015年1月起实施的《新环境保护法》首次规定了生态保护的红线制度,对环境监测和跨行政区污染防治都提出了有效的制度设计。2016年中国环境保护部宣布设置水、大气、土壤三个环境管理司,中国的环境管理向系统化、科学化、精细化迈出了实质性的一步。2017年政府工作报告进一步提出,要"加大生态环境保护治理力度,坚决打好蓝天保卫战",充分彰显了中央政府治理环境污染的决心。

而在环境污染治理问题上,地方官员在环境执法过程中容易受到同一级别或者更高级别单位或部门的行政干预,导致本地领导和企业没有承担造成生态环境损害的责任。在当前的财政分权体制下,地方政府在中央政府和企业之间扮演着"双重代理人"的角色,一方面,地方政府作为中央政府政策实施的"代理人",负责实施和监督中央政府制定的环境保护政策;另一方面,地方政府作为辖区的"代理人",承担着促进本地区经济发展的重任。对于致力于经济增长的地方官员而言,下级地方政府容易通过手中掌控的大量稀缺资源和行政审批权来实现高污染、高能耗企业落户,上级地方官员放松监管以降低下级地方官员被查处的可能性,最小化违法成本的同时实现发展辖区经济的共同目标。与此同时,现行的政治体制下,环境执法机构隶属于本级环保局事业编制,地方环保部门的领导由本级地方政府任命,环境行政执法容易受制于发展地方经济的政府行政干预。因而,经济激励中的连带机制促使地方官员之间、官员与企业之间关系密切,并且这种关系随着中央对地方的权力下放和市场经济改革的推进,开始由简单的纵向或横向关系走向多样,多元主体平等参与的网络型关系开始凸显。

在经济增长和减排压力的双重约束下,区域污染排放也将呈现出明显的策略性特征:一方面,区域污染排放具有明显的时间策略性。中国共产党代表大会召开期间,地方主政官员更替频繁,且每年召开时间比较固定,因而地方官员可以事先调整其环境政策来获得经济增长的激励。中国共产党代表大会召开前夕,地方官员将会积极履行环保服务民生的职责。这一行为不仅降低了排污企业的寻租可能性,而且限制了部分高污染、高能耗企业的进入。中国共产党代表大会召开后,对 GDP 增长的过度关注使得地方政府对企业排污监管和约束大大弱化,导致区域排污水平出现一定的上升。另一方面,区域污染排放具有明显的空间策略性。囿于区域要素禀赋的差异,地方官员推动经济增长的动机与效果同样存在着巨大的差异。其中发达地区更注重加强环境规制和改善环境质量以获得长期的竞争优势,因而邻近地区之间可能存在减排倾向。而落后地区为了吸引更多的流动性资本进入或承接更多的污染产业转移,可能会主动降低环境保护标准或放松环保规制,进而引发"向(环境标准)底线赛跑"现象。因而区域间因要素禀赋差异而形成竞争标尺分化,从而造成了污染排放的空间分化性。

有鉴于此,本书立足于当前"层层加码"式减排考核和"层层衰减"式环保执行效果的典型事实,结合当前日益频繁的雾霾现象以及居高不下的污染排放情况,力求解决以下问题:在经济全球化日益加深和国际分工日益深化的时代,以国际资本为载体的跨境污染转移是如何产生的? 作为国际投资体系中的一个重要节点,中国的地方政府竞争是否会显著影响到FDI的环境效应? 地方政府行为下的引资竞争是否会加剧污染的空间外溢? 分权体制下的经济激励是否会推动外资企业通过寻租来逃避中央政府严厉的减排监控? 引资竞争下的政企关系如何推动区域策略性减排行为? FDI引进后如何通过集聚效应来改善局域环境污染? 如何形成市场—政府—企业"三位一体"的污染治理格局来遏制污染攀比? 针对以上问题,本书遵循"现状描述—理论机制—实证检验—政策设计"的研究思路,围绕"外商直接投资、环境污染与策略性减排"这一研究主题展开,结合跨国数据、地区数据和行业数据,主要从以下四个方面和步骤展开了较为系统的探讨和研究:

第一,明确一国在国际投资网络中的角色及地位对当地环境质量的影响及在跨境污染转移中所起的作用。基于国际贸易中心数据库公布的双边直接投资流量数据构建同时包括投资规模及投资影响力在内的"局域"投资网络指标,据此探讨国际投资网络的拓扑特性和演化规律,并分别从节点内聚性、节点重要性、节点中心性三个角度考察网络主体的角色及地位。在此基础上,将局域投资网络指标纳入空间计量模型,探究国际投资网络渠道的环境污染转移机理及方式,并全面阐释国际分工格局下的要素禀赋效应和"污染避难所"效应如何相互作用并共同决定国际投资网络的环境效应。

第二,结合地方政府在招商引资过程中的策略互动行为,深入考察分权体制下的引资竞争对环境污染的影响。鉴于经济激励下的引资竞争对我国的环境质量将会产生直接或间接的影响,本书试图从财政分权这一新的角度入手,以地方政府在招商引资过程中的策略互动为关键,利用中国省级面板数据、城市面板数据实证检验地方政府间的引资竞争对环境污染的影响,全面阐释经济激励下地方政府间的引资竞争如何导致污染外溢。

第三,结合政治经济学和制度经济学的分析框架,从政企关系的视角考察污染外溢的成因及背后机制。立足于当前"层层加码"式减排考核和"层层衰减"式环保执行力度,结合官员考核激励下的策略性减排困境,本书构建了财政分权和晋升激励下政企关系影响外资减排的理论分析框架,准确识别政企关系影响下策略性减排行为的形成机制,并实证检验政企关系对策略性减排行为的影响以及由此引致的空间溢出效应。在此基础上,进一步从官员交流这一隐形治理角度出发,考察官员更替前后政治激励的变化对其环境监管行为的影响差异,准确评估官员异地交流是否会改变政企关系进而影响到策略性减排。

第四,针对当前利用 FDI 来培育本土产业集群并推动本土技术创新的发展模式,探讨不同行业、地区间污染互动成因。本书将产业集聚、FDI 与环境污染纳入统一的研究框架,并把反映行业相似性的技术距离矩阵及经济距离矩阵分别引入空间杜宾模型,实证检验外商直接投资与产业集聚互动对本行业及相邻行业的环境影响,据此探讨相邻行业间策略性减排的成因。在此基础上,以产业集聚的环境外部性为切入点,通过考察"专业化"与"多样化"两个维度的集聚外部性影响环境质量的内在机理和减排效应,以期为节能减排寻求新的政策着力点。

第一章　外商直接投资与环境污染的相关研究进展

随着经济全球化进程的逐渐加快以及世界市场的不断融合,国与国之间的资本、劳动力等要素流入日益频繁,国际贸易与国际投资规模日益庞大。作为"资本、技术、营销、管理的结合体"的外商直接投资(FDI)在给东道国带来巨大经济利益的同时也对当地的环境造成了一定的影响。关于外商直接投资与环境污染的关系研究集中在以下两个方面:一是外商直接投资与环境问题的理论基础探究;二是外商直接投资的环境效应,主要集中考察"污染避难所"假说和"污染光晕"假说。本章将对上述中外研究文献进行系统回顾,并据此提出文献评述。

第一节　外商直接投资与环境污染的理论基础探究

一、外商直接投资与环境问题的思想溯源

国内外学者关于FDI对环境污染的影响研究最早可以追溯到经济增长与环境污染的简单关系。环境污染被看作是经济增长过程中产生的"副产品",这主要归因于经济增长过程中必然消耗大量的资源。因此,早期学者在研究中着重强调了经济增长与资源环境承载力之间的关系。英国古典经济学家马尔萨斯(Malthus,1798)最早意识到如果不正确处理好资源、环境、经济、人口与社会发展的关系,人类将面临自我设置的"生存困境"。之后,米尔(Mill,1848)在其论著《政治经济学原理》一书中提出经济增长存在资本不足和土地不足的双重限制,并探讨了经济增长对

环境质量的不良影响。

第二次世界大战后,环境污染、资源短缺等社会性问题使得人们对传统的经济增长方式进行了全面的反思与批判。库兹涅茨(Kuznets,1955)发现人均 GDP 与基尼系数之间的关系呈现倒 U 型变化,据此提出环境库兹涅茨假说。从 19 世纪中期开始,学者们开始主张根据市场供求与效率配置原则研究环境污染、资源配置的最优控制与利用问题。如科斯(Coase,1960)全面分析了产权明晰化对环境污染治理的重要作用,并创造性地提出通过明晰环境资源产权的方式来控制污染排放总量和降低污染治理费用。戴尔(Dales,1968)首次提出了排污权交易的理论设计,并主张资源环境所有者的政府可以出售一定的排污配额或排污许可证,污染者就可以从政府手中购买这项权力或者与持有污染权的其他当事人交换这种权力。

20 世纪 70 年代曝出的世界性能源危机使得经济增长与资源环境之间的矛盾再度激化,在此背景下,以梅多斯等(Meadows 等,1972)为代表的罗马俱乐部成员利用系统动力学原理建立了经济增长与环境资源的标准模型,论证了人口与资本的几何级增长对自然资源和环境承载力的影响,并据此提出了著名的"增长极限论"。该理论的核心思想是人类必须自觉抑制增长,并由传统的增长模式转向全球均衡。"增长极限论"的提出引起了学术界的广泛关注,并据此形成了以奥普斯卓尔(Opschoor,1992)为代表的悲观主义派系以及以贝克尔曼(Becherman,1972)为代表的乐观主义派系。奥普斯卓尔(1992)的理论研究同样表明当生产规模超过环境承载力时,生态系统将出现崩溃进而最终限制经济增长。与悲观主义学者研究结论相反的是,贝克尔曼(1972)的研究表明在解决环境外部性的条件下可以同时实现经济增长与环境可持续发展。至此,学术界对经济增长与环境关系的研究进入以可持续发展为目标的新阶段。

二、外商直接投资与"环境库兹涅茨曲线"假说

格罗斯曼和克鲁格(Grossman 和 Krueger,1995)在研究贸易、经济与

环境的相关关系时，首次提出了环境库兹涅茨曲线（Environmental Kuznets Curve，简称 EKC），并从规模效应、结构效应和技术效应三方面阐述了贸易对东道国环境的不同影响渠道。理论和经验研究显示，对于不同国家或地区以及不同的污染物而言，环境污染与经济增长之间的关系并不完全符合倒 U 型曲线假说。弗里德尔和盖茨纳（Fridel 和 Getzner，2003）的研究显示，废水、固体废弃物与经济发展水平之间呈单调上升的关系，而二氧化碳与经济发展水平之间呈单调上升或三次方型，且工业化国家的 EKC 会呈现较明显的三次形式。在环境库兹涅茨曲线的理论及经验研究中，我们尤其关注外商直接投资与环境污染之间的关系研究。沙赫巴兹等（Shahbaz 等，2013）利用 1985—2006 年 110 个发达国家和发展中国家的面板数据对 FDI 与东道国碳排放之间的非线性关系进行了考察，并发现人均 GDP 与人均碳排放之间存在显著的倒 U 型关系，而人均 FDI 与碳排放之间的关系呈现显著的正相关。少数研究发现 EKC 假说仅仅在部分国家成立，如塔玛齐亚尼等（Tamazian 等，2009）利用 1992—2004 年金砖四国和日本、美国的跨国面板数据，采用 EKC 模型和固定效应回归方法对各国金融发展与碳排放之间的关系进行了考察，其研究表明人均 GDP 与人均碳排放量之间的倒 U 型关系并不固定，而 FDI 存量增加则显著降低了各国的碳排放水平。何洁和王华（He Jie 和 Wang Hua，2012）采用 1991—2001 年中国 74 个城市的面板数据考察了经济结构、发展政策和环境规制等因素对 EKC 曲线的形状及拐点的影响程度，结果发现，FDI 明显加重了地区污染排放水平。

由此可知，EKC 的分析框架进一步拓展了 FDI 对环境污染影响的研究视角，但这一方法只是在 FDI 与环境污染之间建立了一个通用的关系，并没有打开 FDI 与环境污染之间因果关系的作用机制。为了更清晰地理解 FDI 的环境效应，后期学者以污染产业转移为切入点，开始探讨 FDI 的"污染避难所"效应和"污染光晕"效应，并据此形成了两种不同的观点。

第二节　外商直接投资对东道国
环境污染的影响研究

一、外商直接投资与"污染避难所"假说检验

现有文献中关于外商直接投资对环境影响盛行的一个观点是"污染避难所"假说(Pollution Haven Hypothesis,简称PHH),该假说最早由沃尔特和阿格勒(Walter 和 Ugelow,1979)提出。"污染避难所"假说认为,发达国家的企业为降低实施较高环保标准所带来的成本与费用,往往将污染产业或夕阳产业通过外国直接投资转移到环境规制标准与治污成本相对较低的发展中国家,从而显著恶化了东道国的环境福利。不少学者对"污染天堂"假说进行了理论和实证研究,其中一些学者的研究为"污染天堂"假说提供了有力的证据,认为FDI恶化了区域环境质量。科普兰德和泰勒(Copeland 和 Taylor,1994)的研究表明,开放经济条件下的环境规制将显著影响到污染密集型产业在世界范围内的再分配,并据此提出"产业漂移"假说。马库森(Markusen,1999)认为在经济发展的早期阶段,发展中国家为了吸引更多的外资流入,往往会放松环境管制标准,加速自然资源的开发和利用并生产更多的污染密集型产品,因此发展中国家更多的是从事"肮脏行业"的生产,出口的也往往是污染密集型和资源消耗型产品,从而沦为发达国家的"污染避难所"。与此同时,科尔和埃里奥特(Cole 和 Elliott,2005)进一步指出,发展中国家为了获得更多的外资或防止本国资金外流,将会主动降低环境保护标准或放松环保规制以维护本国污染密集型产业的竞争力,从而出现所谓"向(环境标准)底线赛跑"甚至"生态倾销"现象。

绝大多数学者的实证检验结果也证实了"污染避难所"假说的成立。如贝克兰和古(Baek 和 Koo,2009)使用跨国或地区面板数据对FDI与污染排放进行格兰杰因果关系检验,结果表明FDI的流入会增加东道国的污染排放量。莱文森和泰勒(Levinson 和 Taylor,2008)对"污染天堂"现

象进一步进行解释,并认为跨国公司全球战略下形成的跨国价值链条促使东道国加入其全球协作网络,成为其水平投资的据点和垂直投资体系中的某个环节,这种产业转移可能将环境污染较为严重的产业转移到发展中东道国进行生产从而造成东道国的生态环境恶化。一些学者的研究也表明跨国投资引起的污染转移仅仅发生在污染密集型边际产业或部分OECD 国家及东亚国家,比如瓦格纳和蒂明斯(Wagner 和 Timmins,2009)。

二、外商直接投资与"污染光晕"假说检验

另一些学者的研究则显示,FDI 的进驻不但没有恶化东道国的环境质量,反而有利于改善区域环境污染,并主要从"污染光晕"这一角度对其进行解释。格雷和布兰克(Grey 和 Brank,2002)认为跨国公司为东道国企业提供了学习并采用相似的管理技术的难得机遇,并进一步推动了内资企业实行 ISO 14001 环境管理体系。艾斯克兰德和哈里森(Eskeland 和 Harrison,2003)同样发现跨国公司总是倾向于对投向东道国的公司散播绿色技术,通过运用统一的环境标准而有利于东道国的环境污染减少。部分学者也指出,发展中国家可以利用 FDI 的技术外溢效应来改善东道国环境质量。如王华和金彦宏(Wang Hua 和 Jin Yanhong,2007)在对我国 1000 多个三资企业的污染排放物进行研究后发现,外资企业比国有企业和私有企业有更好的环境行为。他们认为外资企业污染较少是因为它们使用了较高的技术且在能源使用上更有效。吉尔马和贡允丹(Girma 和 Gong Yundan,2008)认为外商直接投资的技术转移和溢出效应不仅促进东道国企业的技术升级,同时有可能将本国已经淘汰但在东道国却相对先进的技术进行转移,这有助于东道国企业提高技术效率,以较少的资源消耗和环境污染生产更多价值。伊斯汀和曾卡(Eastin 和 Zeng Ka,2009)也指出,FDI 在流入东道国的同时会将其先进的技术、管理经验带入,从而对环境产生正的溢出效应,他们利用我国省际面板数据的检验也证实了外资的流入能够通过技术进步使得环境得到改善。阿尔博诺兹等(Albornoz 等,2009)进一步指出,在与内资企业的生产合作中,跨国公司

可以将本国已经淘汰但在东道国却相对先进的技术进行转移来实现清洁或绿色生产,且外资企业可以通过水平溢出和垂直溢出两种技术外溢渠道改善东道国环境质量。

三、外商直接投资与环境污染的复杂传导机制研究

部分学者认为 FDI 对环境污染的影响应该存在一个复杂的传导机制。为了打开 FDI 与环境效应之间因果关系作用机制的"黑匣子",包群等(2010)运用一般均衡分析将 FDI 的环境效应分解为规模效应和收入效应,认为一方面外资进入扩大了东道国生产规模和产出水平,因而导致更多的污染排放;另一方面,外资提高了东道国居民收入水平,东道国污染税率的提高将迫使企业使用更多的资源用于污染治理,外资与东道国环境污染之间存在倒 U 型曲线关系。盛斌和昌越(2012)采用中国 2001—2009 年 36 个工业行业的面板数据对 FDI 的环境效应进行经验检验,其实证结果表明,FDI 无论是在总体上还是分行业上都有利于减少我国工业的污染排放,且 FDI 通过技术引进与扩散带来的正向技术效应超过了负向的规模效应和结构效应。张宇和蒋殿春(2014)详细探讨了外资进入与政府监管在地区大气污染强度变化过程中所起到的作用,结果表明,外资企业的进入同时具备"污染避难所"假说和"污染光晕"假说的双重特征,FDI 在引起我国产业结构向高污染行业转移的同时显著促进了当地和其他地区的环保技术应用。

一些学者通过建立联立方程考察了 FDI 与环境污染之间的影响机制。如何洁(2010)以格罗斯曼和克鲁格(1995)的研究为基础,建立联立方程分别考察了 FDI 对环境污染的规模效应、产业结构效应和技术扩散效应,并发现 FDI 每升高 1%,工业 SO_2 排放量增加 0.099%,且 FDI 带来的规模效应和产业结构效应抵消了环境政策的作用,总体上"污染避难所"假说成立。史青(2013)则从政府廉洁度的视角出发对工业 FDI、环境规制与环境污染三者之间的关系建立联立方程检验,并发现 FDI 确实增加了当地的污染排放,且 FDI 对环境标准的影响与当地政府的廉洁程度有关。除此之外,一些学者认为 FDI 与环境污染之间并非存在简单的线

性关系,而是存在门槛阈值效应。杨杰和卢进勇(2014)通过2000—2011年中国247个城市FDI、污染排放及控制变量的面板数据回归分析,实证检验了FDI对我国污染排放影响是否存在门槛效应。结果同样证实FDI对环境的影响存在人力资本与人均收入的"门槛效应",并且对应于不同的门槛变量FDI对环境的影响有所差异。

第三节　对已有研究文献的简要评述

通过对以上文献的系统梳理可以发现,学术界对FDI与环境问题的相关研究非常丰富,并在理论及经验研究方面积累了丰硕的研究成果,为后人的研究奠定了坚实的基础。总体来看,由于研究的对象、思路和方法的差异,各国学者关于FDI与环境污染的相关研究没有得到一致的结论。随着研究的不断深入,诸多文献从时间层面、区域层面、产业层面等寻求FDI影响环境质量的最新证据,并涌现出时期论、条件论、抵消论和结构论等不同观点。虽然上述研究成果从理论和实证角度解释了FDI对环境质量的影响机制,但缺乏一个系统、完整的研究框架。党的十八大中明确提出"建设美丽中国,推进绿色发展"的战略部署,节能减排和生态环保被提到了前所未有的战略高度。在此背景下,重新审视节能减排约束下的外资引进与环境保护之间的关系,促进经济增长动力由要素扩张型增长转向配置优化型增长和素质提升型增长,对于实现我国区域产业协调发展和可持续发展具有重要的理论和现实意义。纵观现有的研究可以发现存在以下几点不足:

第一,现有的研究大多采用传统的面板数据分析FDI与环境污染之间的关系,引入空间计量方法的研究还很少。传统的面板回归通常假定各个地区的污染排放是相互独立的,这显然与现实存在偏离,风向、水流等客观因素使得一个地区的环境质量必然会受到邻近地区污染排放的影响,环境污染存在很强的空间联动性,而FDI的高度集聚、公共政策的外部性等则进一步加强了环境污染的空间相关性。因而如果忽略这种空间相关性的影响,模型估计将是有偏的或产生错误的参数检验。近年来,一些学者采用空间截面数据对 FDI 的区位选择影响因素及 EKC 曲线进行空间实证分析,例如麦迪逊(2007)、侯赛尼和金子(Hosseini 和 Kaneko,2013)等。由于这些研究均采用某一年的截面数据,其估计结果存在较大的随机性和偶然性。

第二,大部分文献从规模、结构、技术三方面对 FDI 的环境效应进行了合理的解释,但却忽视了国际分工体系的存在及各国所处的全球价值链模式,因而也就忽略了投资关联效应所引起的污染规模扩大及跨境污染转移问题。随着国际分工体系的不断深化,跨国公司利用前后向联系带动其他国家加强投资合作,并形成一个相互联动、相互制约、相互依存的投资网络。此时发展中国家必将成为该投资网络中的一个据点,这种关联式投资为发达国家的污染产业转移提供了便捷的渠道(莱文森和泰勒,2008)。可见,从全球投资网络的角度重新审视国际资本流动产生的环境效应是对"污染避难所"假说的完善和补充,也更符合现实。与此同时,不少学者也指出,造成"污染避难所"假说检验不一致的一个重要原因是许多经验研究中忽视了"要素禀赋"效应与"污染避难所"效应这两种相互对立的环境效应。事实上,要素禀赋优势与环境规制优势将显著影响跨国公司的全球投资格局及东道国的网络地位。融入国际投资网络可能促使一国不恰当地利用当地要素禀赋优势来过度发展资本密集型或污染密集型产业,也可能加速一国的产业结构由以往的高耗能、重污染向节约型、清洁型转变,为此在实证检验中有待于将"要素禀赋"效应和"污染避难所"效应进行分离,探讨一国的比较优势如何影响该国在国际投资网络中的地位及环境效应。

第三,分权体制下的引资竞争行为虽然得到了诸多的理论和经验验证,但关于地方政府间的引资竞争对环境污染影响的文献研究相对较少。分权引致的 FDI 竞争一方面加大了当地财政对非税收收入的依赖程度,另一方面也使财政支出结果出现不同程度的扭曲,环境污染等民众迫切关心的问题被地方政府所忽略。因而经济激励下的引资竞争对我国的环境水平产生了直接或间接的影响,在考察 FDI 对环境的影响时,地方政府竞争是不可忽视的重要因素,并且这种引资竞争行为存在明显的策略性特征。同时,地方政府之间的"晋升激励"使得本地区在制定经济政策时不得不考虑其他地区政府的行为,从而产生一种标尺竞争效应。区域之间的引资政策也将具有很强的竞争博弈行为和明显的外溢效应,因而有必要通过建立空间计量模型来分析地区间的策略性引资竞争关系以及这种策略互动对环境质量的影响。

第四,从地方政府竞争的视角研究环境公共物品供给已成为学术界讨论环境问题的一个全新领域,并较好地揭示了我国财政分权体制和政治激励对区域环境质量的影响。但遗憾的是,这些文献对政府行为的研究依然停留在政府本身这个"黑箱"之外,未将研究视角推进到政府行为背后的决策主体——官员层面,也忽略了分权体制和官员治理制度所蕴含的区域利益冲突协调机制对地方政府行为与环境污染关系的外部调节作用。同时,环境污染是企业进行最优化生产时的副产物,这就决定了环境污染水平也是企业决策的结果。当企业面临巨大的减排压力时,为了追求自身利润最大化,企业存在足够的激励动机来游说政府官员或寻租来放松环境规制或隐瞒排污信息,因而环境污染也是地方政府和企业交互作用的结果。为此,同时考虑地方政府和企业需求的政企关系可以很好地解释污染治理难题。

第五,现有文献更多地关注了 FDI 引致的产业集聚带来的环境负外部性,忽视了减排的正外部性。当前,我国的外资与产业集聚在空间及行业分布上具有高度的耦合性,这一客观现实决定了将二者割裂开来,分别孤立地研究外商直接投资对环境污染、产业集聚对环境污染的影响有失偏颇。以 FDI 为核心的产业集聚一方面在规模经济的作用下导致环境污染的加剧,另一方面也会诱发技术进步、技术扩散与竞争效应来扩大环境正外部性效应。因此,有必要将外商直接投资、产业集聚与环境污染纳入统一的分析框架,研究两者的交互作用对行业污染排放的影响及内在机理。在此过程中,如何从产业关联的视角重新审视 FDI 带来的环境效应也是现有研究的一个不足之处,这是因为行业间的生产率水平存在明显差异,资本、技术等要素的自发流动将会影响该行业的环境质量,并通过投入产出关联、溢出效应等最终影响其他行业的污染排放水平。在这种情况下,FDI 带来的环境效应不仅包括其在生产过程中产生的直接减排效应,而且还包括产业关联这一隐性渠道带来的间接减排效应。

第二章　国际直接投资与跨境污染转移

第一节　国际直接投资引致的污染转移现象

经济全球化进程的加快以及世界市场的融合使得不同国家间的资本流动日益频繁,也使得国际资本的供给方、需求方以及中间商等行为主体有机连接,进而形成了一个巨大的投资网络。以跨国公司为主导的国际投资网络在促进全球经济增长的同时,也为跨境污染转移提供了可能,这主要表现为:一方面,跨国公司通过国际投资网络将本国已淘汰或限制的污染产业向环境规制水平较低的发展中国家转移,直接加剧了当地的环境污染;另一方面,在产业梯度转移理论的指导下,发展中国家通过引进外资积极承接发达国家的产业转移,其中不乏一些污染密集型产业,此时 FDI 的环境负外部性不仅体现为污染的空间外溢,而且更多地体现为污染源的大范围区际转移。而随着生态环境恶化、自然灾害频发、气候变暖等全球性问题的不断涌现,谋求全球环境合作、践行低碳发展成为各国广泛的共识。面对低碳经济的外部约束条件,如何有效利用国际投资网络提升国际分工地位,全面评估承接国际产业转移中的碳泄漏并估算利用外资中的污染转移量等问题成为学者们共同关注的焦点。

环境污染的空间相关性已得到诸多实证检验的支持(如麦迪逊,2007;侯赛尼和金子,2013)。这些跨国或地区样本均证实污染程度较高的国家(或地区)倾向于与其他高污染国家(或地区)相邻近,污染程度较低的国家(或地区)倾向于在空间上与其他低污染国家(或地区)相邻近,所采用的方法主要集中在莫兰(Moran)指数检验、局域空间自相关(LISA)统计图检验及空间计量模型。而对污染集聚的原因解释,麦迪逊(2007)从污染转移、FDI和国际贸易、策略性环境政策等方面解释了高污染国家(或地区)在地理上邻近的成因。侯赛尼和金子(2013)则从国内制度建设方面阐述了制度溢出对污染集聚的影响机制。

　　本章尝试从国际投资网络这一新的视角探讨国际资本流动对环境污染的影响以及由此引致的跨境污染集聚问题。我们认为,以FDI为载体的国际投资网络通过规模效应、结构效应、技术效应以及规制效应四种作用机制显著影响环境污染的空间分布格局。具体来说,一是国际直接投资的网络效应在扩大生产规模的同时,也可以通过规模经济以及高度专业化分工来影响污染集聚水平;二是发达国家的跨国公司可以充分发挥其较高的网络中心地位将环境污染较为严重的污染产业转移至发展中国家,并促使发展中国家承担高能耗、高污染的价值链环节,从而导致环境污染外部性的区际扩散;三是国际投资网络下的技术转移、技术外溢显著降低了东道国的环境污染,且技术外溢效应可能突破地域的限制而实现跨区域传播;四是国际投资网络主体还可以通过左右投资伙伴国的环境监管力度来影响区际污染产业的转移方向和转移力度。上述四种作用机制共同决定了国际投资网络对环境污染的影响方向及影响效应大小。鉴于投资流量反映的国际投资关系无法揭示各个国家之间的投资联系,也无法准确反映伙伴国之间的投资流向,因此,有必要结合国与国之间的双边投资数据构建国际投资网络,重新审视国际资本流动产生的环境效应。为此,本章根据国际贸易中心(International Trade Center,简称ITC)数据库公布的154个国家(或地区)的双边直接投资流量数据构建同时包括投资流向及投资影响力在内的国际投资网络指标,分别从节点内聚性、节点重要性、节点中心性三个角度考察网络主体的角色并将其纳入空间计量模型,深入考察一国在国际投资网络中的角色及地位对当地环境质量的影响及在跨境污染转移中所起的作用。

第二节　国际直接投资的网络结构与
全球污染集群的典型事实

一、国际直接投资的网络结构分析

（一）国际直接投资的现状描述

国际直接投资是经济全球化的重要推动力量,合理利用国际资本可以促使一国提高经济增长速度和经济增长质量。自21世纪以来,随着经济全球化进程的加快和国际分工的深化,以跨国公司为载体的国际直接投资呈现出强劲的增长态势,并且其增长速度已大大超过国际货物贸易。世界银行的统计数据显示(见表2-1),2001年国际直接投资净额仅为7301.61亿美元,其中有72.6%的资金流入发达国家,发展中国家仅占27.4%。之后三年,发达国家利用外资比重持续下降。2005年国际直接投资额首次超过10000亿美元(达到13513.77亿美元),其中发达国家、发展中国家分别占比68.57%、31.43%。全球金融危机爆发后,发达国家

表 2-1　2001—2017 年发达国家和发展中国家外国直接投资净额

(单位:亿美元)

年份	全球	发达国家	发展中国家	年份	全球	发达国家	发展中国家
2001	7301.61	5299.23	2002.38	2010	19151.45	11032.54	8118.91
2002	6300.68	4529.42	1771.26	2011	22146.09	12494.17	9651.92
2003	5682.59	3801.61	1880.98	2012	18330.08	9307.23	9022.79
2004	7149.25	4186.71	2962.54	2013	22025.61	12442.67	9582.94
2005	13513.77	9266.03	4247.74	2014	19260.46	11099.80	8160.66
2006	20983.79	15315.41	5668.38	2015	22846.24	13415.31	9430.93
2007	30032.86	22246.78	7786.08	2016	22832.32	12859.16	9973.16
2008	23771.44	15174.99	8596.45	2017	19552.57	11580.99	7971.58
2009	13195.32	6972.48	6222.84	——	——	——	——

数据来源:根据世界银行公布的各国外商直接投资净额数据计算所得。

宽松的货币政策进一步加剧了全球资本的流动性。与此同时,发达国家通过严格的金融监管迫使国际资本流向监管相对宽松的发展中国家。因此,2008—2011 年间发达国家利用外资比重大幅下降,发展中国家尤其是新兴市场的国际直接投资净额占比持续上升。2013 年全球范围内国际直接投资净额为 22025.61 亿美元,其中发达国家投资净额为 12442.61 亿美元,占比 56.49%;发展中国家投资净额为 9582.94 亿美元,占比 43.51%。截至 2017 年,全球国际直接投资净额达到 19552.57 亿美元,其中发达国家投资净额为 11580.99 亿美元,比发展中国家高出 3609.41 亿美元。

根据国际直接投资的资本流动方向,ITC 数据库将其进一步划分为国际直接投资流入额(Inward FDI)和国际直接投资流出额(Outward FDI)。由于该数据库中的 FDI 采用外国投资者的净流入(新投资流入减去撤资)统计,故有些国家的投资流量数据为负。ITC 的统计数据显示(见表 2-2),2004—2016 年间,发达国家一直是国际资本的主要流入地。2004 年发达国家利用外资额为 37.40 亿美元,占比 54.65%;发展中国家利用外资额则为 31.04 亿美元,占比 45.35%。之后几年发达国家利用外资比重持续上升,并于 2007 年达到最大值 66.62%。金融危机爆发后,受全球经济复苏缓慢和政策不确定性影响,发达国家利用外资额及所占比重大幅下降。2013 年,发展中国家首次超越发达国家,成为 FDI 的主要流入地。此时发展中国家利用外资为 81.25 亿美元,比发达国家利用外资额高出 17.21 亿美元。统计数据同时显示,2013 年发达国家 FDI 流量比 2012 年低了 28.18 亿美元,与 2005 年的投资水平大致相当。此外,发达国家也是国际资本的主要流出地,其对外直接投资流量呈现出先上升后下降的缓慢增长态势。2004 年发达国家对外直接投资额仅为 77.46 亿美元,2007 年达到最高值 185.12 亿美元。发展中国家的对外直接投资增长相对较为显著,年均增长率达到 11.61%。从总体投资占比来看,发展中国家对外投资规模远远小于发达国家。统计数据显示,2004—2012 年间,发达国家对外投资占比一直维持在 75%—80% 左右,发展中国家最高仅占 26.40%。从 2013 年开始发达国家对外投资占比有所下降,截至 2016 年年底,发达国家对外投资比重为 65.74%,比发展中国家高 31.48%。

表 2-2 2004—2016 年国际直接投资流入额与流出额

(单位:亿美元)

| 年份 | Inward FDI | | Outward FDI | | 年份 | Inward FDI | | Outward FDI | |
	发达国家	发展中国家	发达国家	发展中国家		发达国家	发展中国家	发达国家	发展中国家
2004	37.40	31.04	77.46	12.47	2011	122.04	77.12	152.60	46.84
2005	56.20	36.15	68.06	14.22	2012	92.23	73.42	120.32	44.39
2006	89.45	47.37	109.97	25.48	2013	64.04	81.25	91.83	49.26
2007	126.06	63.16	185.12	32.04	2014	96.28	74.93	90.71	57.68
2008	109.12	77.26	175.92	35.69	2015	183.23	79.68	93.97	73.76
2009	78.77	57.82	108.32	31.41	2016	135.58	73.01	99.80	52.01
2010	90.11	62.21	121.27	43.50	——	——	——	——	——

数据来源:根据国际贸易中心数据库中 Investment Map 公布的投资数据整理所得。

(二)国际投资网络的构建及相关指标说明

国际投资网络可用集合 $G = (N, \Theta, W)$ 表示,其中 N 是网络 G 的节点,包括 N 个成员国家。网络的边 Θ 代表各个国家的投资联系,而边上的权重 W 则表示各个国家之间的投资额。鉴于国际贸易中心数据公布的双边投资数据仅限于 2006—2010 年,本章节所建立的国际投资网络时间跨度为 $T = 5$ 年(2006—2010 年),包含 154 个成员国。根据网络中的边是否有向和是否加权,可以将其分为无向无权网络、无向加权网络、有向无权网络和有向加权网络。在国家投资网络构建中,如果不考虑资本的流动方向,该网络为无向网络;如果不考虑国家间资本流动强度差异,该网络即为无权网络。

无向无权的国际投资网络可定义为无向的邻接矩阵 A。该矩阵中的元素 a_{ij} 表示在一定时期内 i 国和 j 国是否发生了投资联系,即如果 i 国和 j 国不存在投资关系,则 $a_{ij} = 0$,否则 $a_{ij} = 1$。可见,以二值矩阵所构建的无向无权网络仅仅反映了两国之间是否存在投资关系,网络中所有节点之间的连接都是同质的,因此也被称为无向二元网络。根据国际资本的流动方向不同,无向二元网络可进一步拓展为有向二元网络。在有向二元网络中,邻近矩阵 A 中的元素 a_{ij} 取值同样为 1 或 0,网络中边的箭头指向与资本流动方向相同。

无向加权的国际投资网络则可以用加权邻近矩阵 W 来表示。该矩阵中的元素 w_{ij} 表示一定时期内 i 国和 j 国之间的投资总额,且 $w_{ij} = w_{ji}$。同理,无向有权网络在考虑资本流动方向的情况下可进一步拓展为有向加权网络。加权邻近矩阵 W 中的元素 w_{ij} 表示在一定时期内 i 国对 j 国的对外直接投资额。有向加权网络是对有向二元网络的具体化,它既考虑了国际直接投资的流向问题,也通过两国之间的投资流量体现了投资联系的差异性,可以更全面、更真实地反映国际投资网络的结构特点。

鉴于各个年度的国际投资网络可能呈现出特殊的拓扑形式,并且许多拓扑特性无法用随机图范式解释,需要选择合适的测度指标对网络的拓扑特性和演化规律进行研究。本章节基于网络数据的可视化技术对国际投资网络的基本结构及其演化过程进行探测,并借助网络测度指标对国际投资网络的拓扑结构进行描述,通过对网络动态演化图的对比分析清晰地呈现出国际投资网络的时间稳定性、区域发展不平衡性特征,据此有效展示一般描述性统计难以捕捉的结构特征。具体来说:一是基于网络节点指标考察整个网络的连接密度。具体选取节点度(强度)考察网络中节点之间的紧密程度,基于节点度(强度)计算整个网络的平均度(强度),并结合平均路径长度、平均集聚系数两个指标分析整体网络的投资集团化程度;二是选取节点重要性指标考察网络中部分节点在整个投资网络中的重要性,具体从流出国的投资重要性和流入国的投资重要性两个方面对此进行研究;三是选取节点重要性指标探究部分国家的网络中心地位,具体选取程度中心性、接近中心性、中介中心性和居中居间指数四个指标。相关指标的具体解释及测算过程如下:

网络的节点度是与该节点相连的其他节点的个数。国际投资网络中各个国家的节点度即为与该国存在投资关系的国家数目,即 $D_i = \sum_{j}^{n} a_{ij}$ 。对于有向二元网络来说,节点度可进一步划分为出度和入度,其中出度表示一个国家(或地区)通过对外投资与他国发生联系的国家(或地区)数量,即 $D_i^{out} = \sum_{j}^{n} a_{ij}$;而入度则表示一个国家(或地区)通过引进外资与他国(或地区)发生联系的国家(或地区)数量,即 $D_i^{in} = \sum_{j}^{n} a_{ij}$ 。节点总度是出度与入度之和,平均度则为所有节点的平均值。节点强度也称为节点的权重,表示与某一节点相联系的所有节点权重之和,其计算公式为: $S_i = \sum_{j}^{n} w_{ij}$ 。对于有向加权网络来讲,节点的出强度表示该国的对外投资流量之和,即 $S_i^{out} = \sum_{j}^{n} w_{ij}$;入强度表示该国引进外资之和,即 $S_i^{in} = \sum_{j}^{n} w_{ij}$ 。总强度为出强度与入强度的和,而平均强度是所有国家的国际直接投资额的平均值。

　　网络的平均路径长度描述了网络中节点间的平均分离程度,即网络有多小。在 V 个节点的网络中,节点 i 与节点 j 之间的距离 d_{ij} 为连接这两个节点的最短路径,则网络的平均路径长度为任意两个节点之间的距离平均值,即 $L = \dfrac{2}{V(V+1)} \sum_{i \neq j}^{V} d_{ij}$ 。集聚系数用来衡量网络中各个节点之间的紧密联系程度。在有向无权网络中,节点 i 的聚集系数是指与它所有相邻节点之间的实际连边数 E_i 与全部 k_i 个节点完全连接时的总边数 $k_i(k_i - 1)$ 的比值,即 $c(i) = \dfrac{E(i)}{k_i(k_i - 1)}$ 。网络的平均聚类系数是对网络中各节点集聚系数求平均,即 $C = \dfrac{1}{n} \sum_{i=1}^{n} c(i)$ 。显然,当 $C = 0$ 时,网络中所有节点都是孤立的,国与国之间均不存在投资联系;当 $C = 1$ 时,所有国家两两之间都存在投资联系。

　　节点度及节点强度仅仅考虑了国家之间的直接联系,忽略了投资伙伴国与其他国家之间的间接联系对网络的影响。为此,本章节构建一个

节点重要性指标来反映节点直接和间接联系,其计算公式为:

$$IMP_i = \sum DEP_{ij} \cdot IMP_j + IV_i \qquad (2-1)$$

其中,IMP_i 为节点 i 的重要性指数。DEP_{ij} 表示节点 j 对节点 i 的依赖程度,分别从流出国的投资依赖性(即 j 国对 i 国的投资额占 j 国对外投资总额的比重)和流入国的投资依赖性(即 j 国中来自 i 国的投资额占 j 国利用外资总额的比重)两个角度考察。IV_i 则表示节点 i 的内在属性值,采用以下三种方法衡量:一是设定各个节点的内在属性值为一个常数 1(即 $IV = 1$),这是因为从本质上来讲很难准确地衡量某个节点比其他节点重要多少;二是考虑到一国参与国际投资活动的能力,采用该国国际投资流量占全球投资总额的比重衡量节点内在属性(即 $IV = IS$);三是鉴于一国的经济实力将显著影响到该国参与国际分工的地位,采用该国人均 GDP 与美国人均 GDP 的比值衡量其节点内在属性(即 $IV = RU$)。

节点中心性是评价一个节点的地位优越性和社会声望的结构指标,对二元网络个体地位分析主要包括程度中心性、接近中心性、中介中心性三类,对加权网络地位分析则主要采用居中居间(Random-Walk Betweenness Centrality,简称 RWBC)指数。

程度中心性用来衡量某个国家与其他国家的联系能力,揭示该国是否处于网络群体的中心地位。程度中心性可以分为节点中心性和网络中心性,前者就是与该国家(节点)存在直接投资关系的国家数量;后者侧重强调该国在整个网络中的中心程度,表征整个网络的集中程度,其计算公式为:

$$C_D(n_i) = \frac{D_i}{n-1} \qquad (2-2)$$

其中,$D(i)$ 为 i 国的节点度,n 为整个网络的节点数。接近中心性是一种针对不受其他节点控制的测度。网络中的一个节点越是与其他节点接近,该节点与其他节点之间的距离就越短,则该节点的接近中心性越高,对其他节点的依赖程度越低,受其他节点控制的程度也就越小。

接近中心性的标准化计算公式为:

$$C_{RP}^{-1} = \frac{\sum\limits_{j=1}^{n} d_{ij}}{n=1} \qquad (2-3)$$

其中，d_{ij} 是节点 i 和 j 之间的捷径距离，n 为网络的节点数。

中介中心性刻画的是一个节点控制网络中其他节点之间交往的能力。如果一个节点处于许多其他节点对的捷径上，我们就说该点具有较高的中介中心度，此节点处于网络的核心并扮演了中介点的角色。反之，如果一个节点的中介中心性为 0，意味着该节点不能控制任何其他节点，则该节点位于网络的边缘。中介中心性的标准化计算公式可以表示为：

$$C'_B(k) = \frac{1}{(n-1)(n-2)} \sum_{j}^{n} \frac{d(i,j,k)}{d(i,j)} \qquad (2-4)$$

其中，$d(i,j)$ 为节点 i 到节点 j 的最短路径数，$d(i,j,k)$ 为节点 i 到节点 j 经过节点 k 的最短路径数，n 为网络中的节点数。

居中居间指数同样用来刻画一个国家在区域网络中的地位。由于程度中心性、接近中心性、中介中心性三个指标更多地考虑了与该节点直接相连的其他节点个数或者该节点与其他节点之间的相对位置，而不考虑通过该节点连接的国际投资规模，因而仅仅适用于二元网络的测量。而随机游走的 RWBC 指数基于双边加权网络分析了一个国家在区域网络中的地位，进而深层次地反映每个节点与伙伴国之间的相互作用维度，且 RWBC 指数越高，那么该国将在整个网络中越处于中心位置，这个国家与网络之间的联系越紧密并在网络形成发展中起主要作用。

（三）国际投资网络拓扑结构分析

本章节用来描述国家间投资关系的双边投资数据来自 ITC 数据库。ITC 数据库中关于外国直接投资的指标说明为："外国直接投资是指投资者为获得在另一经济体中运作的企业的永久性管理权益（10% 以上表决权）所做的投资的净流入，它是股权资本、收益再投资、其他长期资本以及国际收支平衡表中显示的短期资本之和。此系列显示报告经济体来自外国投资者的净流入（新投资流入减去撤资）。"另外 ITC 中的投资地图（Investment Map）公布了 2006—2010 年近 200 个国家（或地区）的双边直接投资流量数据,该数据库详细记录了国与国双边之间的对外直接投资(outward FDI)和利用外资(inward FDI)情况,这为国际投资网络的构建提供了有效的数据基础。由于该数据库中的双边对外投资数据和利用外资数据均采用外国投资者的净流入(新投资流入减去撤资)统计,使得有些数据出现负数。为此本章节剔除了数值为负的外商投资额,并且考虑到数据的连续性和完整性,最终选取 154 个国家作为样本。为了清晰地揭示各国在国际投资网络中的角色及地位,本章节采用 Ucinet 软件绘制出 2006—2010 年的国际直接投资关系网络图,其中网络的节点由 154 个国家担当,国家之间的投资关系形成节点间的连线。

总体来看,国际投资网络是一个"球型"的交织网络,各个国家相互促进和制约并共同影响整个网络的结构。同时我们可以发现,国际直接投资空间格局具有明显的非均质性:部分国家间存在紧密的投资联系,而有些国家之间的投资联系相对较少,由此导致网络节点联系整体呈现出中间稠密、四周稀疏的分布状态,并且相互联系密切的国家往往处于"球型"网络的中心位置。从节点的相对位置也可以看出,美国、德国、瑞士、法国等欧美国家长期占据国际投资网络的中心地位。同时,代表中国的节点正逐年向网络中心移动,并与荷兰、新加坡、英国、美国的投资联系明显增强,而与日本、韩国的投资联系有所弱化。与此同时,受益于北美自由贸易协定(NAFTA),加拿大、墨西哥两国的投资地位均有明显提升,其中墨西哥对其他两国的对外投资增幅最为显著。而其他一些国家如乍得、尼泊尔、刚果等在国际投资网络中却一直扮演着边缘国家的角色。

表 2-3 列出了国际投资网络的整体结构分析指标。从表中可以看出,样本期间网络中节点的平均路径长度和平均集聚系数分别维持在 2 和 0.5 左右,也就是说任意两个节点之间平均要经历两条边即可发生投资联系,并且大约有一半的国家存在直接投资联系。另外,2006—2010 年国际投资网络的平均度基本维持在 30 左右,即平均每个国家大约与 30 个国家发生投资联系。而网络节点强度则呈现出明显的先上升后下降趋势。2007 年国际投资网络的平均强度达到最高值 18395.974,之后金融危机的爆发以及全球经济的不景气使得网络平均强度急剧下降,

2010 年降至最低点 7072.494。平均出强度和平均入强度也呈现出同样的发展趋势。表 2-3 的网络结构特征分析结果显示有向网络中的平均入度和平均出度是相等的,这是因为有向网络中任意一条有向边必然对应一个起始节点和一个目的节点,且起始节点出度的增加必然会导致目的节点入度的相应增加。因而从网络全局来看,所有节点的出度之和等于所有节点的入度之和,故网络平均出度和平均入度是相等的;同理可知,网络平均出强度和平均入强度也相等。

表 2-3 2006—2010 年国际投资网络的整体结构特征

年份	2006	2007	2008	2009	2010
连边数量	2302	2303	2302	2257	2251
平均路径长度	2.074	2.044	2.049	2.076	2.067
平均集聚系数	0.478	0.487	0.480	0.478	0.470
平均出度	14.948	14.955	14.948	14.656	14.617
平均入度	14.948	14.955	14.948	14.656	14.617
平均度	29.896	29.910	29.896	29.312	29.234
平均出强度	4912.310	9197.987	7610.671	5278.030	3536.247
平均入强度	4912.310	9197.987	7610.671	5278.030	3536.247
平均强度	9824.620	18395.974	15221.342	10556.060	7072.494

表 2-4 根据 2006—2010 年节点重要性平均值高低列出了排名前十位国家,可以看出,不同的节点内在属性值将导致该节点重要性发生显著变化。总体来看,以美国为首的北美洲国家、以英国为首的西欧国家的节点重要性指数排名相对靠前,根据近年来国际投资流向的特征可知发达国家之间相互投资大幅增加,这不仅显著提高了资本流出国之间的投资依赖程度,而且使得资本流入国的节点联系更为紧密。中国作为全球第三大对外投资国和全球最大外资流入国,其网络节点重要性指数近年来稳步提升,但从资本流出国角度计算的节点重要性指数及其排名明显高于资本流入国,进一步说明中国在加大引资力度的同时,还需注重提升与其他资本流入国之间的经济合作关系。另外,基于人均 GDP 比值计算的

节点重要性指数与 FDI/GDP 的相关系数为 0.35,与人均 GDP 的相关系数为 0.64,进一步揭示了一国的节点重要性不仅与该国的经济发展水平有关,而且受网络内其他节点的相互投资关系影响。

表 2-4   2006—2010 年节点重要性指数均值排名前十位国家

国　家	外资流出国节点重要性			外资流入国节点重要性		
	IV＝1	IV＝IS	IV＝RU	IV＝1	IV＝IS	IV＝RU
美　国	1	1	1	1	1	13
澳大利亚	2	2	6	7	29	12
法　国	3	3	2	12	34	26
德　国	4	7	5	30	48	27
巴　西	5	12	27	43	28	45
西班牙	6	9	7	22	25	47
阿塞拜疆	7	18	9	9	12	19
加拿大	8	24	10	10	8	11
英　国	9	5	3	15	4	10
中　国	10	11	18	38	43	39

　　表 2-5 列出了 2006—2010 年居中居间指数均值排名前十位国家,目前美国在整个投资网络中处于中心地位,其 RWBC 指数均值位居第一。作为世界最开放的经济体之一,美国一直稳居世界第一大外资接收国的地位,虽然金融危机后其对全球投资网络的控制能力略有下降,但庞大的外资规模和经济发展实力使得该国在投资网络中仍处于核心地位,并有力地推动了国际投资网络的发展与演化。中国在整个投资网络中处于次中心地位,历年 RWBC 指数一直位居全球前五位,2009 年甚至攀升至第一位(为 204.026)。另外,根据 RWBC 指数分析可知,2007 年之后,欧洲、北美国家的节点中心性有所下降,这可能是由于美国的次贷危机及之后延伸的欧洲债务危机严重影响了发达国家的对外投资活动,全球经济衰退使得这些国家的投资往来大幅减少。

　　与此同时,中国、巴西、阿根廷等发展中国家在全球投资网络中的影响力有所提升。相对发达国家经济的不景气,发展中国家较为强劲的经济增长有效地提高了全球投资者的信心。本章节同时也列出了样本期间部分国家的程度中心性、接近中心性和中介中心性均值,可以清晰地发现,中国的相关指标明显高于其他国家,这主要是投资网络构建中我们剔除了部分反向净投资为负值的国家,对一些投资数据不连贯的国家也未纳入样本,从而使得一些国家的投资联系国家减少,进而影响到其网络地位,这一结果也进一步证实了,不考虑网络权重而单纯采用二值网络测度的节点中心性来考察一国在网络中的地位和控制能力存在一定的不足。

表 2-5　2006—2010 年节点中心性指数均值排名前十位国家

国　　家	程度中心性	接近中心性	中介中心性	RWBC 指数
美　国	66. 869	65. 513	9. 935	143. 277
中　国	68. 235	69. 546	15. 034	112. 446
英　国	51. 327	61. 499	7. 114	106. 168
法　国	64. 967	67. 798	12. 873	88. 970
加拿大	47. 712	60. 480	3. 392	64. 209
巴　西	56. 863	63. 048	8. 535	47. 176
西班牙	34. 641	55. 312	2. 884	36. 892
澳大利亚	38. 562	57. 286	3. 152	25. 184
德　国	54. 379	63. 110	5. 426	24. 333
比利时	29. 673	53. 811	3. 015	18. 123

二、全球污染集聚格局

随着国际投资网络规模的不断扩大与双边经贸合作的快速发展,世界范围内的环境污染也日益严重,这不仅表现为区域性污染和生态破坏越发严重,而且表现为全球性环境危机迅速凸显,其中由 CO_2 排放引起的温室效应和气候变暖问题已引起了各国的普遍关注。全球 CO_2 排放量已由 1991 年的 224. 03 亿吨增至 2014 年的 361. 38 亿吨,尤其是在近十年内,全球经济的快速增长助长了企业高耗能、粗放式发展,进而造成能源短缺和环境污染严重。CO_2 排放的年均增长率高达 3% 左右,庞大的增长基数严重破坏了生态系统的自净能力。除了污染排放规模的不断扩大外,环境污染在地理分布上呈现出明显的集群性、非均衡性特征。本章节基于邻近地理权重计算了 1991—2014 年 CO_2 的全域空间自相关 Moran 指数值并发现,在整个样本考察期间,Moran 值均为正数且通过了 5% 的显著性水平检验,这表明全球范围内 CO_2 排放具有显著的空间正相关性,即污染程度较高的国家倾向于在空间上与其他高污染国家相邻近,污染程度较低的国家倾向于在空间上与其他低污染国家相邻近,因此环境污染存在一定的空间集群现象。另外,我们采用空间 Moran 散点分布图将 CO_2 的集群格局进一步划分为高—高(H-H)、低—低(L-L)、低—高(L-H)及高—低(H-L)四种局域空间联系,并根据局域空间自相关 LISA 进行显著性检验,分析结果显示,2001 年之前 Moran 指数值均在 0.14 以上,并且局域空间自相关 LISA 集群图显示整个高污染集聚区(即 H-H 集聚区)主要集中在北美以及南亚地区,而从 2001 年开始高污染集聚区开始向亚洲东部及中部地区扩散。直至 2010 年,CO_2 的空间自相关 Moran 指数值降至最低(为 0.085),且 LISA 集群图显示整个北美、亚洲的绝大部分以及欧洲的俄罗斯都已被高污染集聚群所包围,并且全球内的低污染集聚区(即 L-L 集聚区)急剧缩小,因而全球面临的环境压力越来越大。2010 年之后 Moran 指数开始回升,并在 2014 年达到 0.104。

第三节　国际投资网络下的污染
转移机制及模型设定

一、国际投资网络对跨境污染转移的影响机制分析

基于格罗斯曼和克鲁格(1995)提出的贸易对环境的规模效应、结构效应、技术效应以及规制效应四种作用机制,本章节进一步结合国际投资网络拓扑结构特征和网络节点地位来系统阐述国际投资网络对跨境污染转移的具体影响机制。

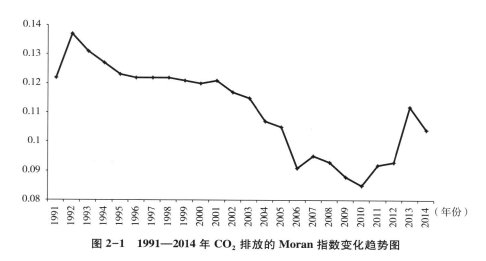

图 2-1　1991—2014 年 CO_2 排放的 Moran 指数变化趋势图

首先,随着投资伙伴国数量的不断增加,各个国家通过相互投资构成复杂的国际投资网络,这种网络效应在扩大投资和生产规模的同时,也可能通过规模经济以及高度专业化分工来影响污染集聚水平。国际投资网络的构建与形成是跨国公司运用各种机制向其他经济体扩散组织能力以推进网络关联的结果。跨国公司不仅仅通过国际投资网络将现有的当地集群联结在一起,而且还能够战略性地塑造新的当地产业集聚与联系,从而使自己主导的网络优势得以进一步强化。在成本驱动下,跨国公司根据各个国家的要素禀赋条件将采购、加工制造、组装配送等环节分配至投资网络的其他节点,从而形成一种相互依赖的网络化集聚关系。过度的网络化集聚势必会扩大东道国的经济规模,企业生产对资源、能源的大量需求导致能源消耗激增和污染排放加剧。随着经济全球化进程的进一步加快,基于抢占世界市场份额、寻求东道国廉价生产要素等的现实需求,发达国家的跨国投资规模进一步增强,这必然会对一些经济发展水平较低的发展中国家的资源和环境带来巨大破坏。此外,细江和内藤(Hosoe 和 Naito,2006)、曾道治和赵来讯(Zeng Daozhi 和 Zhao Laixun,2009)的研究发现国际投资网络下的产业集聚也可以通过规模经济或范围经济以及高度专业化分工来获得正外部性,从而降低污染。

其次,当代国际分工是以跨国公司为主体、以对外直接投资为纽带、以价值链上生产要素为界限的全球价值链分工。当前,发达国家的比较优势产业主要集中在资本密集型行业,利用国家投资网络向外投资可以促使其产业结构向轻工业和劳动密集型行业倾斜,并实现治污成本最小化。在此过程中,发达国家的跨国公司可以充分发挥其较高的网络节点,加强与其他国家之间的投资联系,并促使发展中国家承担高能耗、高污染的价值链环节。处于价值链低端的发展中国家享有丰富的自然资源、环境资源和初级劳动力。国外"非清洁"资本的大规模流入可能导致该国的产业结构向资本密集型或污染密集型转变。随着东道国国内污染产业比较优势的逐渐弱化,外资企业将部分或全部污染产业转移至其他欠发达地区,从而导致环境污染从一个区域转移至另一个区域。因此,以跨国公司主导的产业转移将导致污染外部性的区际扩散。

再次,国际投资网络下的技术转移、技术外溢显著降低了东道国的环境污染,且技术外溢效应可能突破地域的限制而实现跨区域传播。基于广泛建立和推广全球控制战略目标,跨国公司为东道国企业提供了学习并采用环保技术的难得机遇。鲍利葛和达菲(2002)同样发现外资企业所采用的最新技术和环境管理有利于降低当地的环境污染水平。格雷格和格里纳韦(2004)、吉尔马和贡(2008)认为外商直接投资的技术转移和溢出效应不仅促进东道国企业的技术升级,同时有可能将本国已经淘汰但在东道国却相对先进的技术进行转移,这有助于东道国企业提高技术效率,以较少的资源消耗和环境污染生产出更多的价值。除此之外,艾斯克兰德和哈里森(2003)、阿尔博诺兹等(2009)的研究表明跨国公司还将通过示范、模仿、竞争、人力资本流动、产业关联等渠道对东道国产生强大的技术外溢效应,此时技术模仿和追随国家通过学习与吸收这些先进的环保技术同样可以推动区域环保技术的发展。

最后,网络主体还可以通过左右投资伙伴国的环境监管力度来影响区际污染产业的转移方向和转移力度。拥有较高节点地位的发达国家可以充分利用网络中的广泛投资联系在全球范围内积极寻求廉价的资源要素,并将国内受严格环境规制影响的高污染产业转至环境规制相对宽松的发展中国家。而处于网络外围的发展中国家在经济增长和就业压力的驱使下主动降低环境保护标准或放松环保规制来吸引外资,从而沦为发达国家的"污染避难所"。发展中国家为 FDI 而展开的"逐底竞赛"行为无疑给国际投资网络的其他国家或地区释放出消极的环境政策信号,与之关联的国家也将主动调整环境策略以降低环境管理成本,从而刺激"非清洁型"产品的生产。环境规制力度的弱化一方面降低了重污染行业的进入门槛,另一方面也降低了本土企业减排积极性,这种高污染高能耗的增长方式显然有悖于可持续发展理念。部分发展中国家试图通过强化环境政策来提升外资质量,高强度环境规制也势必会催生"腾笼换鸟"的现象,使落后的低端制造产业转出本地区而向环境规制强度较弱的欠发达地区转移(张宇和蒋殿春,2014)。

二、计量模型设定

为了考察一国在国际投资网络中的角色及地位如何影响到区域环境质量及污染转移,本章节在科尔等(2013)的研究基础上将局域投资网络的统计指标纳入计量方程,模型设定如下:

$$\ln P_{it} = \alpha_0 + \alpha_1 \ln(pgdp_{it}) + \alpha_2 \ln(pgdp_{it})^2 + \alpha_3 \ln(pgdp_{it})^3 \\ + \alpha_4 FNet_{it} + \alpha_5 X_{it} + \varepsilon_{it} \qquad (2-5)$$

式中,i 和 t 分别表示第 i 个国家第 t 年的统计数据,P 为环境污染,$pgdp$ 为人均产出水平,$FNet$ 为局域投资网络指标,X 为影响环境污染的其他控制变量。

考虑到产业转移产生的跨境污染以及环境投入、公共政策的外溢性产生的"搭便车"行为等进一步增强了国家间环境质量与经济发展的空间联动性,本章节通过构建空间计量模型来反映环境污染的空间溢出效应。根据观测值空间相关性的不同冲击方式,空间计量模型可以划分为空间误差模型和空间滞后模型两种。

空间误差模型(Spatial Error Model,简称 SEM)假设空间相关性来源于邻近地区关于因变量的误差冲击,度量了邻近地区由于被解释变量的误差引起的溢出效应对本地观测值的影响,其计量方程可表述为:

$$\ln P_{it} = \alpha_0 + \alpha_1 \ln(pgdp_{it}) + \alpha_2 \ln(pgdp_{it})^2 + \alpha_3 \ln(pgdp_{it})^3$$

$$+ \alpha_4 FNet_{it} + \alpha_5 X_{it} + \varepsilon_{it}$$

$$\varepsilon_i = \lambda \sum_{j=1}^{n} W_{ij} \varepsilon_j + \mu_i \mu_i \sim N(0, \sigma_i^2) \tag{2-6}$$

式中, W_{ij} 为 $n \times n$ 的空间权重矩阵。参数 λ 为空间误差系数, 衡量了邻近国家关于因变量的误差冲击对本国观察值的影响程度。

空间滞后模型(Spatial Lag Model, 简称 SLM)假设模型中的空间相关性来源于被解释变量, 度量了邻近地区的环境质量对本地污染排放的影响, 其计量模型可设定为:

$$\ln P_{it} = \rho \sum_{j=1}^{n} W_{ij} \ln P_{jt} + \alpha_1 \ln(pgdp_{it}) + \alpha_2 \ln (pgdp_{it})^2$$
$$+ \alpha_3 \ln (pgdp_{it})^3 + \alpha_4 FNet_{it} + \alpha_5 X_{it} + \varepsilon_{it} \tag{2-7}$$

式中, ρ 为空间回归系数, 反映了邻近地区的环境污染 P_j 对本国环境污染观测值 P_i 的影响方向和程度; ε 为服从正态分布的随机误差项向量。

此外, 国际直接投资对环境污染的影响受到一国比较优势的影响, 而这一比较优势则是由东道国的相对要素禀赋或相对环境规制力度所驱动的(科尔和埃里奥特, 2005)。为此, 本章节在模型(2-6)、模型(2-7)的基础上通过引入局域投资网络指标与要素禀赋优势、局域投资网络与环境规制优势的交叉项来进一步识别国际分工比较优势来源, 考察国际投资网络引致的"要素禀赋"效应和"污染避难所"效应。此时, 基于比较优势的空间误差模型设定为:

$$\ln P_{it} = \alpha_0 + \alpha_1 \ln(pgdp_{it}) + \alpha_2 \ln (pgdp_{it})^2 + \alpha_3 \ln (pgdp_{it})^3$$
$$+ \alpha_4 FNet_{it} + \alpha_5 FNet_{it} \times RKL_{it} + \alpha_6 FNet_{it} \times RER_{it}$$
$$+ \alpha_7 X_{it} + \varepsilon'_{it}$$

$$其中, \varepsilon'_i = \lambda \sum_{j=1}^{n} W_{ij} \varepsilon'_j + \mu'_i, \mu'_i \sim N(0, \sigma_i'^2) \tag{2-8}$$

对应的空间滞后模型可设定为:

$$\ln P_{it} = \rho \sum_{j=1}^{n} W_{ij} \ln P_{jt} + \alpha_1 \ln(pgdp_{it}) + \alpha_2 \ln (pgdp_{it})^2$$
$$+ \alpha_3 \ln (pgdp_{it})^3 + \alpha_4 FNet_{it} + \alpha_5 FNet_{it} \times RKL_{it}$$

$$+ \alpha_6 FNe\, t_{it} \times RE\, R_{it} + \alpha_7 X_{it} + \varepsilon'_{it} \qquad (2\text{-}9)$$

式中,RKL 和 RER 分别表示要素禀赋优势和环境规制优势,$FNet \times RKL$ 为局域投资网络指标与要素禀赋优势的交叉项;$FNet \times RER$ 为局域投资网络指标与环境规制优势的交叉项。在此情况下,局域投资网络对环境污染的总体效应可以通过求偏导函数得出:

$$\frac{\partial(\ln P_{it})}{\partial(FNe\, t_{it})} = \alpha_4 + \alpha_5 RK\, L_{it} + \alpha_6 RE\, R_{it} \qquad (2\text{-}10)$$

空间相关性的检验方法主要包括 Moran、Lmlag、Lmerr、Robust-Lmlag 和 Robust-Lmerr。安瑟林等(Anselin 等,1996)曾指出,如果 Lmlag 和 Lmerr 的统计量均不显著,则采用普通面板模型回归;如果 Lmlag 较之 Lmerr 在统计上更加显著,且 Robust-Lmlag 显著而 Robust-Lmerr 不显著,而使用 SLM 模型;反之,如果 Lmer 比 Lmlag 在统计上更显著,且 Robust-Lmerr 显著而 Robust-Lmlag 不显著,则 SEM 模型更为恰当。

由于 SEM、SLM 模型都是从全域计算空间相关性,因而空间回归模型中变量可能存在内生性问题,并且经济行为的共同冲击将会导致模型中的扰动项具有较强的空间相关性。为此,科尔等(2013)指出,在这种情况下如果仍采用普通 OLS 则会导致估计结果有偏或者无效。参考安瑟林等(1996)的研究,采用极大似然法(Maximum Likelihood Estimation,简称 MLE)估计模型中的相关参数。这种方法一方面能够克服因内生性问题而产生的估计偏误,另一方面又可以通过似然值的比较对模型空间特征的真正源泉进行鉴别,准确度量一国在国际投资网络中的角色及地位在跨境污染转移中所起的作用。

三、指标选取及数据说明

本章节选取 2006—2010 年 154 个国家作为样本进行分析,在采用的基础数据中,双边直接投资数据来源于 ITC 数据库。CO_2 排放数据来自美国二氧化碳资讯分析中心(Carbon Dioxide Information Analysis Center,简称 CDIAC),其他未做特别说明的数据均来源于世界银行网站。相关变量指标选取如下:

环境污染(P)。国际上普遍采用污染浓度和污染排放衡量环境污染水平。污染排放表征的是经济活动产生的污染物质总量,而污染浓度则衡量了单位面积的污染物质量。因而污染排放数据更适合考察经济活动的规模、技术和结构效应,而污染浓度数据更适合于评价污染排放的福利影响。由于本章节重点考察的是国际投资活动对全球环境质量的影响,因而采用 CO_2 排放强度作为环境污染的度量指标。美国 CDIAC 公布的 CO_2 统计指标得到世界银行、联合国数据库以及学术界的广泛认可和应用。CDIAC 中关于 CO_2 数据的说明如下:"二氧化碳排放量是化石燃料燃烧和水泥生产过程中产生的排放,包括在消费固态、液态和气态燃料以及天然气燃除时产生的二氧化碳。"以 CDIAC 公布的 CO_2 统计数据为基础,侯赛尼和金子(2013)基于 1980—2007 年的跨国面板数据实证检验了制度因素对跨境污染转移的影响,并发现制度的溢出效应将显著加剧邻近国家 CO_2 的排放。

人均 GDP($pgdp$)。格罗斯曼和克鲁格(1995)基于经验数据证实了人均 GDP 与环境污染之间存在倒 U 型关系,而弗里德尔和盖茨纳(2003)则指出,对于不同国家或地区以及不同的污染物而言,人均 GDP 与污染排放之间也可能呈单调上升或三次方型,为此在计量模型中分别纳入 $pgdp$ 的二次项和三次项来考察人均收入对污染排放的影响,并以 1990 年为基期,采用历年各国 GDP 平减指数消除价格影响。

局域投资网络指标(FNet)。以往研究中往往采用各国实际利用外资额来表征外资利用水平(如何洁,2010;迪恩等,2009),这种度量方式无法揭示各个国家之间的投资联系,也无法准确反映伙伴国之间的投资流向,因而可能低估或高估国际资本流动对当地环境的影响。近年来,凯里和雷耶斯(Kali 和 Reyes,2007)尝试利用复杂网络理论对国际贸易的网络拓扑结构进行了有益探索。关于日渐兴起的国际投资网络分析仅仅停留在欧洲国家之间的双边投资,相关文献请参考马斯和乔瓦尼内提(Masi 和 Giovannetti,2013)。为此,本章节采用复杂网络分析方法构建国际投资二元网络和有向加权网络,分析各国污染排放物如何通过投资网络发生大规模区际转移。另外,区别于以往研究中采用各国实际利用外资额或双边投资协定数据表征的国际投资关系,本章节基于国与国之间的双边投资数据构建同时包括投资流向及投资影响力在内的"局域"网络指标,分别从节点内聚性(Cohesion)、节点重要性(Importance)、节点中心性(Centrality)三个方面构建局域投资网络指标,全面考察一国在国际投资网络中的角色及地位。具体来说,分别采用节点总度、出度、入度、总强度、出强度、入强度指标衡量局域投资网络的内聚性;从流出国的投资依赖性和流入国的投资依赖性两个角度考察国与国之间的依赖程度,据此构建节点重要性指标;采用程度中心性、接近中心性、中介中心性、RWBC 指数衡量局域投资网络的中心性。

空间权重(W)。度量了不同国家社会经济联系的紧密程度,最常用的是二分地理权重矩阵,即根据两个地区是否拥有共同的边界来界定地理位置对经济活动彼此的影响。后续的相关学者以此为基础,并依据不同研究目的来设置不同空间权重矩阵。本章节分别设置如下三类空间权重矩阵。第一类采用欧式距离权重 W_d,具体计算过程中根据首都的经纬度数据计算两个国家之间的欧式距离并进行"归一化"处理。第二类采用邻近地理权重 W_0,即如果两个国家在地理上相邻,则相应的权重为1,否则为0。第三类采用经济距离权重 W_e。鉴于不同地区经济发展水平存在空间相关性的客观现实,林光平(2005)分别基于相邻地区的经济发展水平差距和工资差距的倒数构建空间权重矩阵,然而该权重矩阵中所暗含的一个假设为两个空间单元之间的交互影响强度相同,不能体现落后地区对发达地区经济辐射能力较弱的现实。据此,本章节构建不同经济辐射影响下的经济权重矩阵 $W_e = \dfrac{1}{|gdp_i - gdp_j|S_i}$,其中 gdp_i、gdp_j 分别表示国家 i 和国家 j 的人均 GDP,$S_i = \sum_j \left(\dfrac{1}{|gdp_i - gdp_j|} \right)$ 表示本国与其他国家人均 GDP 距离的倒数之和。该权重矩阵意味着经济发展水平相近的省域有可能展开跨境污染转移。具体估算过程中对三类间权重矩阵进行标准化,使其每一行之和为1。

为了尽量减少其他变量遗漏所造成的估计结果偏差,根据比斯瓦斯

等(Biswas 等,2012)的研究,本章节在具体模型中增加了影响环境污染的其他控制变量(X):

(1)贸易开放度($Openness$)。贸易开放在推动国内经济增长的同时也将加剧资源消耗和污染排放,但也可能通过绿色贸易壁垒、清洁技术外溢、污染输出输入等渠道对环境产生更为复杂的影响。因此,贸易开放度将显著影响到一国的环境污染水平。本章节采用货物贸易和服务贸易进出口额占该国 GDP 的比重来衡量。

(2)资本劳动比(KL)。一般来说,较高的资本密集度将产生更多的污染排放,从而恶化当地环境质量(科尔和埃里奥特,2005)。与此同时,较高的资本劳动比意味着较高的技术效率,资本劳动比的提高不仅提高了劳动生产率,同时也加快了该行业的技术进步速度,因而可以反映出该产业具有较高的减污技术能力。资本存量采用永续盘存法估算,并用1990 年为基期的各国 GDP 平减指数进行平减,经济折旧率为7%。

(3)能源效率($Energy$)。能源效率的提高不仅可以有效缓解能源紧张与经济增长之间的矛盾,而且可以大幅削减有害气体和温室气体的排放,从而显著改善地区环境质量。本章节采用该国 GDP 与能源消耗量的比值衡量。

(4)产业结构($Manufacturing$)。工业化进程的加快使得经济发展对资源利用的依赖程度不断提高,资源消耗速度开始超过资源再生速度并产生大量的废弃物,因而较高的工业增加值或制造业份额将会带来更多的污染排放(弗里德尔和盖茨纳,2003),采用制造业工业增加值占 GDP比重衡量。

(5)人口密集度($Population$)。人口密度较高的地区一方面可能会产生更多的污染排放,另一方面也可能导致投身到环保运动中的人数增加,并使环境得到更好地保护,因而人口密集度也是影响环境污染的重要因素之一,采用单位面积土地上生活的人口数量衡量。

(6)环境规制优势(ER)。随着收入水平的不断提高,人们对环境质量的要求相应提高,政府也将通过提高环境规制力度来降低污染。基于数据的可得性,本章节选取七项与气候变化密切相关的国际环保协定作为环境规制的替代指标,即《拉姆萨尔公约》《维也纳条约法公约》《联合国气候变化框架公约》《京都议定书》《关于持久性有机污染物的斯德哥尔摩公约》《生物多样性公约》《保护野生动物移栖物种公约》。如果该国签署了其中一项环保协定,其环境规制得分为1,否则为0,最终环境规制水平为上述七项环保协议的得分总额。

关于FDI与环境污染的关系研究中,国际环境经济学界提出了两个重要的理论假说:"要素禀赋"假说和"污染避难所"假说。为了进一步检验"要素禀赋"效应和"污染避难所"效应,笔者分别选取以下指标来衡量要素禀赋和环境规制。对于交叉项中的环境规制优势(RER)指标,本章节采用本国的环境规制水平与世界平均水平的比值衡量。

对于交叉项中的要素禀赋优势(RKL)的衡量,参考科尔和埃里奥特(2005)的方法,采用本国的资本劳动比与世界平均水平的比值衡量,并且如果该比值大于1,则意味着该国具有要素禀赋优势。

鉴于国际投资网络中个别国家的入度、入强度及节点中心性值为0,故以节点内聚性、节点中心性衡量的局域投资网络指标在估算过程中采用原始数据,其余各主要变量均采取对数值,数据的统计性描述见表2-6。

表2-6　变量的统计性描述

变量	样本	单位	均值	标准偏差	最小值	最大值
CO_2	770	吨/美元	−0.35	2.25	−5.99	10.31
pgdp	770	美元	8.24	1.72	4.88	11.81
Openness	770	%	4.31	0.60	3.10	6.13
KL	770	美元/人	13.61	2.20	5.11	16.95
Energy	770	美元/千吨	8.37	1.66	1.61	15.99
Manufacturing	770	%	3.28	0.55	1.58	4.61
Population	770	人/km²	4.29	1.67	0.51	9.87
ER	770	1	1.61	0.40	0	1.95
网络节点度						

续表

变量	样本	单位	均值	标准偏差	最小值	最大值
FNet(*Node*)	770	1	29.65	30.08	0	142
Net(*Intensity*)	770	百亿美元	1.22	4.26	0.03	52.16
FNet(*Out-degree*)	770	1	14.83	16.18	0	71
FNet(*Out-intensity*)	770	百亿美元	0.61	2.32	0	32.84
FNet(*In-degree*)	770	1	14.83	19.88	0	97
FNet(*In-intensity*)	770	百亿美元	0.61	2.54	0	33.29
基于外资流出国的节点重要性						
Importance(*IV*=1)	770	%	4.02	4.46	0	15.73
Importance(*IV*=*IS*)	770	%	−2.88	6.59	−14.90	10.70
Importance(*IV*=*RU*)	770	%	2.29	5.33	−5.50	14.79
基于外资流入国的节点重要性						
Importance(*IV*=1)	770	%	0.95	0.92	0	2.22
Importance(*IV*=*IS*)	770	%	−5.10	4.26	−14.90	0.82
Importance(*IV*=*RU*)	770	%	−0.34	2.51	−5.50	2.24
节点中心性						
Centrality(*Degree*)	770	1	16.53	15.51	0	69.94
Centrality(*Closeness*)	770	1	47.97	10.13	0	76.88
Centrality(*Betweenness*)	770	1	0.65	2.07	0	12.28
Centrality(*RWBC*)	770	1	5.79	21.31	0	228.07

第四节 国际投资网络对环境污染 影响的空间计量分析

一、基于投资网络节点内聚性的空间计量检验及分析

通常在处理空间面板数据时,首先需要确定采用哪种模型对样本的解释力度更强。表2-7的估计结果显示空间 Moran 值为正且通过了5%的显著性水平检验,说明模型中存在明显的空间相关性,因此对环境污染的影响因素分析中需引入空间相关性来反映区域之间的空间交互作用。Hausman 检验结果显示,固定效应优于随机效应的选择,而且巴尔特格和埃格(Baltagi 和 Egger,2007)的研究显示当回归分析局限于一些特定的个体时,固定效应模型是更好的选择。为此,本章节设定了时间固定效应、截面固定效应及双向固定效应三种不同的空间计量模型,并发现时空双向固定的空间模型 R^2 值及 Log Likelihoood 明显大于其他模型相应的统计值,且空间和时间固定效应联合显著性检验中的 LR 统计结果显示仅仅只有截面固定效应通过了10%的显著性水平检验。进一步观察空间自相关 LM 检验以及 Wald 检验。可以看出,空间固定效应模型的 LMerr统计值大于 LMlag,而 Robust-LMerr 以及 Robust-LMlag 统计值均不显著。因此,根据安瑟林等(1996)及埃尔霍斯特(Elhorst,2010)提出的模型判别准则可知,空间误差模型中的空间固定效应分析对样本的解释力度更强。基于欧式距离权重计算的局域投资网络指标对环境污染的影响结果见表2-7。

表2-7 节点内聚性对 CO_2 排放影响的空间计量检验结果

变量	被解释变量:$lnCO_2$					
	总度(1)	出度(2)	入度(3)	总强度(4)	出强度(5)	入强度(6)
pgdp	−14.98*** (−6.37)	−15.24*** (−6.38)	−14.03*** (−6.03)	−13.76*** (−5.90)	−13.64*** (−5.86)	−13.69*** (−5.87)

续表

变量	被解释变量:$\ln CO_2$					
	总度(1)	出度(2)	入度(3)	总强度(4)	出强度(5)	入强度(6)
gdp^2	1.75*** (5.96)	1.78*** (5.94)	1.65*** (5.64)	1.60*** (5.47)	1.58*** (5.41)	1.59*** (5.45)
$pgdp^3$	−0.07*** (−5.61)	−0.07*** (−5.56)	−0.06*** (−5.32)	−0.06*** (−5.10)	−0.06*** (−5.04)	−0.06*** (−5.09)
FNet(Node)	0.01*** (3.59)			0.03** (2.05)		
FNet (Out)		0.02*** (3.07)			0.05* (1.84)	
FNet (In)			0.01*** (2.86)			0.04* (1.66)
Openness	−0.61*** (−5.22)	−0.56*** (−4.86)	−0.59*** (−5.01)	−0.53*** (−4.68)	−0.52*** (−4.58)	−0.53*** (−4.62)
KL	0.06 (1.57)	0.06 (1.43)	0.04 (1.15)	0.04 (0.95)	0.03 (0.91)	0.03 (0.80)
Energy	−0.58*** (−15.24)	−0.58*** (−15.08)	−0.57*** (−15.02)	−0.56*** (−14.91)	−0.56*** (−14.86)	−0.56*** (−14.84)
Manufacturing	−0.03 (−0.21)	−0.06 (−0.53)	−0.01 (−0.08)	−0.05 (−0.38)	−0.05 (−0.40)	−0.04 (−0.34)
Population	0.02 (0.48)	0.02 (0.53)	0.02 (0.44)	0.01 (0.35)	0.02 (0.50)	0.01 (0.27)
ER	−1.64*** (−8.59)	−1.66*** (−8.72)	−1.71*** (−9.06)	−1.79*** (−9.60)	−1.79*** (−9.61)	−1.79*** (−9.60)
λ	0.29*** (3.27)	0.28*** (3.24)	0.28*** (3.21)	0.24*** (2.69)	0.27*** (3.00)	0.25*** (2.77)
R^2	0.52	0.54	0.52	0.52	0.52	0.53
Moran	0.03***	0.03***	0.03***	0.02**	0.03**	0.02**
Lmlag	3.77*	3.83*	4.06**	2.51	3.26*	2.75*
Robust−Lmlag	0.41	0.38	0.42	0.09	0.01	0.03
Lmerr	3.91**	4.01**	4.17**	4.79**	4.88**	4.85**
Robust−Lmerr	0.51	0.56	0.53	2.37	1.62	2.13
LR−空间固定	3874.83***	3879.48***	3880.46***	3881.72***	3883.34***	3883.74***
LR−时间固定	6.27	5.72	6.35	6.14	6.15	6.22
Obs	770	770	770	770	770	770

注:①FNet(Node)表示节点度(强度)指标;FNet(Out)表示节点出度(出强度)指标;FNet(In)表示节点入度(入强度)指标;②表中括号内的数值表示相应估计系数的 t 统计值,***、**、* 分别表示通过 1%、5%、10%的显著性水平检验。

　　表2-7列出了欧式距离权重下节点内聚性对CO_2排放影响的空间计量检验结果。根据表2-7的估计结果可知,空间误差系数λ的估计值显著为正,也就是说邻近国家的CO_2排放量越高,本国的CO_2排放量也就越高,因而环境污染具有很强的外溢性。这一估计结果与麦迪逊(2006)、侯赛尼和金子(2013)的研究结论相一致。在这种情况下,污染产业转移、"搭便车"等消极的产业及环保政策可能会是当地政府的首要选择。

　　从投资网络的节点内聚性对环境污染的影响结果可以看出,国际投资网络中节点之间的紧密联系程度显著影响到全球环境质量,具体来说,国际投资网络的节点总度每提高1个单位,CO_2排放强度将增加0.01%;而投资网络的节点总强度每提高1个单位,CO_2排放强度将增加0.03%。可能的解释是随着投资伙伴国数量的不断增加,各个国家通过相互投资构成复杂的国际投资网络,这种网络效应在扩大投资和生产规模的同时,也通过直接排污及产业关联、需求拉动等隐性排污渠道影响到全球环境质量。而节点出度和入度分别增加1个单位时,将导致CO_2排放强度分别增加0.02%、0.01%。同时,网络的出强度和入强度分别增加1个单位时,将导致CO_2排放强度分别增加0.05%、0.04%,因而节点出度对环境的负面影响明显高于节点入度,节点出强度对环境的负面影响也明显高于入强度。这主要是由于网络中绝大多数节点的出度(或出强度)明显高于对应的入度(或入强度),越来越多的国家通过对外投资参与国际分工,而国际资本的流入地则相对比较集中,在这种情况下,当一国的对外投资恶化了与其有密切联系的东道国环境质量时,无疑给国际投资网络的其他国家或地区释放出消极的环境政策信号,与之关联的国家也将主动调整环境策略以降低环境管理成本,从而刺激了"非清洁型"产品的生产并显著影响到母国的环境质量。

　　我们进一步考察了不同经济发展水平下的节点内聚性对环境污染的影响差异(见表2-8),结果发现发展中国家的节点出强度每增加1个,全球CO_2排放随之将增加0.08%,这一估计结果比发达国家的样本系数估计值高出0.05%,因而发展中国家的节点出强度对环境的负面影响要明显高于发达国家。目前大多数发展中国处于全球价值链的低端,并且其投资目的地主要集中在经济发展水平更低的其他发展中国家,这种全球分工模式及海外投资活动将会带动母国的机器设备、原材料及中间产品等的出口,同时也会将生产过程中的资源消耗、污染排放留置在国内,从而加大本土的环境压力。而发达国家的比较优势产业主要集中在资本密集型行业,对外投资可以促使其产业结构向轻工业和劳动密集型行业倾斜,并且发达国家可以利用对全球生产网络的控制能力,将一些即将淘汰的高能耗、高污染产业转移至发展中国家,因而其海外投资对母国的环境负面影响相对较小。

另外,从表2-8的模型(11)和模型(12)的估计结果同样可以看出,发展中国家的节点入强度每提高1个单位,全球CO_2排放将随之增加0.04%,比发达国家大约高出0.02%,发展中国家节点入强度对环境的消极影响远远高于发达国家。究其原因可能是由于绝大多数发展中国家的收入水平还没有达到EKC的"转折点",关于环境破坏的偿付意愿也很难统一,因而这种污染密集型和资源密集型生产将会持续一段时期,当前FDI所带来的生产规模扩大仍有可能加大东道国的污染排放。除此之外,样本考察期间发展中国家和转型经济体吸收了大约60%的国际资本,并且这些外资主要流入制造业部门,FDI引致的产业关联将拉动其他行业产出的增加,进而造成制造业的总体污染排放上升。这意味着发展中国家在引资过程中不但要高度警惕污染密集型外资的流入,而且必须关注FDI产生的间接污染排放效应,尽可能减少或限制清洁型外资对东道国污染密集型行业产品的本土化需求。与之相比,发达国家的服务业在吸引外资方面占据主导地位,服务业本身较国民经济其他行业的环境污染程度较低,因而发达国家利用外资对本土造成的污染排放整体上保持在较低水平。

基于以上分析可知,国际投资网络中节点之间的紧密联系程度显著影响到全球环境质量,各个国家通过相互投资构成的复杂网络在扩大生产规模的同时,也通过直接排污及产业关联、需求拉动等隐性排污渠道加剧了全球CO_2排放量,并且发展中国家的节点联系对环境的负面影响要明显高于发达国家。

表 2-8 不同经济发展水平国家的节点内聚性
对环境污染影响的空间计量检验结果

		$pgdp$	$pgdp^2$	$pgdp^3$	FNet-developed	FNet-developing	控制变量	λ	R^2
总度	(1)	−13.50*** (−5.79)	1.57*** (5.37)	−0.06*** (−5.02)	0.01 (0.63)		Yes	0.29*** (3.32)	0.52
	(2)	−14.33*** (−6.13)	1.68*** (5.71)	−0.06*** (−5.36)		0.01*** (2.84)	Yes	0.30*** (3.42)	0.52
出度	(3)	−13.56*** (−5.80)	1.58*** (5.38)	−0.06*** (−5.04)	0.01 (0.68)		Yes	0.28*** (3.26)	0.52
	(4)	−14.30*** (−6.07)	1.67*** (5.64)	−0.06*** (−5.27)		0.01** (2.20)	Yes	0.29*** (3.33)	0.52
入度	(5)	−13.44*** (−5.77)	1.56*** (5.35)	−0.06*** (−5.00)	0.02 (0.46)		Yes	0.29*** (3.40)	0.52
	(6)	−13.91*** (−5.98)	1.63*** (5.58)	−0.06*** (−5.26)		0.01*** (2.69)	Yes	0.29*** (3.34)	0.51
总强度	(7)	−13.46*** (−5.58)	1.57*** (5.35)	−0.06*** (−5.01)	0.01* (1.69)		Yes	0.29*** (3.29)	0.50
	(8)	−13.69*** (−5.87)	1.59*** (5.44)	−0.06*** (−5.08)		0.05* (1.81)	Yes	0.26*** (2.85)	0.51
入强度	(9)	−13.45*** (−5.77)	1.56*** (5.35)	−0.06*** (−5.00)	0.03* (1.78)		Yes	0.29*** (3.30)	0.51
	(10)	−13.61*** (−5.84)	1.58*** (5.40)	−0.06*** (−5.03)		0.08*** (2.62)	Yes	0.27*** (3.11)	0.51
出强度	(11)	−13.49*** (−5.79)	1.57*** (5.37)	−0.06*** (−5.02)	0.02* (1.67)		Yes	0.28*** (3.17)	0.51
	(12)	−13.63*** (−5.84)	1.59*** (5.42)	−0.06*** (−5.07)		0.04** (1.98)	Yes	0.26*** (2.92)	0.51

注：①FNet-developed 表示发达国家的投资网络指标；FNetc-developing 表示发展中国家的投资网络指标；②这里只报告了 R^2 统计结果，Moran、LM 及 Robust-LM 检验结果省略，以下相同；③表 2-8 中报告了核心解释变量的估计结果，其余控制变量与上文相同。

二、基于投资网络节点重要性及节点中心性的空间计量检验及分析

表 2-9 列出了以节点重要性和节点中心性为局域网络指标的计量

回归结果,从表 2-9 的估计结果可以看出,节点重要性及节点中心性的估计系数显著为正,说明一国在国际投资网络中的重要性和中心性的提高都将加剧当地的环境污染,因而网络结构和网络特征显著影响到地区环境质量。具体来说,国际投资网络中的节点重要性和节点中心性越高,该节点所代表的国家与其他国家之间的相互投资关系也就越密切,对其他国家的投资依赖和控制能力也就越强,在这种情况下,污染产业在国际投资网络中的传播速度和传播规模也就越大,污染跨境转移效应也就越

表 2-9　基于投资网络节点重要性及节点中心性指标的估计结果

		$pgdp$	$pgdp^2$	$pgdp^3$	Importance	Centrality	控制变量	λ	R^2
节点重要性	IV = 1 (1)	−14.33*** (−6.18)	1.68*** (5.77)	−0.06*** (−5.43)	0.06*** (3.84)		Yes	0.32*** (3.72)	0.52
	IV = IS (2)	−14.48*** (−6.38)	1.70*** (5.97)	−0.07*** (−5.65)	0.07*** (6.48)		Yes	0.36*** (4.35)	0.54
	IV = RU (3)	−13.80*** (−5.98)	1.62*** (5.58)	−0.06*** (−5.24)	0.05*** (3.71)		Yes	0.33*** (3.96)	0.52
	IV = 1 (4)	−14.54*** (−6.29)	1.70*** (5.86)	−0.07*** (−5.51)	0.32*** (4.46)		Yes	0.37*** (4.63)	0.53
	IV = IS (5)	−14.30*** (−6.41)	1.68*** (5.99)	−0.07*** (−5.67)	0.14*** (8.12)		Yes	0.41*** (5.27)	0.56
	IV = RU (6)	−13.11*** (−5.68)	1.54*** (5.30)	−0.06*** (−4.97)	0.11*** (3.57)		Yes	0.36*** (4.32)	0.52
节点中心性	Degree (7)	−15.14*** (−6.47)	1.79*** (6.06)	−0.07*** (−5.72)		0.21*** (4.13)	Yes	0.34*** (4.05)	0.53
	Closeess (8)	−13.63*** (−5.85)	1.59*** (5.43)	−0.06*** (−5.08)		0.34* (1.67)	Yes	0.31*** (3.64)	0.52
	Between (9)	−15.15*** (−6.47)	1.79*** (6.06)	−0.07*** (−5.72)		0.23*** (4.11)	Yes	0.33*** (4.02)	0.53
	RWBC (10)	−13.77*** (−5.91)	1.61*** (5.50)	−0.06*** (−5.15)		0.01** (2.26)	Yes	0.25*** (2.81)	0.52

注:①表 2-9 中的模型(1)—(3)的节点重要性指标基于流出国的投资依赖性计算得到;模型(4)—(6)的节点重要性指标基于流入国的投资依赖性计算得到;模型(7)—(10)的节点中心性指标分别采用程度中心性、接近中心性、程度中心性、RWBC 指数衡量;②(IV = 1)即为该节点重要性指标是根据节点属性值为 1 计算的;(IV = IS)即为该节点重要性指标是根据节点属性值等于该国国际投资流量占全球投资总额的比重计算;(IV = RU)即为该节点重要性指标是根据节点属性值等于该国人均 GDP 与美国人均 GDP 的比值计算。

强。表 2-9 的实证结果还表明外资流出国的节点重要性估计系数明显低于流入国。从模型(1)—(3)的估计结果可以看出,外资流出国的节点重要性每提高 1%,本国的 CO_2 排放强度将增加 0.05%—0.07%。而模型(4)—(6)的估计结果则显示外资流入国的节点重要性每提高 1%,当地的 CO_2 排放将增加 0.11%—0.32%,究其原因可能是资本流入国节点重要性的提高进一步加大了该国对国际资本的依赖程度,为了吸引更多的外资或巩固既有的引资成果,当地政府存在足够的激励内因采取主动降低环保标准这种"竞争到底"的方式展开引资竞争,较低的引资门槛和环境规制水平务必会加大资源消耗和污染破坏水平。而外资流出国中节点重要性的提高则使得该国充分利用网络中的投资联系在全球范围内积极寻求廉价的资源要素,并将国内受严格环境规制影响的高污染产业转至其他国家,因而其海外投资活动对本国的环境污染影响程度较小。

　　进一步考察不同经济发展水平下的外资流出国节点重要性、节点中心性对东道国的环境影响差异。根据表 2-10 的估计结果可知,在节点重要性估计方程中,发展中国家的局域投资网络估计系数值明显高于发达国家,以节点属性为投资占比的估计结果为例,发展中国家的节点重要性每提高 1%,东道国的 CO_2 排放量将平均增加 0.07%,这一估计结果比发达国家高出 0.06%。这可能是由于发展中国家对国际投资网络的高度依赖性使得该国生产更容易陷入俘获型的国际分工网络,其海外投资也主要集中在低附加值、高能耗、高污染的能源和矿产资源行业,因而对东道国的环境负面影响相对较大,长期下去将招致东道国的绿色壁垒。另外,发达国家的接近中心性每提高 1 个单位,东道国的 CO_2 排放将增加 0.04%,这一估计值比发展中国家低 0.12%,说明发达国家与其他国家投资联系的增强所带来的环境负面影响远远低于发展中国家。而发达国家的中介中心性每提高 1 个单位,东道国的 CO_2 排放将增加 0.15%,这意味着发达国家在网络中节点地位的提高将给东道国带来环境污染。究其原因可能是由于发达国家利用其网络核心地位在全球范围内开展"寻租"活动,居于网络中心地位的跨国公司可能会利用发展中国家的企业承担高能耗、高污染的价值链环节,并将本国受环境规制影响的产业转移到其他国家(尤其是网络节点依赖度较高的发展中国家),从而导致东道国承担起环境污染和生态破坏的社会成本。

基于以上分析可知,一国的网络影响力及网络地位显著影响到当地的环境质量,较高的节点重要性和节点中心性将会加速污染产业在国际投资网络中的传播速度和传播规模,在此过程中发达国家也更容易利用对全球投资网络的高度依赖性和控制能力将本国受环境规制影响的污染产业转移到网络节点依赖度较高的发展中国家。

表 2-10　不同外资来源地国家的节点重要性和节点中心性估计结果

变量	被解释变量:$lnCO_2$						
	节点重要性			节点中心性			
	IV=1	IV=IS	IV=RU	程度中心性	接近中心性	中介中心性	居中居间指数
FNet-developed	0.01 (0.51)	0.01 ** (2.19)	0.01 (0.45)	0.02 (0.43)	0.04 * (1.67)	0.05 ** (2.42)	0.01 (1.02)
FNet-developing	0.05 *** (3.40)	0.07 *** (6.43)	0.05 *** (3.52)	0.12 *** (2.96)	0.16 *** (2.67)	0.15 *** (3.21)	0.01 ** (2.00)

注:FNet-developed 表示发达国家的投资网络指标;FNet-developing 表示发展中国家的投资网络指标。

为保证检验结果的稳健可靠,本章节分别采用邻近地理权重、经济距离权重计算空间滞后项,并以 CO_2 排放强度作为被解释变量进行计量回归,以此对比分析不同权重设计对估计结果的影响差异。估计结果显示各个变量的回归系数与表 2-7 和表 2-9 中相应变量的系数符号保持一致,模型的回归结果与欧式距离权重下的研究结论基本一致。比较三种权重的估计结果,可以发现国际投资网络在三种权重下的估计系数变化不大,空间误差系数 λ 在欧式距离权重下的估计值及 t 统计值明显高于邻近地理权重以及经济权重,进一步说明污染溢出范围受到地理距离的影响。另外,空间误差系数 λ 的估计值在经济距离权重模型中同样显著为正,说明经济发展水平相近的国家间存在一定程度的污染攀比,即某一国家较高的污染排放可能会导致经济发展水平相近国家更高的污染排放。可能的解释是当一国环境政策的影响效应不确定时,政府往往参考经济发展水平相近国家的环境标准来评判本地的环境政策,这种相互间的环境政策模仿导致环境政策的空间溢出。

第五节　"要素禀赋"效应与"污染避难所"效应的再检验

不少学者曾指出,造成"污染避难所"假说检验不一致的一个重要原因是许多经验研究中忽略了东道国的要素禀赋影响。根据要素禀赋理论可知,资本相对丰裕的发达国家在资本密集型产品生产上具有比较优势,但该生产活动往往将造成更多的资源消耗和污染,因此要素禀赋效应将加速资本丰裕的发达国家环境恶化,并使劳动力充裕的发展中国家环境得以改善。而现实中资本丰裕的发达国家环境监管政策也更为严格,劳动力丰裕的发展中国家环境政策却相对宽松,因而"要素禀赋"效应与"污染避难所"效应这两种相互对立的环境效应可能在一国同时存在,并且如果要素禀赋优势比环境规制优势更明显,"污染避难所"假说在绝大多数经验验证中将无法成立。为此,本部分将对"要素禀赋"效应和"污染避难所"效应进行分离,分别引入局域投资网络与要素禀赋优势、局域投资网络与环境规制优势的交叉项,全面阐释国际分工格局下的"要素禀赋"效应和"污染避难所"效应如何相互作用并共同决定国际投资的环境效应,进而揭示国际投资网络渠道的环境污染转移机理及方式。

表 2-11、表 2-12 以及表 2-13 是国际投资网络引致的"要素禀赋"效应和"污染避难所"效应估算结果,可以发现局域投资网络指标与要素禀赋优势的交叉项估计系数在绝大多数情况下显著为正,这意味着国际投资网络使得资本优势更明显的国家更有可能专业化生产污染密集型产品,因而基于要素优势分工形成的国际投资网络加剧了全球环境污染。从表 2-11 的模型(2)和模型(3)可知,在要素禀赋优势的作用下,局域投资网络的出度每增加 1 个单位时,当地的 CO_2 排放将随之增加 0.01%;而局域投资网络的入度每增加 1 个单位时,当地的 CO_2 排放强度则增加 0.02%,因而要素禀赋优势与节点入度的交叉项估计系数明显高于对应

的出度交叉项估计系数。可能的解释是:当一国本身就具备明显的相对资本优势时,外国资本的流入进一步加大了该国的资本丰裕度,在全球价值链分工体系中该国将被锁定于生产资本密集型产品,从而造成资源消耗量和污染排放有所增加;与之相比较,外资流出国可以利用与其他国家之间密切的投资联系将部分资本向外转移或将部分污染密集型产业通过投资网络转移至其他国家,对本国的污染排放影响也相对较小。

表2-11　节点内聚性、环境规制优势与"污染避难所"效应的检验结果

变量	被解释变量:$lnCO_2$					
	总度数	出度	入度	总强度	出强度	入强度
	(1)	(2)	(3)	(4)	(5)	(6)
pgdp	-14.46*** (-6.15)	-13.99*** (-5.75)	-14.16*** (-6.04)	-13.95*** (-5.89)	-14.17*** (-5.92)	-13.58*** (-5.82)
$pgdp^2$	1.67*** (5.67)	1.60*** (5.21)	1.65*** (5.62)	1.64*** (5.48)	1.66*** (5.51)	1.58*** (5.40)
$pgdp^3$	-0.06*** (-5.23)	-0.06*** (-4.71)	-0.06*** (-5.27)	-0.06*** (-5.12)	-0.06*** (-5.17)	-0.07*** (-5.06)
FNet	0.03*** (3.69)	0.04** (2.21)	0.06*** (4.17)	0.13 (1.47)	0.22* (1.83)	0.18* (1.73)
FNet×RKL	0.003*** (3.02)	0.01*** (2.62)	0.02*** (2.72)	0.01 (0.74)	0.03 (1.09)	0.01 (0.29)
FNet×RER	-0.03*** (-3.41)	-0.04** (-2.22)	-0.05*** (-3.98)	-0.06 (-1.04)	-0.15* (-1.72)	-0.14* (-1.69)
是否加入控制变量	Yes	Yes	Yes	Yes	Yes	Yes
λ	0.22** (2.34)	0.22** (2.39)	0.25*** (2.84)	0.23** (2.46)	0.24*** (2.60)	0.23*** (2.56)
R^2	0.53	0.53	0.53	0.52	0.52	0.52
Obs	770	770	770	770	770	770

注:表中括号内的数值表示相应估计系数的 t 统计值,***、**、* 分别表示在1%、5%、10%的显著性水平。

　　表2-12的实证结果显示,外资流入国的交叉项(Importance×RKL)估计系数明显高于外资流出国,以表2-12模型(3)和模型(6)为例,当外资流出国的节点重要性指数每提高1%,当地的 CO_2 排放将增加0.04%;

而当外资流入国的节点重要性指数每提高1%,当地的CO_2排放强度则增加0.14%,因而较高的节点重要性可能进一步强化要素禀赋优势明显的外资流入国专业化生产污染密集型产品,也可能为要素禀赋优势明显的资本流出国提供污染转移的捷径。值得注意的是,表2-12模型(2)中节点重要性与要素禀赋优势的交叉项估计系数虽为正值但未通过10%的显著性水平,可能的解释是基于国际投资流量占比计算的节点重要性强化了一国的资本流动对其他投资网络节点的影响,该国更容易利用较高的节点依赖性通过对外投资转移污染产业(或资本)来改变既有的要素禀赋优势,从而有可能降低本国的污染排放量。另外,根据表2-13的估计结果可知,一国在国际投资网络中的节点中心性每提高1个单位,在要素禀赋优势作用下该国的CO_2排放将增加0.02%—0.14%。节点中心性的提高将进一步强化该国的网络核心地位,网络中的投资流量规模扩大并促使其产业结构偏重于资本密集型,因而国际投资诱致的经济规模扩张和经济结构转化进一步加剧了当地的环境污染。

表2-12　节点重要性、环境规制优势与“污染避难所”效应的检验结果

变量	被解释变量:$\ln CO_2$					
	外资流出国节点重要性			外资流入国节点重要性		
	IV=1	IV=IS	IV=RU	IV=1	IV=IS	IV=RU
	(1)	(2)	(3)	(4)	(5)	(6)
$pgdp$	-14.44*** (-6.20)	-11.93*** (-5.18)	-11.33*** (-4.89)	-15.17*** (-6.56)	-12.77*** (-5.61)	-7.76*** (-3.37)
$pgdp^2$	1.67*** (5.74)	1.39*** (4.80)	1.31*** (4.53)	1.75*** (6.04)	1.47*** (5.15)	0.91*** (3.16)
$pgdp^3$	-0.06*** (-5.34)	-0.05*** (-4.52)	-0.05*** (-4.20)	-0.07*** (-5.60)	-0.06*** (-4.79)	-0.03*** (-2.94)
$FNet$	0.26*** (4.03)	0.24*** (6.44)	0.38*** (7.47)	1.44*** (4.75)	0.29*** (6.54)	0.91*** (10.01)
$FNet \times RKL$	0.03*** (3.19)	0.01 (0.77)	0.04*** (4.46)	0.18*** (3.99)	0.04*** (2.90)	0.14*** (5.10)

续表

变量	被解释变量：$\ln CO_2$					
	外资流出国节点重要性			外资流入国节点重要性		
	IV = 1	IV = IS	IV = RU	IV = 1	IV = IS	IV = RU
	（1）	（2）	（3）	（4）	（5）	（6）
$FNet×RER$	−0.22 *** (−3.68)	−0.06 *** (−4.51)	−0.36 *** (−7.23)	−1.21 *** (−4.28)	−0.15 *** (−3.27)	−0.89 *** (−9.91)
是否加入控制变量	Yes	Yes	Yes	Yes	Yes	Yes
λ	0.28 *** (3.19)	0.33 *** (3.99)	0.23 ** (2.52)	0.35 *** (4.25)	0.36 *** (4.47)	0.23 ** (2.34)
R^2	0.54	0.55	0.56	0.54	0.57	0.58
Obs	770	770	770	770	770	770

注：*** 、** 、* 分别表示在1%、5%、10%的显著性水平。

局域投资网络指标与环境规制优势的交叉项基本通过了5%的显著性水平检验，表明随着环境规制优势的不断增强，一国可以通过参与全球投资网络来降低污染排放量，究其原因有两点：一是严格的环境规制将刺激企业通过先动优势和"创新补偿"效应来抵消"遵循成本"，并促使内外资企业采用绿色生产技术或加强自主研发，从而对环境产生积极的影响。二是国际资本的大量涌入提高了当地居民的收入水平。随着收入水平的不断提高，人们的环保意识逐步增强，环境规制效应将提高污染企业成本从而促使消费和生产转向清洁行业，规制优势将促使高收入国家的环境质量趋于清洁。表2-12的实证结果还显示，外资流入国的节点重要性每提高1%，在环境规制优势的作用下，该国的 CO_2 排放将减少0.15%—1.21%。这一系数估计值比外资流入国高出0.08%—0.85%，说明环境规制优势更容易减轻东道国的环境压力。这可能是由于东道国较高的环境规制水平更有利于吸引环保技术水平较高的跨国公司，也进一步提高了清洁型 FDI 的进入门槛，从而降低了 FDI 引致的环境污染。同时，表2-13的估计结果显示，交叉项在中介中心性方程中的估计系数明显高于其他方程，因而一国在投资网络中的核心地位和控制能力越高，越容易利用其环境规制优势降低污染排放。

表 2-13　节点中心性、环境规制优势与"污染避难所"的检验结果

变量	被解释变量：$\ln CO_2$			
	程度中心性	接近中心性	中介中心性	居中居间指数
	（1）	（2）	（3）	（4）
$pgdp$	−15.37*** (−6.59)	−15.52*** (−6.67)	−15.10*** (−6.46)	−13.93*** (−5.94)
$pgdp^2$	1.75*** (5.99)	1.75*** (6.03)	1.72*** (5.87)	1.63*** (5.53)
$pgdp^3$	−0.06*** (−5.41)	−0.06*** (−5.40)	−0.06*** (−5.29)	−0.06*** (−5.18)
$FNet$	0.54*** (3.76)	0.17 (0.64)	0.64*** (3.73)	0.003 (0.29)
$FNet×RKL$	0.12*** (5.04)	0.02 (0.13)	0.14*** (5.08)	0.02** (2.13)
$FNet×RER$	−0.43*** (−2.99)	−0.10*** (−4.97)	−0.54*** (−3.19)	−0.05** (−2.22)
是否加入控制变量	Yes	Yes	Yes	Yes
λ	0.26*** (2.86)	0.28*** (3.17)	0.26*** (2.90)	0.24*** (2.56)
R^2	0.54	0.53	0.54	0.52
Obs	770	770	770	770

注：***、**、*分别表示在 1%、5%、10% 的显著性水平。

　　综合上述估计结果可知，整体上来看，"要素禀赋"效应和"污染避难所"效应是同时存在的，说明要素禀赋优势和环境规制优势共同决定了一国参与国际投资分工的模式及地位，进而影响到地区环境质量。交叉项的估计系数符号和大小表明环境规制优势在国际投资网络中的作用明显大于要素禀赋优势，也就是说一国环境的结构效应更多地取决于其环境规制优势，这也进一步说明要素禀赋在一定程度上决定了新型国际分工的基本格局，但在产品内国际分工这一新的分工模式中，要素禀赋对分工格局的影响力却有所下降，并一定程度上主要局限于区域内部的分工体系中。

　　进一步考察其他变量对环境污染的影响。人均 GDP 的估计系数基本都通过了 10% 的显著性水平下假设检验,且一次项系数估计值显著为负,二次项系数估计值显著为正,三次项系数估计值显著为负,因而产出与环境污染之间呈倒 N 型曲线关系。贸易开放显著降低了污染排放量,且贸易开放度每提高 1%,CO_2 排放将减少 0.52%—0.61%。格罗斯曼和克鲁格(1995)曾指出,贸易诱致的经济规模扩张加剧了污染排放,而其诱致的结构升级及技术转移带来了正面的环境效应,并且当人均收入水平达到某个水平后,人们对清洁环境的支付意愿不断提升,由此也可能带来技术水平和产业结构的转变,最终结构效应和技术效应的总和将会超过规模效应,即从长期来看,国际贸易有利于环境质量的改善。制造业比重、资本劳动比的估计系数显著为正,表明当前制造业尤其是资本密集型行业产出规模的不断扩大进一步加剧了环境污染。而能源效率的提高则有利于降低污染排放,因而加速使用清洁能源技术和提高能源效率是缓解全球能源与资源供需矛盾、减轻环境污染的重要举措。环境规制对污染排放的影响显著为负,表明加入环保协定有利于降低地区污染排放。

第三章　外商直接投资、地方政府行为与环境污染

第一节　地方政府的引资竞争与环境污染的产生

作为国际直接投资网络中的一个重要节点,中国在创造出举世瞩目的"中国奇迹"之际,更成了外商投资的重要市场。大量外资的涌入成功推动了中国经济走向工业化、市场化、国际化三位一体的发展道路,进而成为经济增长的一个重要引擎。与此同时,外资导向性的经济发展模式也不可避免地加大了中国的资源环境压力,这主要表现为:分权体制下的财政收支和经济增长双重压力促使地方政府间展开了激烈的引资竞争,对外资的狂热追求使得地方财政支出结构呈现出"重基本建设、轻公共服务"的明显扭曲,部分地方官员甚至以本地资源的过渡耗竭和环境污染来换取任期中的经济增长。因而中国面临的环境问题是现行经济发展方式的结果,这种经济发展动力又源于独特的政府行为。如何协调地方政府行为从而在引资收益与资源浪费、环境污染之间寻求平衡,进而制定合理的引资政策是摆在我们面前亟须解决的问题。

关于地方政府间为争夺流动性要素而产生的策略互动行为研究始于蒂伯特(Tiebout,1956)的"用脚投票"理论,该研究认为"用脚投票"形成的税收和支出组合竞争可以使公共产品供给实现帕累托最优。作为典型的"用脚投票"的流动要素,政府间为吸引 FDI 进行的竞争尤为激烈,由此引起的社会福利变化研究也得到了越来越广泛的关注。霍福尔和伍顿(Hauffer 和 Wooton,1999)考察了在存在贸易成本的情况下不同国家间的 FDI 竞争行为,并发现具有较大国内市场的东道国更倾向于提供税收激

励政策来吸引 FDI,从长期来看,这种引资政策将会减少地方财政支援并削弱本地公共产品的供给能力。与上述结论相反的是,阿尔博诺兹等(2009)的研究表明,国家间为 FDI 而展开的税收竞争将促使出口模式转向吸引外资,进而将提高消费者福利。除了国家之间会展开 FDI 争夺外,国家内部不同区域的地方政府也可能会根据自身经济发展水平及财权事权大小来实施差异化的引资竞争。

从地方政府竞争的视角研究环境公共物品供给成为近年来学术界讨论环境问题的一个全新领域,并较好地揭示了分权体制和政治激励对环境质量的影响。通过对相关文献的梳理总结可以看出,现有文献主要侧重于分权体制下地方政府围绕环境公共物品提供而展开的竞争是"趋好的竞争"抑或"趋劣的竞争",例如弗雷德里克松和沃尔沙伊德(Fredriksson 和 Wollscheid,2014)、米利米特和罗伊(Millimet 和 Roy,2015)。部分学者的研究指出,地方政府为了吸引新的企业和创造新的工作岗位,会通过降低环保标准从而降低企业成本的方式来展开竞争,这种地区间的向底线赛跑或竞次现象将导致环境恶化,例如卜茂亮和瓦格纳(Bu Maoliang 和 Wagner,2016)。对于中国的问题研究,财政分权和政治集权为特征的中国式分权成为理解改革开放以来我国环境公共物品供给不足的基本制度背景。现有研究表明,财政分权和基于 GDP 增长的政绩考核体制使得地方政府在环境政策之间存在攀比式竞争,往往以降低本地环境质量来争夺流动性要素和固化本地资源,这是我国环境质量逐年恶化的主要原因之一(何洁和王华,2012)。为此,郭峰和石庆玲(2017)等指出,仅仅通过污染物减排这一约束性考核不能从根本上纠正环境激励缺失造成的短视行为,反而进一步强化了晋升压力下政治官员的"策略性"选择行为。

上述经典文献为进一步理解政府之间的引资竞争行为提供了重要的参考价值,但这类研究通常假定国家或地区之间的 FDI 竞争不存在自动的协调机制,没有引入上级政府的干预,因而也就明显忽略了财政分权体制下多级政府之间的垂直协调与竞争对区域引资竞争行为的影响。事实上,分权体制下的地方政府存在足够的动因来提供福利效率损失的激励措施。分税制改革后,地方政府的财政收入剧减,而与此相关的支出责任却在不断增加。在财政收入与经济增长的双重压力下,坚持以发展为己任的地方政府对资本这一流动性较强的稀缺要素具有近乎本能的强烈兴趣,本地区资源禀赋的有限性使得地方政府将区外流动性要素作为重点的竞争对象。作为"资本、技术、营销、管理的结合体"的外资成为政府青睐的对象,地区间的引资竞争日益激烈,因此地方政府的竞争激励同时源自经济分权化改革和垂直控制的政治管理体制。

有鉴于此,本章将首先利用 2003—2016 年全国 275 个地级城市统计数据,通过构建联立方程模型实证研究分权体制下外商直接投资与环境污染之间的联动关系。在此基础上,进一步以分权体制下的地方政府竞争为问题切入点,以地方政府在招商引资过程中的策略互动为关键,结合中国省级面板数据实证检验地方政府间的策略性引资竞争对地区环境质量的影响,全面阐释经济发展和财政收支激励下地方政府针对 FDI 而展开的财政支出竞争如何推动区域污染外溢。

第二节　FDI 与环境污染的区域现状分析

一、中国利用外资的区域现状分析

改革开放以来,随着经济体制改革的不断深化和对外开放程度的加深,大量的 FDI 纷纷涌入国门,进而成为经济增长的重要引擎。开放初期,由于我国利用外资的法律法规尚不完善,基础设施和配套设施建设严重滞后,跨国公司大多以中外合资或对外商独资形式在华进行试探性投资,因而实际利用外资的金额非常有限。1979—1983 年间,中国外商直接投资项目 1868 个,实际利用外资金额仅为 84.92 亿美元。之后随着对外开放的纵深发展,中央及地方政府进一步扩大了经济特区和沿海开放地区利用外资审批特权并给予一系列优惠政策,从而促使中国利用外资水平大幅提升,1984 年外商直接投资项目及实际利用外资金额分别为1856 个、12.58 亿美元,在短短的 7 年后分别增至 12978 个、43.66 亿美元,利用外资额年均增长率为 19.45%(见图 3-1)。1992—1995 年间全方位、多层次、宽领域对外开放格局的推进以及市场经济体制的确立,促使中国利用外资规模持续扩大,并奠定了中国的引资大国地位。1992 年实际利用外资额首次突破 100 亿大关(为 110.08 亿美元),之后 FDI 以17.76%的年增长率持续上升,2000 年利用外资额即达到 407.15 亿美元,比 1992 年翻了 2.7 倍。

(单位:亿美元)

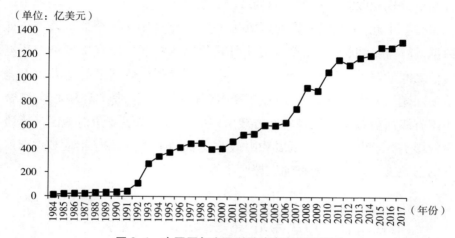

图 3-1　中国历年实际利用外资变化趋势图

资料来源:根据历年《中国统计年鉴》的统计数据整理计算得出。

加入 WTO 后,随着国内投资环境的进一步完善,利用外资规模进一步扩大。2002 年中国吸收外国直接投资超过 500 亿美元,首次成为全球最大的外资流入国,之后一直保持平稳较快的增长速度。金融危机期间,受全球经济不景气及发达国家金融监管的影响,跨国公司对外投资意愿和投资能力大幅下降,中国利用外资数量和利用外资额也出现短暂回落。之后,为配合跨国公司制造业向中国转移,地方政府加大了对资源整合、投资环境优化的政策支持力度,引资规模开始回升。2010 年,中国吸收外资较 2009 年增加了 157.02 亿美元,并首度突破 1000 亿美元。依靠庞大的劳动力资源、潜力巨大的消费市场和优惠的投资政策,外商在中国的投资金额非常庞大。2013 年中国实际利用外资额达到 1175.86 亿美元,位列世界第二、发展中国家第一。2017 年中国实际利用外资额达到

1310.4亿美元,较2015年相比增长了50.4亿美元,成为仅次于美国的世界第二大外商直接投资目的国。

从地区分布来看,我国的FDI明显集中于东部沿海地区。如图3-2所示,2001年广东省实际利用的外商直接投资额位居全国第一位,所占比重为25.67%。之后几年,广东省实际利用外资额一直位居全国前三位,但所占比重持续下降。尤其是近几年,广东地区劳动力成本、土地成本的持续攀升导致部分FDI企业开始向内陆地区及周边国家转移,FDI占比也由2002年的21.60%降至2016年的9.23%。与此同时,江苏省的引资成效同样非常显著。2003年江苏省实际利用外资额跃居全国第一位,占比20.77%,这一比重比同期广东省高出0.29%。之后几年,江苏省的FDI以7.73%的增长速度持续上升。先进制造业与现代服务业的"双轮驱动"使得江苏省的产业结构更趋合理,进而推动区域引资工作由数量扩张为主向优化结构、提高效益为主转变,2013年实际利用外资额332.6亿美元,占比12.92%。近几年来伴随着经济进入新常态,江苏省实际利用外资增幅明显放缓,但其结构优化步伐明显加快。2016年,江苏省实际利用外资245.4亿美元,其中服务业利用外资占比46.7%,以先进制造业为主的十大战略性新兴产业实际外资占比达40.4%,外商投资领域也开始逐步向先进制造业、现代服务业扩展。

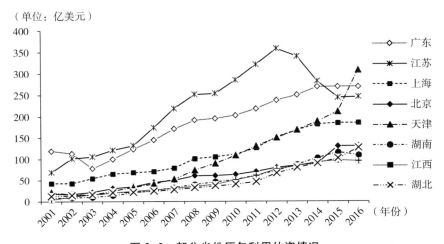

（单位：亿美元）

图3-2 部分省份历年利用外资情况

　　与此同时,上海市利用外资继续保持平稳增长势头。突出的资金汇集能力、资源配置能力、市场统筹能力,以及高素质人才积累使得上海市在外资方面具有显著的竞争优势,全市利用外资规模占全国的比重一直保持在8%左右。近两年来在经济总量增速有所回调的新常态下,上海利用外资增幅相对较小。2016年,上海实际利用外资158.1亿美元,同比增长0.25%;合同利用外资510亿美元,同比增长6.83%。随着上海自贸试验区扩大开放措施的不断落实,以总部经济为主的租赁和商务服务业跃升为上海利用外资第一大领域,实际利用外资超过47亿美元,同比增长近70%。作为全国唯一的服务业扩大开放综合试点城市,2016年北京市积极推进外商投资"放管服"改革和事中事后监管,积极推进放宽准入限制,着力改善营商环境,外资发展成效显著。上海市新设外商投资企业1073家,实际吸收外资首次突破130亿美元。而天津市自贸试验区成为其吸收外资新引擎。2016年,天津市合同外资240亿美元,实际使用外资金额25亿美元,分别占天津市总量的77.8%和24.8%。融资租赁业吸收外资继续领先全国,成为引资新亮点。除此之外,辽宁、浙江、山东三省的FDI也保持着稳定健康发展态势,2016年上述地区的实际利用外资额占全国的17.79%。

　　中部六省中湖南、江西两省的FDI占比有了较为显著的提升。当前,随着国际及沿海地区的部分产业加速向内陆转移和延伸,湖南省借助中部崛起的战略部署进一步扩大开放,加速发展开放型经济。2016年,两省实际利用外资额分别达到109.08亿美元、950.9亿美元。基于雄厚的经济实力和完善的产业配套设施,近年来湖北省着力构建促进中部崛起的重要战略支点,充分利用政策叠加的优势改善投资环境,进一步加大了招商引资力度,利用外资规模持续增长,质量水平不断提高。2001年湖北省实际利用外资额为12.1亿美元,之后几年FDI规模持续扩大并在2016年达到125.9亿美元,年均增长率为15.8%。外资投向已由原来主要集中在房地产、制造业开始向旅游开发、研发中心、金融、服务外包等现代服务业领域扩展。然而,受周边省份相继出台的系列招商引资优惠政策冲击,湖北省利用外资水平与中部的湖南和江西两省仍存在较大的差距。除此之外,西部地区实际利用外资增长相对缓慢,2005 年之前,西部地区外资占比仅为 4%左右。之后尽管政府出台了一系列优惠政策引导外资向西部地区投资,但西部地区的外资企业很多往往要经过地理位置优越的东部和中部过滤,地区招商引资极为乏力,利用外资规模小且增速缓慢。2016 年,西部地区实际利用外资比重为 10.17%,仅为东部的 1/8。可见,FDI 在我国的地区分布上仍呈现明显的"东高西低"格局,东部地区的外资规模和增速均远远高于西部地区。

为了进一步揭示 FDI 的地理分布格局及空间集聚态势,本章节以 2001—2016 年中国 31 个省域的 FDI 统计数据为基础,采用空间自相关 Moran 指数对此进行探索性空间数据分析。具体计算中 Moran 指数的推断基于 999 次多序列蒙特卡罗模拟随机排列方法获得。Moran 指数的取值区间为[-1,1],当 Moran 指数小于 0 时,表明各地区的 FDI 存在负向的空间自相关性,且 Moran 指数越小,说明不同空间单元之间的差异性越大;当 Moran 指数大于 0 时,表明各地区的 FDI 存在正向的空间自相关性,且 Moran 指数越大,说明不同空间单元之间的空间自相关性越强。基于邻近地理权重的 Moran 指数变化趋势图(见图 3-3)各年份 Moran 指数均为正值,且通过了 10%的显著性水平检验,这表明 FDI 在空间分布上具有显著的空间正相关性和空间集聚性,且 FDI 引入较高的省域在空间上相互临近,而 FDI 引入较低的省域也趋于集中。另外,Moran 指数经历了先上升—后下降—再上升的变化过程,这也在一定程度上可以反映出 FDI 在地理空间分布的变化过程。以 2005 年和 2011 年为界,Moran 指数在 2001—2005 年期间持续上升,并由 2001 年的 0.1615 增至 2005 年的 0.4049。这可能是由于加入 WTO 后,国内市场的进一步开放及优惠的引资政策极大地强化了东部地区的 FDI 吸引力,FDI 在东部地区集聚的格局进一步得到强化。2005 年之后,Moran 指数开始下降,究其原因主要是西部大开发及中部崛起战略的全面实施使得外资企业开始向中西部地区转移,且东部地区劳动力、土地成本的上升促使部分外资企业对外转移,从而导致 FDI 的集聚现象有所减弱。金融危机之后,中国吸引外资的投资环境优势更加明显,跨国公司对华投资信心和投资规模开始上升。

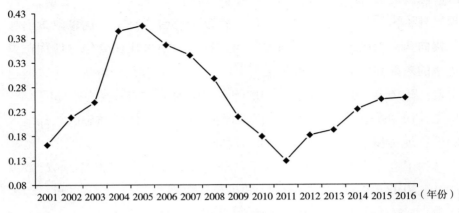

图 3-3　2001—2016 年 FDI 的 Moran 指数变化趋势图

二、中国环境污染的区域现状分析

自 20 世纪 80 年代以来,中国经济一直保持高速增长态势,国内生产总值及人均 GDP 都得到了大幅提升。然而,对经济增长速度的过度追求及粗放型经济发展模式给我国的环境带来了灾难性的破坏。诸多的实践经验表明,以牺牲环境换取经济增长的发展模式不足以支撑中国经济的持续发展,环境问题已成为中国经济和社会发展的"瓶颈"。鉴于中国目前环境质量控制以水污染中的 COD 和空气污染中的 SO_2 和 CO_2 为主,而工业污染又是环境污染的主要根源,为此采用工业 SO_2、工业 CO_2 和工业 COD 三种污染的排放强度作为环境污染的度量指标,分别对环境污染的总体情况、区域污染排放情况进行分析。

表 3-1 列出了 2001—2016 年主要污染物的排放统计。从污染排放总量来看,工业 SO_2 和工业 COD 的排放量在 2001—2004 年间呈现缓慢下降趋势,之后两年略有回升,至 2006 年分别达到 2234.80 万吨、541.50 万吨。2007 年,国务院发布了《节能减排综合性工作方案》,明确规定了主要污染物的减排目标。自此之后,工业 SO_2 和工业 COD 的排放量逐年下降。与之相比,自 2001 年以来 CO_2 的排放量持续上升,年均增长率为 11.88%,这可能是由于当前以煤炭为主的能源消费结构导致能源消费量

过快增长,进而加大了环保压力。从污染排放强度来看,样本期间三种污染物的排放强度在波动中基本保持下降趋势,说明中国的工业增长处于低碳化、环保化发展进程中。

表 3-1　2001—2016 年主要污染物排放情况

	排放量(万吨)			排放强度(吨/亿元)		
	SO$_2$	COD	CO$_2$	SO$_2$	COD	CO$_2$
2001	1566.00	607.50	348756.64	142.81	55.40	31804.84
2002	1562.00	584.00	369424.21	129.81	48.53	30700.23
2003	1791.60	511.80	452517.70	131.91	37.68	33316.77
2004	1891.40	509.70	528816.60	118.30	31.88	33076.20
2005	2168.40	554.70	579001.70	117.25	29.99	31307.98
2006	2234.80	541.50	641446.31	103.31	25.03	29653.43
2007	2140.00	511.10	679180.47	80.51	19.23	25551.32
2008	1991.40	457.60	703544.39	63.41	14.57	22402.63
2009	1865.90	439.70	769221.09	54.73	12.90	22564.24
2010	1864.40	434.80	825696.92	46.43	10.83	20564.65
2011	2017.20	354.80	901951.82	42.64	7.50	19064.56
2012	1911.70	338.50	1002074.50	36.80	6.52	19638.33
2013	1835.20	319.50	1025800.71	32.26	5.62	19584.51
2014	1740.40	311.40	1029192.69	27.03	5.37	15981.90
2015	1556.70	293.50	1055245.32	22.59	4.84	15314.45
2016	1376.40	275.30	1082550.32	18.50	4.26	14547.92

资料来源:SO$_2$ 和 COD 的统计数据来源于《中国环境统计年鉴》相关年份;2001—2014 年 CO$_2$ 的排放统计数据来源于世界银行统计数据库;2015 年和 2016 年的 CO$_2$ 排放数据参考 IPCC (2006)提供的化石燃料燃烧的 CO$_2$ 排放测度方法。

鉴于各个省份内部要素禀赋、经济发展水平不同,各个地区的排污强度也存在显著差异。从图 3-4 三大区域工业 SO$_2$ 排放强度来看,西部地区的排污强度均呈现波浪式递减趋势,而东部和中部地区则呈现出先上升后下降的趋势。2001 年,东部地区 SO$_2$ 排放量为 209.34 吨/亿元,中部地区为 306.89 吨/亿元,西部地区为 375.51 吨/亿元。2003 年西部地区的排污强度达到最高值 463.71 吨/亿元,这一工业 SO_2 排放强度分别是东部和中部地区的 2 倍、2.86 倍。之后五年,西部地区工业 SO_2 排放强度呈现直线式下降,而东部和中部地区却略有上升,并分别于 2006 年和 2008 年达到最高值。2010 年后,三大区域的排污强度差异相对较小,在此期间东部地区的排污强度最小。从各个地区工业 SO_2 排放强度均值来看,宁夏、贵州、山西、内蒙古、甘肃等西部省(区、市)位居全国前列,年均排放强度分别为 303.99 吨/亿元、243.09 吨/亿元、197.14 吨/亿元、187.37 吨/亿元和 163.58 吨/亿元。而年均排放强度低于 40 吨/亿元的省市则有 5 个,分别为浙江、福建、上海、海南、北京。总体来看,我国工业 SO_2 排放强度呈现出典型的"西高东低"现象,即西部、中部地区的排放强度明显高于东部地区。

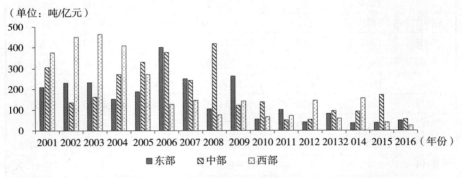

图 3-4　2001—2016 年三大区域工业 SO_2 平均排放强度

图 3-5 描述了三大区域内工业 CO_2 排放强度情况。从图 3-5 可以看出,三大区域内西部地区的工业 CO_2 排放强度相对较低,东部和中部地区工业 CO_2 排放强度相对较高。从数量变化来看,研究期内西部地区工业 CO_2 排放强度维持在 1.92 吨/万元—14.50 吨/万元之间,变化幅度较小。而东部和中部地区排放强度整体波动较大。具体来说,2004—2007 年间,东部和中部地区的工业 CO_2 排放强度均呈现先上升后下降的趋势并呈阶梯式分布。其中中部的碳排放强度略高于东部地区,两者均在 2006 年达到排污强度峰值。2008 年中部地区的排污强度再次回升并达到 20.73 吨/万元,而东部地区则显著降低。究其原因主要是金融危机

后,东部地区外向型经济严重受挫,部分资源密集型以及技术层次相对较低、位于全球产业链中下游的生产性行业开始转移。而中部地区因临近国内市场且拥有丰富且廉价的劳动力、土地、资源等生产要素,大量承接了东部地区的产业转移。2011 年后,三大地区的碳排放强度差距明显缩小。截至 2016 年年底,中部地区碳排放强度为 4.98 吨/万元,分别比东部和西部地区高出 1.27 吨/万元和 3.06 吨/万元。

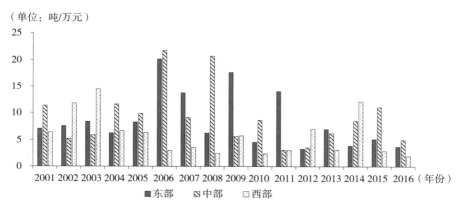

图 3-5　2001—2016 年三大区域工业 CO_2 平均排放强度

从三大区域的工业 COD 排放强度来看(见图 3-6),2001—2016 年间东部、中部和西部地区三大区域的工业 COD 排放强度整体呈现下降趋势。2002 年,东部地区工业 COD 排放强度为 106.90 吨/万元,比 2001 年增长了 52.85%;中部和西部地区的工业 COD 排放强度分别为 139.64 吨/万元和 174.97 吨/万元,比 2001 年分别增长了 17.84%、60.99%。之后,东部和西部地区的工业 COD 排放强度出现短暂的下降,而中部地区继续上升并于 2003 年达到峰值 173.86 吨/万元。西部地区于 2004 年出现反弹并达到排污最高值 190.16 吨/万元,之后几年的排污强度变化幅度相对较小,2016 年为 4.85 吨/万元。从各个地区工业 COD 排放强度均值来看,样本期间各区域的工业 COD 排放强度西部地区明显高于东部地区,其中广西、四川、内蒙古等西部省(区、市)位居全国前列,年均排放强度分别为 253.38 吨/万元、177.99 吨/万元和 109.87 吨/万元。

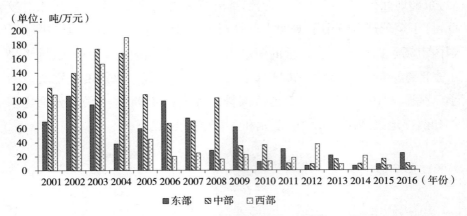

图 3-6　2001—2016 年三大区域工业 COD 平均排放强度

　　根据省域污染排放强度的统计数据可以发现,各个地区的污染指标在样本考察期间排名变化不大。基于此,本章节以 2001—2016 年三种污染排放指标的均值为基础,从宏观角度对污染集聚的典型事实进行地理空间格局的四分位图描述,结果见表 3-2。空间分布四分位图将整个污染集聚划分为四个等级,其中第四级排列的省域污染最为严重,第一级排列的省域环境污染程度较轻。根据环境污染平均水平的空间分布四分位图可知,环境污染较为严重的地区主要集中在广阔的西部地区以及部分中部省域,主要的污染集中区域有山西、内蒙古、甘肃、青海、宁夏。其中内蒙古、山西的污染排放强度一直位居全国前三位,2016 年的 SO_2 排放强度分别为 434.01 吨/亿元和 302.04 吨/亿元,分别比全国平均水平高出 2.32 倍、1.86 倍。作为传统的能源大省,长期以来,内蒙古和山西已形成以资源、原材料输出为依托,以原材料加工为主线的粗放型经济增长方式,经济增长对能源资源的高度依赖和无序开发对生态环境造成了严重的破坏。比较而言,东部沿海地区(江苏、浙江、上海、福建、广东等)的环境质量相对较高,表明沿海地区经济与环境保护处于良好的协调发展阶段,产业结构调整初显成效。另外,东部沿海地区收入水平相对较高,当地居民对环境质量提出了更高的要求,地方政府也加大了环境污染的规制力度和污染治理力度,从而使得其环境污染水平远低于其他省份。

表 3-2　基于空间分布四分位图划分的污染排放格局

	SO$_2$	CO$_2$	COD
第一级排列 （1st range）	江苏、浙江、上海、福建、广东、海南、西藏	江苏、浙江、上海、福建、广东、广西	江苏、浙江、上海、福建、广东、海南、西藏、
第二级排列 （2nd range）	北京、天津、湖北、湖南、安徽、山东、黑龙江、吉林	北京、天津、重庆、四川、西藏、安徽、江西、湖北、湖南、海南	北京、天津、山东、辽宁、黑龙江、安徽、湖北
第三级排列 （3rd range）	河北、辽宁、江西、河南、重庆、四川、云南、新疆	山东、吉林、黑龙江、河南、云南、陕西、青海	河北、河南、江西、湖南、云南、陕西、甘肃
第四级排列 （4th range）	山西、内蒙古、广西、贵州、陕西、甘肃、青海、宁夏	河北、山西、内蒙古、辽宁、贵州、甘肃、宁夏、新疆	山西、内蒙古、吉林、贵州、广西、重庆、四川、青海、宁夏、新疆

本章节进一步基于邻近地理权重，采用 999 次多序列蒙特卡罗模拟随机排列方法计算了环境污染的 Moran 统计值（见图 3-7），Moran 指数均为正值且通过了 10% 的显著性水平检验，表明我国污染排放的空间分布也不是随机的，而是呈现出一种集群的趋势：高污染省域相对地趋向于与其他高污染的省域临近，低污染的省域相对地趋向于与其他低污染的省域临近，因而环境污染也具有空间正相关性。这进一步说明我国地方政府在经济发展上存在一定的"短视"行为，可能以牺牲周边地区的环境质量来追求自身的经济发展。因而，我国整体环境污染状况的改善离不开区域之间的协调发展，跨区域的环境保护合作应成为地方政府协调经济发展和环境污染矛盾的必然选择。另外，环境污染的 Moran 散点图同样显示大部分省域位于第一象限和第三象限。以工业 SO$_2$ 的散点图为例，2013 年有 9 个省域位于第一象限，比 2001 年多 1 个；2013 年有 14 个省域位于第三象限，比 2001 年多 2 个。整体而言，2013 年工业 SO$_2$ 的 Moran 散点位于第一、三象限的省（区、市）合计占样本的比重为 74.19%，比 2001 年高出 9.69%。这一结果进一步证实了环境污染具有明显的空间相关性。与之相比，2016 年分别有 11 个省域位于第一象限，有 10 个省域位于第三象限，占样本的比重为 67.74%。

基于上述现象分析可知，我国区域污染排放存在显著的空间自相关

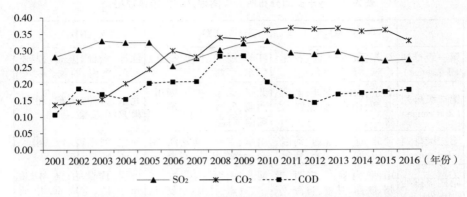

图 3-7　2001—2016 年环境污染的 Moran 指数变化趋势图

性,高环境污染的省域相对地趋向于与其他高环境污染的省域临近,低环境污染的省域相对地趋向于与其他低环境污染的省域临近,并且省域及其邻省的环境污染均存在高度的空间稳定性,其中西部省(区、市)主要位居我国的高污染排放集聚区,而东部沿海地区的排污强度相对较低。高值集聚区反映出相邻地区间存在污染攀比效应,而低值集聚区则反映相邻地区间存在明显的减排竞争效应,两种不同的集聚格局反映出策略性减排的竞争模式存在一定的差异性。

第三节　FDI、财政分权与环境污染

中国式分权导致地方政府为吸引外部资源展开攀比式竞争,虽然对经济增长起到了积极的促进作用,但也降低了地方政府的环境保护偏好,进而改变区域环境质量。因而,财政收支和经济激励下的引资竞争对我国的环境质量产生了直接或间接的影响,从财政分权的视角考察 FDI 竞争与环境污染之间的关系更符合中国的现实。鉴于省级层面的财政分权指标往往会忽略内部城市之间的工业化、城市化和市场化差异,并可能带来认识上的偏差,为此本节将采用 275 个地级城市统计数据,从省对地市的财政分权模式这一角度系统分析分权体制下的引资竞争与环境污染之间的双向关系,验证"污染避难所"假说在中国是否成立。

一、财政分权与 FDI 环境效应分析

自 1994 年分税制改革以来,我国的财政分权体制得到了进一步地巩固,作为独立经济主体的地方政府也必须通过谋求自身经济发展来获得财政利益,并为了政治上的升迁极力追求有竞争力的经济增长率,这种干部管理制度促使各级政府不遗余力地投入到愈演愈烈的"为增长而展开的竞争"之中。而资本推动型发展模式客观上要求地方政府通过创造或改善当地的软硬环境来提高招商引资能力。鉴于国内资本流动受金融体制制约,地方政府更热衷于利用手中的经济权限通过"放权让利"获得外资的审批权,这种基于经济资源占有的政治自由进一步刺激了地方政府对外资的追逐,全国范围内的引资竞争空前激烈。改革开放初期,为了全力扶持东部地区经济发展,中央政府给予东部地区更多的减免税收、财政放权等优惠政策,这些政策措施确实为东部地区吸引了大量的外资,并在一定程度上缓解了东部经济发展的资金瓶颈,但也使得中国的外资分布呈现出明显的"东高西低"特征。近些年来,政府先后出台了一系列政策鼓励和引导国外投资者向中西部地区转移和增加投资,但目前的外资基本由东南沿海地区向中部、东部地区梯级推进,"西进"趋势并不明显。FDI 地域上的分布不均进一步加剧了区域经济发展不平衡,东部地区资源环境压力剧增。

不可否认,地方政府原本寄希望于引进外资来增加本辖区的财政收入进而推动经济增长,但在实际操作过程中,为了提高经济发展速度,各级政府刻意模仿其他地区的政策条件,甚至不惜以牺牲环境为代价,大力引进一些低技术水平、高污染高能耗的外资企业,使得本已脆弱的生态环境更趋恶化。从目前 FDI 的产业分布来看,我国引进的外资大约有 60% 流入制造业,88% 的 FDI 工业增加值集中在污染密集型产业,其中有 30% 是高度污染密集型产业,这种引资结构无疑加大了我国资源节约和环境保护的压力。此外,我国一直采取"两头在外,大进大出"的引资政策,作为我国加工贸易主体的出口导向型外资通过产品外销将生产过程中的资源消耗、污染排放留置在国内,从而加大了本土的资源环境压力。随着全

球经济一体化步伐的加快和生产要素的快速融通,地区之间的招商引资竞争愈发激烈,地方政府将存在足够的激励去采取主动降低环境标准这种"逐底竞赛"的方式来吸引更多的外资,一些污染产业乘机流入内陆环境规制水平更低的地区,给我国脆弱的生态环境增加了新的负担。基于以上分析,我们可以得到以下两个基本经验判断:第一,财政分权加剧了地方政府间的策略性引资竞争;第二,分权体制下的引资竞争可能会弱化FDI 的增长效应,并加大地区的环保压力。

二、计量模型构建与指标选取

本节将财政分权、FDI 及环境污染纳入统一的分析框架,考察分权体制下的 FDI 竞争如何影响地区环境质量,并检验"污染避难所"假说在中国是否成立。在现行的财政分权体制下,地方政府间的 FDI 竞争行为将通过以下两种渠道作用于环境质量:一方面,FDI 本身的生产活动将对周边环境水平产生影响;另一方面,FDI 将深刻地影响到区域经济增长,而经济增长通过规模效应、结构效应与技术效应等影响到污染排放。在此过程中,环境污染也将通过影响产出和消费偏好而作用于经济增长,而经济增长、环境污染水平则是外资企业选址的重要决策因素,因此三者之间的关系可以表示为:

$$\ln FDI_{it} = \alpha_0 + \alpha_1 \ln GDP_{it} + \alpha_2 \ln FD_{it} + \alpha_3 W \ln FD_{it} + \alpha_4 \ln P_{it} + \alpha_5 X_{it} + \varepsilon_{it}$$

$$\ln GDP_{it} = \beta_0 + \beta_1 \ln FDI_{it} + \beta_2 W \ln FDI_{it} + \beta_3 \ln FD_{it} + \beta_4 (\ln FDI_{it} \times \ln FD_{it}) + \beta_5 \ln P_{it} + \beta_6 Z_{it} + \mu_{it}$$

$$\ln P_{it} = \gamma_0 + \gamma_1 \ln FDI_{it} + \gamma_2 \ln FD_{it} + \gamma_3 \ln GDP_{it} + \gamma_4 \ln GDP_{it}^2 + \gamma_5 XC_{it} + \eta_{it} \tag{3-1}$$

式中,i 和 t 分别表示第 i 个城市第 t 年的数据。FDI、GDP、P、FD 分别表示外商直接投资、产出、环境污染及财政分权指标。$W\ln FD$、$W\ln FDI$ 分别为财政分权和 FDI 的空间滞后项,X 为影响 FDI 选址的控制变量,Z 为影响产出 GDP 的控制变量,C 为影响污染排放的控制变量。

三、指标选取及数据说明

本节选取 2003—2016 年全国 275 个地级城市作为样本,相关原始数据主要来源于 EPS 数据库中的《中国城市统计年鉴》《中国区域经济统计年鉴》及《中国统计年鉴》,具体指标选取如下:

外商直接投资(FDI)。采用实际利用外资额来衡量,依据当年人民币兑美元的年平均汇率将其单位转化为人民币。产出水平(GDP)采用各城市的地区生产总值来衡量。基于数据的可得性,环境污染(P)选取各城市的工业 SO_2 排放强度和工业废水排放强度作为衡量指标。

财政分权(FD)。对财政分权的度量包括平均分成率、边际分成率、人均省级财政支出占人均财政总支出的比重等方法进行衡量,而使用财政支出和财政收入度量分权程度是传统文献中最常见的计算方法。财政分权指标采用如下公式计算:

$$FD = fdc/(fdc + fdp + fdf) \tag{3-2}$$

其中 fdc 、 fdp 、 fdf 分别表示城市、省级及中央的人均预算内财政支出,这一指标既可以剔除人口规模的影响,又可以排除中央对地方转移支付的影响,且城市人均预算内财政支出占总财政支出的比重越高,该市地方政府的财政自主权越大,财政分权水平也就越高。为了保证回归结果的稳健性,本章节亦采用财政收入分权(FDR)指标进行检验。

滞后项 $WlnFD$ 重点用来测度地方政府间的财政策略互动对 FDI 选址的影响,当 $WlnFD$ 估计结果显著时,说明邻近地区的财政政策对本地 FDI 的经济活动具有明显的影响,地方政府竞争具有明显的策略互动性。产出方程中的空间滞后项 $WlnFDI$ 用来衡量邻近地区的外资对本地区产出的影响。当内外资企业处于不同的地理空间区域时,FDI 的溢出效应不仅仅局限于产业之间,而会扩展到整个地理空间维度,因此本章节采用 $WlnFDI$ 来考察 FDI 在地区间的溢出效应如何影响经济增长。

影响 FDI 区位选择的控制变量(X)包括:(1)工资水平($Wage$),较高的工资水平一方面会增加外资企业的劳动力成本并阻碍其进入,但另一方面工资水平越高意味着该地区的市场规模和市场潜力越大,因而也会吸引大量 FDI 的进驻。本章节采用各城市在岗职工平均工资水平来衡量。(2)基础设施水平（ $Traffic$ ），良好的基础设施条件将会降低企业的运输成本，进而吸引大量外资。衡量城市基础设施水平的指标通常有人均道路铺装面积、货运总量、客运总、邮电业务总量等，鉴于数据的可得性和一致性，采用各个城市的货运总量来衡量。（3）人力资本（ $Human$ ），外商直接投资倾向于人力资源相对丰富、劳动力素质相对较高的地区。较高的人力资本将有效地帮助外资企业开拓市场并增加创新收益。本章节采用初、中、高等学校在校生受教育年限之和来衡量，其中小学、中学及大学受教育年限分别为 6 年、12 年和 16 年。（4）外资集聚效应（ $WlnFDI$ ），巴尔特格和埃格（2007）通过多国多部门的一般均衡模型揭示了 FDI 集群对双边投资影响的重要性，这使得传统的实证研究可能会受到因遗漏重要解释变量而产生困扰，因此本章节在 FDI 区位选择方程中加入空间滞后项 $WlnFDI$ 来研究邻近地区的外资引入对本辖区 FDI 的影响，验证 FDI 在地理分布上是否存在显著的集聚效应。

影响产出的控制变量（ Z ）包括：(1)内资（ Kd ），选用固定资本存量与实际利用外资的差值来衡量，其中城市固定资本存量估算采用永续盘存法的估算结果。（2）劳动力（ $Labor$ ），采用年末单位从业人员数来衡量。（3）人力资本（ $Human$ ），主要通过影响国内技术自主创新率和吸收国外新技术速度两种机制来影响产出水平。（4）产出集聚效应（ $WlnGDP$ ），林光平等（2005）的研究表明中国区域经济增长与其邻近地区具有一定的空间相关性，为此，本章节在计量模型加入空间滞后项 $WlnGDP$ 来衡量邻近地区的经济增长对本地区的影响，考察经济增长的集聚效应。

影响污染排放的控制变量（ C ）包括：(1)产业结构水平（ S ），采用第二产业产值占地区生产总值的比重衡量。（2）贸易开放度（ $Openness$ ），采用货物贸易和服务贸易进出口额占该地区 GDP 的比重来衡量。（3）人口密度（ $Population$ ），人口密度较高的地区一方面可能会消耗更多的资源并产生更多的污染排放，另一方面也可能导致投身到环保运动中的人数也将增加，使环境得到更好地保护。（4）内资（ Kd ），内资同样通过规模、结构、技术效应等渠道作用于环境污染,且诸多的研究表明外资企业的减排效应远远优于当地企业(如王华和金彦宏,2007)。(5)污染集群($W\ln P$),产业布局、能源消耗结构及公共政策使得地区间环境质量和经济发展的空间联动性进一步增强,为此在污染模型中纳入空间滞后项$W\ln P$来衡量邻近地区的污染排放对本地区的影响,考察环境污染是否也存在集群现象。

空间权重W度量了不同地区社会经济联系的紧密程度,本章节采用标准化后城市间的球面距离作为空间权重矩阵。以上各主要变量在估算过程中均取对数值,在具体计算中均以2000年为基期的城市GDP平减指数消除价格变动影响,数据的统计性描述见表3-3。

表3-3 城市样本数据变量的统计描述

变量	单位	均值	标准偏差	最小值	最大值
$\ln SO_2$	吨/万元	-5.39	1.18	-14.51	-1.82
$\ln FDI$	万元	9.36	2.11	0.89	14.15
$\ln GDP$	万元	8.90	0.58	3.76	11.81
$\ln FD$	1	-1.03	0.28	-1.99	-0.09
$\ln FDR$	1	-1.61	0.61	-3.54	-0.12
$\ln S$	1	3.87	0.24	2.75	4.45
$\ln Wage$	万元	14.78	0.81	12.58	17.26
$\ln Traffic$	万吨	8.76	0.89	4.66	13.23
$\ln Labor$	万人	3.39	0.71	1.65	6.27
$\ln Openness$	1	2.04	1.47	-3.53	6.17
$\ln Population$	人/平方公里	5.74	0.88	1.55	7.88
$\ln Human$	万人	6.16	0.71	2.56	8.07
$\ln Kd$	万元	15.36	1.19	10.23	18.52

由于模型所设外生变量较多,根据模型识别的阶条件和秩条件可知,本章节的联立方程模型属于过度识别,可采用二阶段最小二乘法(2SLS)和三阶段最小二乘法(3SLS)进行估计。但2SLS估计中不同的工具变量选择也将导致模型估计结果存在差异,而且在大样本情况下,3SLS估计

的有效性要明显高于2SLS。因此,最终选用三阶段最小二乘法对联立方程进行估计。

四、总体样本估计结果分析

表3-4为财政分权下的FDI竞争与环境污染的估计结果。从FDI的区位选择结果可以看出,在分权体制下,地方政府间的策略性竞争行为显著影响到FDI的区位选择,其中本辖区财政分权水平的提高将有利于吸引更多的FDI,而邻近辖区财政分权政策则明显阻碍了本辖区的FDI流入,这说明积极的财政支出扩张和资金缺口成为各地区竞相争夺FDI的主要动力,区域引资模式已从整体协作逐渐转向"以邻为壑"的恶性竞争。而污染排放量的上升将显著降低FDI的流入,这意味着跨国公司更注重采用环境策略来保持领先地位并设置进出障碍,同时环境沉没成本的存在促使跨国公司倾向于实行统一的环境管理标准来实现跨国界管理的规模经济,因而FDI更倾向于流入环境质量较高的地区。从控制变量的估计结果来看,$W\ln FDI$的估计系数显著为正,FDI在我国的地区分布上具有明显的结块效应。本土及周边地区FDI的大量流入加快了外资企业间的技术外溢与人才流动,竞争的外部性和集聚经济的利益促使跨国公司在地理分布上的相对集中。工资水平的估计系数在5%的显著性水平下显著,说明较高的工资水平有利于FDI的流入。人力资本水平的估计系数为正且通过1%的显著性水平检验,说明较高的劳动力素质对外资具有较强的吸引力。

表3-4 总体样本的估计结果

lnFDI		lnGDP		lnSO$_2$	
(1)		(2)		(3)	
$Cons$	-12.36*** (-26.00)	$Cons$	-0.34 (-0.74)	$Cons$	-33.75*** (-9.46)
$W\ln FDI$	0.45*** (26.29)	$W\ln GDP$	0.06*** (4.54)	$W\ln P$	0.25*** (16.73)

续表

lnFDI		lnGDP		lnSO₂	
（1）		（2）		（3）	
$\ln GDP$	1.72*** (35.09)	$\ln FDI$	0.71*** (23.55)	$\ln FDI$	−0.28*** (−19.50)
$\ln FD$	0.75*** (8.50)	$W\ln FDI$	0.11*** (11.64)	$\ln FD$	−0.03 (−1.04)
$W\ln FD$	−0.54*** (−10.67)	$\ln FD$	−6.01*** (−15.20)	$\ln GDP$	4.65*** (9.44)
$\ln P$	−0.40*** (−12.71)	$\ln FDI \times \ln FD$	−0.38*** (−15.32)	$\ln GDP2$	−0.12*** (−7.34)
$\ln Wage$	0.86*** (12.63)	$\ln Kd$	0.04*** (6.08)	$\ln Openness$	0.04**** (3.10)
$\ln Traffic$	0.05* (1.75)	$\ln Labor$	0.15*** (8.68)	$\ln S$	1.28*** (18.90)
$\ln Human$	0.40*** (12.71)	$\ln Human$	0.13*** (7.98)	$\ln Popution$	−0.20*** (−10.29)
		$\ln P$	0.28*** (24.89)	$\ln Kd$	−0.04*** (−6.87)
R^2	0.63	R2	0.69	R2	0.89
Obs	3850	Obs	3850	Obs	3850

注：①表中环境污染指标 P 采用工业二氧化硫排放强度衡量；②表中括号内的数值为对应参数估计的 t 统计值，*** 、** 、* 分别表示 1%、5%、10% 的显著性水平。

产出方程的估计结果表明,资本、劳动力投入对区域经济增长具有明显的促进作用,证实了要素投入在促进经济增长方面的重要作用。显著为正的 $W\ln GDP$ 说明邻近地区的产出规模越大,本地区的产出规模也将以较快的速度增长,地区保护壁垒的逐渐消除及地区间货物、资金、知识和劳动力的流动使得地区间的经济增长相互依赖性增强。而 FDI 和 $W\ln FDI$ 的系数均显著为正,因而 FDI 在地区间和地区内均呈显著的溢出效应。FDI 通常在地理距离较近的地方寻求供应商和销售商,这种上下游企业之间的产业关联使得其产品供应商和销售商可能大多数集中在相同或邻近的区域内并形成强大的规模经济,并且地理距离较近的地区更有利于受益于 FDI 的溢出效应(巴尔特格和埃格,2007)。财政分权对经济增长的影响显著为负,这可能是由于分权不仅使地方政府减少了具有外部性的公共品的投入,而且使得地方政府从"援助之手"变为"攫取之手",进而阻碍了地区经济增长。交叉项 $\ln FDI \times \ln FD$ 的估计系数为负值且通过 1% 的显著性水平检验,说明随着财政分权水平的不断提高,FDI 的引入将会阻碍经济增长,因而财政分权弱化了 FDI 的增长效应。在经济增长的激励下,地方政府对 GDP 的过度关注将会造成区域引资竞争盲目陷入"竞争到底"的囚徒困境之中,从而使得各地往往采取以邻为壑的经济发展政策,导致资源配置失当和市场分割日益严重,进而不利于区域经济增长。

进一步从污染方程的估计结果来看,与内资相比,FDI 对环境污染的改善作为更为明显且通过 1% 的显著性水平检验,这可能是由于外资的流入带来了绿色环保的生产技术和治理经验,在一定程度上促进了国内环境污染治理效率的提高,从而有利于降低污染排放总量。而产出水平与环境污染之间呈现显著的倒 U 型曲线关系,因而污染排放会随着经济发展水平的不断提高而呈现先上升后下降的趋势。财政分权对环境污染的影响整体上并不显著,这可能是由于分权体制下环保部门的制约措施难以得到有效的执行,而中央提供的专项环境治理活动在某种程度上又进一步加剧了地方政府的"免费搭车"行为,从而影响了环境质量的长期改善。从控制变量来看,环境污染的空间滞后项 $W\ln P$ 估计系数显著为正,也就是说邻近城市的环境质量差,本地区的环境质量也较差,环境污染行为存在明显的污染外溢现象。产业结构对我国环境污染的影响为正且通过 1% 的显著性检验,说明第二产业比重的提高明显增加了地区污染排放。

基于以上分析可知,分权体制下的 FDI 竞争主要通过以下两种渠道影响到地区环境质量:一方面,FDI 对环境污染的直接影响显著为负,FDI 采用的清洁生产技术及对产业结构的优化升级有利于降低污染排放。另一方面,FDI 通过影响经济活动的产出或规模来间接影响到环境污染,这主要体现为:FDI 通过地区间和地区内的溢出效应显著促进了经济增长,并推动了产业结构优化与环境质量改善的良性互动发展。

为了保证估计结果的稳健性,我们进一步采用 2SLS 对估计结果进行敏感性分析。比较 3SLS 和 2SLS 的估计结果,可以发现两者的回归系数符号并无显著差异,但 3SLS 中各估计系数的有效性明显高于 2SLS,且 3SLS 允许随机误差项存在异方差和自相关,从而其估计参数更具稳健性和有效性。鉴于不同的污染指标或分权指标选择也可能会造成估计结果存在一定的偏差,本章节亦采用财政收入分权指标及工业废水排放强度对上述回归结果进行 3SLS 稳健性检验。实证结果显示,不同变量选择的模型估计结果与表 3-4 结论基本一致,因而表 3-4 的回归结果是稳健的。

五、区域样本估计结果分析

表 3-5 为不同区域的 FDI 区位选择方程估计结果,可以看出,财政分权对东部和中部地区的 FDI 流入具有显著的促进作用,而在西部地区却不显著。这可能是由于东部和中部地区自身拥有广阔的市场和税源,财政分权水平的提高将使得地方政府拥有更好的财政自主能力来采取优惠的税收政策、土地政策等降低企业投资的成本,从而在 FDI 的竞争中具有明显的优势。而西部地区财政收支能力相对较弱,在改善投资环境和采取优惠政策方面受到一定的限制,因而在 FDI 竞争中处于一定的弱势。而三大区域的 $WlnFD$ 估计系数均显著为负,这说明周边地区财政自主能力的提高将减少本辖区 FDI 的流入,因而分权体制下的引资竞争已呈现不断恶化的态势,并且西部地区的恶性竞争更为明显。东部地区污染排放对 FDI 区位选择的影响显著为负,说明东部地区的 FDI 更倾向于选择环境质量较高的地区进行投资。而西部地区污染排放对 FDI 则具有显著的正向作用,这意味着西部地区较低的环境规制水平可能会吸引更多的污染密集型 FDI 流入,因而西部地区在今后的引资过程中必须警惕跨国公司的污染产业转移,加大对清洁型 FDI 的引入力度。

表 3-5　三大区域的 FDI 区位选择方程估计结果

被解释变量:lnFDI			
	东部地区	中部地区	西部地区
$Cons$	−11.13 *** (−15.17)	−7.51 *** (−7.58)	−2.53 *** (−8.728)
$W\ln FDI$	0.53 *** (19.71)	0.54 *** (16.38)	0.22 *** (6.05)
$\ln GDP$	1.52 *** (25.05)	1.23 *** (17.04)	1.98 *** (12.11)
$\ln FD$	0.43 *** (4.17)	1.90 *** (13.74)	0.13 (0.54)
$W\ln FD$	−0.40 *** (−6.72)	−0.80 *** (−9.36)	−0.92 *** (−5.15)
$\ln Wage$	0.76 *** (12.66)	0.43 *** (10.73)	0.12 *** (5.43)
$\ln Traffic$	−0.05 (−1.22)	0.13 *** (3.53)	0.18 *** (7.56)
$\ln Human$	0.08 (1.26)	0.17 ** (2.69)	0.12 * (1.69)
$\ln P$	−0.47 *** (−14.82)	−0.12 (−1.52)	0.42 *** (−7.69)
R^2	0.63	0.57	0.55
Obs	1344	1414	1092

注:表中的环境污染指标采用工业二氧化硫排放强度衡量;括号内的数值为对应参数估计的标准
差, *** 、** 、* 分别表示 1%、5%、10% 的显著性水平。

　　从表 3-6 的区域经济增长方程来看,无论是东部还是中西部地区,
区域经济增长仍主要依靠于要素投入,即仍以"外延式扩张"为主。不同
区域的 FDI 与经济增长之间均存在显著的正相关关系,其中东部地区
FDI 对经济增长的促进作用略高于中西部地区,因而 FDI 的引入加剧了
区域经济发展的不平衡。而邻近地区的外资引入对不同区域的经济增长
影响也存在明显差异,中部地区的 $W\ln FDI$ 回归系数要明显高于东部、西
部的回归系数,可能的解释是作为经济发展的"前沿阵地"的东部企业拥
有较强的研发能力和技术水平,而外资企业所提供的往往是一些标准化

技术或母国即将淘汰的技术,内外资企业的技术差距过小导致 FDI 为当地企业带来的收益比较小,导致地区间的溢出效应非常有限。而中部地区在地理上邻近东部地区,并且与跨国公司之间存在较大的技术差异,这两种因素都增加了当地企业模仿邻近地区技术来获得更高效率的机会。然而如果技术差距过大,当地企业就无法吸收邻近地区跨国公司的技术优势。基于西部地区经济发展水平、基础设施和人力资本等"吸收门槛"的限制,当地企业提供高资本密集度和技术密集度的中间品的能力相对不足,并且产业之间的配套联系不紧密,使得 FDI 很难在地区间发挥较大的溢出效应。

表3-6　三大区域的产出方程估计结果

被解释变量:lnGDP			
	东部地区	中部地区	西部地区
$Cons$	1.76* (1.98)	−10.33*** (−6.37)	5.67*** (12.31)
$W\ln GDP$	0.10*** (3.54)	0.37*** (8.15)	0.12*** (11.03)
$\ln FDI$	0.71*** (12.23)	0.24*** (12.49)	0.18*** (8.54)
$W\ln FDI$	0.12*** (9.54)	0.18*** (9.05)	0.02*** (3.23)
$\ln Kd$	0.02** (2.07)	−0.01 (−1.02)	0.05** (2.43)
$\ln Labor$	0.18*** (7.10)	0.27*** (8.15)	0.15*** (6.34)
$\ln Human$	0.04 (0.99)	0.02 (0.60)	0.05 (1.23)
$\ln FD$	−4.81*** (−6.04)	−13.44*** (−10.08)	−3.45*** (−12.54)
$\ln FDI \times \ln FD$	0.79*** (16.21)	−0.46*** (−10.00)	−0.22*** (−7.90)
$\ln P$	0.26*** (16.80)	0.17*** (6.68)	0.19*** (8.34)

续表

被解释变量：lnGDP			
	东部地区	中部地区	西部地区
R^2	0.74	0.70	0.57
Obs	1344	1414	1092

注：表中的环境污染指标采用工业二氧化硫排放量衡量；括号内的数值为对应参数估计的 t 统计值，***、**、* 分别表示 1%、5%、10% 的显著性水平。

在东部地区，交叉项 $\ln FDI \times \ln FD$ 的估计系数为正且通过 10% 的显著性水平检验，财政分权对 FDI 增长效应具有显著的促进作用。这可能是由于随着市场化水平和财政自主能力的不断提高，东部地区已从传统的"招商引资"进入"招商选资"阶段，重点引进高质量、高效益的外资来促进区域经济增长。而在广大的中西部地区，交叉项 $\ln FDI \times \ln FD$ 的回归系数为负且其绝对值远远超过 FDI 的估计值，且通过 1% 的显著性水平检验，说明中西部地区财政分权程度的加大对 FDI 的增长效应具有显著的负面影响。目前中西部地区主要依靠优惠政策和财政支出参与 FDI 竞争，在有限的税源条件下，地方政府不得不通过预算外和体制外收入进一步加大对本地经济的攫取，而在基础设施建设等方面更为重要的财政投入无法得到保证，导致经济增长陷入低效率的"纳什均衡陷阱"，因而中西部地区的恶性引资竞争在一定程度上弱化了 FDI 的增长绩效。此外，三大区域的污染投入对经济增长的影响依然显著为正，这说明当前区域经济发展处于工业化后期的污染排放和经济规模同时增长的爬坡阶段，如何通过技术进步和产业结构升级来实现环境和经济的协调发展是当前面临的一项艰巨任务。

表 3-7 中三大区域的污染方程估计结果显示，FDI 对环境污染的影响存在显著的区域差异。东部地区 FDI 的引入显著降低了污染排放，中部地区不明显，而西部地区 FDI 的引入则加剧了污染排放。究其原因可能是因为：第一，区域条件优越、人力资源充沛及工业配套能力强等优势使得东部地区成为跨国公司在华研发中心和运营总部的主要集中地，这

些外资企业倾向于使用较为先进的生产技术和污染排放系统,在实际生产过程中对资源环境的损耗相对较少。第二,东部地区的土地、劳动力成本的不断攀升促使众多的跨国公司开始将投资转入内地地区,而中部地区则成为 FDI 产业转移的极大受益者。在此过程中,中部地区将通过溢出效应获得部分环保技术的扩散和转移。第三,西部地区较低的外资流入在一定程度上限制了 FDI 规模效应和环保效应的发挥,并且外资行业内竞争有限,FDI 可以根据自身资金优势获得垄断地位,降低了其引进清洁型生产技术的能力。

表3-7　三大区域的污染方程估计结果

被解释变量:lnP			
	东部地区	中部地区	西部地区
Cons	−14.07 ** (−2.27)	−16.01 ** (−2.16)	2.56 ** (2.22)
$W\ln P$	0.40 *** (18.80)	0.29 *** (8.76)	0.19 *** (12.34)
$\ln FDI$	−0.33 *** (−12.10)	−0.19 (−1.36)	0.08 *** (8.10)
$\ln Kd$	0.07 *** (3.53)	−0.06 *** (−2.87)	−0.07 *** (−5.12)
$\ln FD$	0.16 * (1.71)	0.94 *** (7.53)	0.23 *** (3.59)
$\ln GDP$	1.52 * (1.79)	2.90 ** (2.31)	3.12 *** (5.43)
$\ln GDP^2$	−0.02 (−0.64)	−0.12 ** (−2.05)	−0.09 *** (−2.89)
$\ln S$	1.56 *** (10.52)	0.91 *** (9.78)	0.33 *** (4.21)
$\ln Population$	−0.14 *** (−3.20)	−0.04 (−1.44)	−0.08 *** (−3.44)
$\ln Openness$	−0.03 (−1.10)	0.04 ** (2.20)	0.12 *** (3.01)

续表

被解释变量:lnP			
	东部地区	中部地区	西部地区
R^2	0.60	0.36	0.33
Obs	1344	1414	1092

注:表中的环境污染指标采用工业二氧化硫排放强度衡量;括号内的数值为对应参数估计的标准差,*** 、** 、* 分别表示1%、5%、10%的显著性水平。

　　财政分权明显加剧了东部和中部地区的环境污染,而对西部地区的影响则不显著。在以 GDP 为核心的官员考核体系下,东部和中部地区的地方政府往往加大基础设施建设,而对环保方面的支出则会倾向于从邻近地区"免费搭车",从而导致公共服务供给与环保投入的不足与低效率。而西部地区对中央的财政依赖程度较高,财政支出的独立性远远低于东部和中部地区,因而财政分权对环境污染的负面影响并不显著。此外,中部和西部地区的产出和污染排放之间存在明显的倒 U 型 EKC 曲线关系,环境污染随着产出水平的提高呈现出先恶化后改善的发展趋势,这说明我国的地区经济发展和环境污染改善之间确实呈现出一定的良性互动关系。值得注意的是,表 3-7 的估计结果表明中西部地区的财政分权弱化了 FDI 的增长效应,虽然目前西部的广大城市已到达 EKC 曲线拐点右侧,但部分城市仍面临经济发展和环境污染的两难抉择,分权体制下的恶性引资竞争进一步加大了部分地区顺利跨越 EKC 曲线转折点的难度。

第四节　FDI、地方政府竞争与环境污染

　　中国式的财政分权和以 GDP 增长为主的官员考核体制一方面加大了当地财政对非税收入的依赖程度,另一方面也使财政支出结果出现不同程度的扭曲,环境污染等民众迫切关心的问题被地方政府所忽略,因而在考察 FDI 对资源环境的影响时,地方政府竞争是不可忽视的重要因素。为此,本章节进一步以分权体制下的地方政府竞争为问题切入点,以

招商引资过程中的策略互动为关键来构建一个带有环境约束的三部门理论分析框架,据此探讨 FDI 与地方政府竞争的交互作用对环境质量的内在影响机理。在此基础上,进一步利用 2001—2016 年中国省级面板数据来实证检验地方政府间的策略性引资竞争对地区环境的影响,并采用探索性空间数据分析(ESDA)方法将空间效应有效纳入分组中,据此从地区间经济活动的扩散回流对环境"污染外溢"成因进行分析,考察不同空间交互模式下的引资竞争对区域排污水平的影响差异。

一、理论分析框架和计量模型设定

本章节将 FDI、地方政府竞争纳入理论模型来探讨政府间的引资竞争如何影响地区环境质量。假设整个国民经济被划分为污染部门、清洁部门及研发部门,产出分别为 y_d、y_c 和 h,其中污染主要源于工业生产,而清洁部门和研发部门集中在服务业并主要依赖于劳动力投入。此时,污染部门的生产函数满足:

$$y_d = D (h\,l_d)^\alpha k^\beta \qquad (3-3)$$

D 为技术进步,$h\,l_d$ 为单位人力资本投入,资本、劳动的产出弹性均满足 $\alpha \in (0,1)$、$\beta \in (0,1)$。开放经济体中资本投入 k 由内资 k_d 和外资 k_f 共同组成,但两者并非同质资本。在财政分权体制下,财政收支以及经济增长的双重压力促使地方政府间展开了激烈的引资竞争,并且这种竞争已由初期的优惠政策逐步向财政支出领域扩展。假设地方政府通过财政支出 g 的方式干预经济活动,因此可以用 $k_f(g)$ 来衡量地方政府竞争行为对 FDI 的影响,且 $k'_f(g) > 0$。而厂商在生产过程中不可避免地消耗资源并产生一定的污染排放物,对污染排放只能加以控制以减少负外部效应,因而污染 p 是生产过程中的一种"坏"的投入,此时污染部门的产出函数可进一步表述为:

$$y_d = D (h\,l_d)^\alpha \left[k_f(g) \right]^{\beta_1} k_d^{\beta_2} p^\mu \qquad (3-4)$$

μ 表示污染部门中环境的产出弹性,且满足 $\mu \in (0,1)$。l_d 为污染部门的劳动力投入,$h\,l_d$ 即为污染部门的有效劳动投入。假定污染部门资本的利息为 γ,工资水平为 ω,单位污染排放税率为 τ,则污染厂商面临的成本函数为：

$$c = \gamma [k_d + k_f(g)] + \omega hl + \tau p \tag{3-5}$$

污染部门厂商面临的要素投入决策是基于既定的政府行为 g 配备必要的资本、劳动力投入并产生较少的污染排放，即在给定政府行为 g 的情况下如何选择最优的生产方式来实现利润最大化，结合（3-5）式可求出污染部门的成本函数：

$$c = \gamma [k_f(g) + k_d] + \delta \cdot \omega^{\alpha/(\alpha+\mu)} \cdot \tau^{\mu/(\alpha+\mu)} \cdot k_f^{-\beta_1/(\alpha+\mu)} \cdot k_d^{-\beta_2/(\alpha+\mu)} \cdot y_d^{1/(\alpha+\mu)}$$

$$\tag{3-6}$$

其中 $\delta = \left[\left(\dfrac{\alpha}{\mu} \right)^{\frac{\alpha}{\alpha+\mu}} + \left(\dfrac{\mu}{\alpha} \right)^{\frac{\alpha}{\alpha+\mu}} \right] D^{-1/(\alpha+\mu)}$。运用 Shepherd 引理可得污染需求函数为：

$$P = \frac{\partial c}{\partial \tau} = \frac{\mu}{\alpha + \mu} \delta \cdot \omega^{\alpha/(\alpha+\mu)} \cdot \tau^{-\alpha/(\alpha+\mu)} \cdot k_f^{-\beta_1/(\alpha+\mu)} \cdot k_d^{-\beta_2/(\alpha+\mu)} \cdot y_d^{1/(\alpha+\mu)}$$

$$\tag{3-7}$$

而清洁部门和研发部门的生产函数分别为：

$$y_c = Ahl_c g^{\Omega} \tag{3-8}$$

$$h = Bl_r g^{\xi} \tag{3-9}$$

其中，A 和 hl_c 分别表示清洁部门的技术进步和有效劳动投入，B 和 l_γ 分别表示研发部门的技术进步和劳动力投入。当劳动力市场达到均衡时，劳动力供给函数为：

$$\bar{L} = l_c + l_d + l_\gamma \tag{3-10}$$

假设清洁产品的价格为 1，污染产品的相对价格为 p_r，税率为 t。此时，整个社会居民的消费总量等于税后的净收入，即：

$$c = (1-t) Y = (1-t)(p_r y_d + y_c) \tag{3-11}$$

在均衡状态下三部门的劳动力边际价格相等。由清洁部门与研发部门的生产函数可知均衡状态下的人力资本水平 h 和工资水平 ω 满足：

$$h = \frac{B}{A} g^{\xi - \Omega} \tag{3-12}$$

$$\omega = A g^{\Omega} \tag{3-13}$$

从(3-12)式和(3-13)式可以看出,当 $\zeta > \Omega$ 时,研发部门的生产函数随着政府支出水平的提高而增大,三个部门的工资水平 ω 也随着政府支出水平的提高而增加。根据(3-4)式和(3-12)式可得:

$$l_d = y_d^{1/\alpha} (A/B) \ D^{-(1/\alpha)} \ k_f^{-(\beta_1/\alpha)} \ k_d^{-(\beta_2/\alpha)} \ p^{-(\mu/\alpha)} \ g^{\Omega-\zeta} \qquad (3-14)$$

根据(3-8)式、(3-9)式和(3-12)式可得:

$$l_c = y_c \ g^{-\zeta}/B \qquad (3-15)$$

$$l_r = g^{-\Omega}/A \qquad (3-16)$$

则劳动供给曲线为:

$$\bar{L} = g^{-\Omega}/A + y_c \ g^{-\Omega}/B + y_d^{1/\alpha} (A/B) \ D^{-(1/\alpha)} \ k_f^{-(\beta_1/\alpha)} \ k_d^{-(\beta_2/\alpha)} \ p^{-(\mu/\alpha)} \ g^{\Omega-\zeta}$$

$$\qquad (3-17)$$

当 y_c 和 y_d 在劳动供给曲线上满足 $\partial y_c/\partial y_d = -p_r$ 时,整个社会的国民收入 $(p \ y_d + y_c)$ 达到最大值,即:

$$\partial y_c/\partial y_d = -\alpha^{-1}A \cdot y_d^{(1-\alpha)/\alpha} \ D^{-(1/\alpha)} \cdot k_f^{-(\beta_1/\alpha)} \cdot k_d^{-(\beta_2/\alpha)} \cdot p^{-(\mu/\alpha)} \cdot$$

$$g^{\Omega} = -p_r \qquad (3-18)$$

$$y_d = (\alpha \ p_r/A)^{\alpha/1-\alpha} \ D^{1/(1-\alpha)} \ k_f^{\beta_1/(1-\alpha)} \cdot k_d^{\beta_2/(1-\alpha)} \cdot p^{\mu/(1-\alpha)} \cdot g^{\alpha\Omega/(1-\alpha)}$$

$$\qquad (3-19)$$

而居民在消费最终产品的同时也将承受环境污染所带来的负外部效应,假设居民的效用函数为 $\mu(c) - \gamma p$,c 为人均消费量,γ 为污染的负外部效应,根据洛佩兹等(2011)的研究可知最优的单位污染排放税率应等于收入水平与污染的边际替代率,即:

$$\tau^* = \gamma/\mu'(c) \qquad (3-20)$$

此时,根据(3-5)式的污染需求函数可得:

$$\frac{d\ln P}{d\ln g} = -\frac{\beta_1}{\alpha+\mu} \frac{\partial\ln P}{\partial\ln k_f} \cdot \frac{\partial\ln k_f}{\partial\ln g} + \frac{\alpha}{\alpha+\mu} \frac{\partial\ln\omega}{\partial\ln g} - \frac{\alpha}{\alpha+\mu} \frac{\partial\ln\tau}{\partial\ln g}$$

$$+ \frac{1}{\alpha+\mu} \frac{\partial\ln y_d}{\partial\ln g} \qquad (3-21)$$

根据(3-13)式和(3-19)式可得:

$$\frac{\partial\ln\omega}{\partial\ln g} = \Omega \qquad \frac{\partial\ln y_d}{\partial\ln g} = \frac{\alpha\Omega}{1-\alpha} \qquad (3-22)$$

将(3-22)式代入,得到:

$$\frac{d\ln P}{d\ln g} = -\frac{\beta_1}{\alpha+\mu}\frac{\partial\ln P}{\partial\ln k_f}\cdot\frac{\partial\ln k_f}{\partial\ln g} - \frac{\alpha}{\alpha+\mu}\frac{\partial\ln\tau}{\partial\ln g} + \frac{\alpha\Omega(2-\alpha)}{(\alpha+\mu)(1-\alpha)}$$

(3-23)

由 $k'_f(g) > 0$ 可知 $\frac{\partial\ln P}{\partial\ln k_f} > 0$。当 $\frac{\partial\ln P}{\partial\ln k_f} > 0$ 时,$-\frac{\beta_1}{\alpha+\mu}\frac{\partial\ln P}{\partial\ln k_f}\cdot\frac{\partial\ln k_f}{\partial\ln g} > 0$,说明地方政府间的引资竞争不利于环境保护。在此情况下,地方政府间为 GDP 而展开的"逐底竞赛"势必会降低 FDI 的进入门槛,并使得地区的财政支出结构更偏向于经济建设支出,低效益、高污染外资的引入导致环境污染加剧。反之,当 $\frac{\partial\ln P}{\partial\ln k_f} < 0$ 时,$-\frac{\beta_1}{\alpha+\mu}\frac{\partial\ln P}{\partial\ln k_f}\cdot\frac{\partial\ln k_f}{\partial\ln g} < 0$,财政支出水平的提高显著增强了政府的公共产品供给能力及产业配套能力,这无疑更有利于外资企业建立上下游产业链关系并普遍实施统一的环保管理体系,因此通过加大财政支出而展开的引资竞争所产生的规模效应和技术效应超过负面的结构效应,地方政府的引资竞争有利于降低污染排放。此外,$\frac{\partial\ln P}{\partial\ln k_f}$ 的估计系数$(-\frac{\alpha}{\alpha+\mu})$为负值,这可能是由于在政府对公共产品的供给效率高于私人部门的情况下,政府的财政支出将会替代一部分私人投资,此时整个社会的国民收入和人均可支配收入将会增加,较高的收入水平和排污税将会增强公民对清洁环境需求,地区环境规制水平的上升引起污染排放下降。

基于上述理论分析可知,FDI 的引入本身将会对我国的环境产生一定的影响,而地方政府间的财政支出行为则会加剧区域引资竞争,进而扭曲或者强化 FDI 的环境效应,在具体实证模型建立过程中,本章节将纳入地方政府行为与 FDI 的交叉项来探讨两者的交互作用对环境质量的影响,计量模型设定如下:

$$\ln P_{it} = \beta_0 + \beta_1\ln FDI_{it} + \beta_2\ln FDI_{it}\cdot\ln GB_{it} + \beta_3\ln GB_{it}$$
$$+ \beta_4\ln X_{it} + \mu_i + \theta_t + \vartheta_{it}$$

(3-24)

考虑到风向、水流等客观因素使得一个地区的环境质量必然会受到邻近地区污染排放的影响,而 FDI 在地理上的高度集群增强了污染排放的空间自相关性,为此,本章节亦在模型中分别纳入空间滞后变量以及空间权重设定来正确反映 FDI、地方政府间的策略互动对污染排放的影响,计量模型调整为:

$$\ln P_{it} = \beta_0 + \beta_1 W \ln P_{it} + \beta_2 \ln FDI_{it} + \beta_3 W \ln FDI_{it} + \beta_4 \ln FDI_{it} \cdot \ln G B_{it} + \beta_5 W(\ln FD I_{it} \cdot \ln G B_{it}) + \beta_6 \ln G B_{it} + \beta_7 W \ln G B_{it} + \beta_8 \ln X_{it} + \mu_i + \theta_t + \vartheta_{it} \qquad (3-25)$$

式中,i 和 t 分别表示第 i 个省份第 t 年的数据,P 为环境污染指标,FDI 为外商直接投资,GB 为地方政府竞争指标,$W \ln P$、$W \ln FDI$、$W \ln GB$、$W(\ln FDI \cdot \ln GB)$ 分别表示环境污染、FDI、地方政府竞争及交叉项的空间滞后变量。X 为影响环境污染的其他控制变量。μ_i 为地区固定效应,θ_t 为时间固定效应。

二、变量选取与估计方法

本节选取 2001—2016 年全国 31 个省域作为样本。在采用的基础数据中,优惠政策指数的原始资料来源于商务部投资指南网;2001—2015年的污染指标数据来源于 EPS 数据库中的《中国环境年鉴》和《中国城市统计年鉴》;2016 年部分缺失的排污指标数据来源于相关省市的统计公报。各地区的预算内财政支出额、税收收入数据来源于《中国财政年鉴》,其他未做特别说明的数据均来源于《中国统计年鉴》。各主要变量在估算过程中均取对数值,相关指标选取如下:

环境污染(P)。国内外学者关于环境污染的测度尚无统一的标准,绝大部分学者采用工业 SO_2、CO_2、COD 等污染物的排放量(如迪恩等,2009;比斯瓦斯等,2012)来衡量环境污染水平。本章节采用工业 SO_2 排放强度作为环境污染的度量指标,并分别选取工业 CO_2 及工业 COD 排放强度作为环境污染的替代指标来进行稳健性检验。这主要是基于以下两方面考虑:

第一,目前我国的主要空气污染排放物集中在工业 SO_2 及工业 CO_2,当前以煤炭为主的能源消费结构决定了 SO_2 是大气污染的主要形式;而工业 COD 是水体有机污染的一项重要指标,也是我国重点控制的水体污染物。第二,相对于其他污染而言,我国的公开统计数据中提供了较为详尽与可靠的统计数据,可以保证研究数据的连贯性与完整性,有利于提高估计结果的可靠性和准确性。

CO_2 排放数据主要参考政府间气候变化专门委员会(IPCC,2006)提供的化石燃料燃烧的 CO_2 排放测度方法,具体选取原煤、焦炭、原油、汽油、煤油、柴油、燃料油、天然气等 8 种化石燃料。对污染排放强度主要采用单位 GDP 的污染排放量衡量。

外商直接投资(FDI)。大量的 FDI 涌入一方面加剧了我国的资源环境压力,另一方面 FDI 企业带来的先进"清洁"生产技术可以减少当地的资源消耗和环境污染,因此 FDI 是影响我国污染排放的重要因素。本章节选取实际利用外资额来衡量各个地区的引资水平,依据当年人民币兑美元的年平均汇率将单位转化为人民币并进行 GDP 平减。

地方政府竞争(GB)。地方政府为了争夺流动性要素和固化本地资源而通过争取国家优惠政策、降低税赋、提高公共服务水平等展开攀比式的竞争,这也是我国资源消耗和环境状况逐年恶化的主要原因之一。在竞争初期,由于信息沟通和搜寻成本的存在,税收优惠发挥了积极的信息传递作用,但税率设定上的策略性博弈行为必将损耗地方财政资源,而单纯的引资优惠政策又易于模仿,因而辖区间的竞争将逐步向财政支出领域扩展。本章节选取财政支出(Exp)指标来衡量地方政府竞争,并采用优惠政策(Policy)、税赋竞争(Tax)进行稳定性检验,具体指标计算如下:

税赋竞争(Tax)。地方政府一般无权决定税种和税率的设置,因而税赋竞争主要体现在征税的努力程度。本章节采用税收预算收入来衡量税赋竞争程度。

引资优惠政策(Policy)。对不同地区赋予不同的政策等级来考察,其中经济特区、浦东新区的政策级别为 5 分,沿海开放城市的政策级别为 4 分,国家经济开发区和沿海开发区的政策级别为 3 分,沿江和内陆开放城市的政策级别为 2 分,沿边开放城市的政策级别为 1 分。各个省市的累计得分即为该地区的引资优惠政策水平。

空间权重(W)。度量了不同地区社会经济联系的紧密程度,本章节根据不同的研究目的,分别设置三类空间权重矩阵。第一类采用邻近的地理权重 W_d,即如果两个省域在地理上相邻,则相应的权重为1,否则为0。第二类采用经济权重 We。鉴于不同省域经济发展水平存在空间相关性的客观现实,林光平等(2005)分别基于相邻地区的经济发展水平差距和工资差距的倒数构建空间权重矩阵,然而该权重矩阵中所暗含的一个假设为两个空间单元之间的交互影响强度相同,不能体现落后地区对发达地区经济辐射能力较弱的现实。据此,本章节构建不同经济辐射影响下的经济权重矩阵 $W_e = \dfrac{1}{|gdp_{i-gdp_i}|S_i}$,该权重矩阵意味着经济发展水平相近的省域有可能展开策略性引资竞争。gdp_i 和 gdp_j 分别表示 i 省和 j 省的人均GDP,$S_i = \sum\limits_{j}(\dfrac{1}{|gdp_i - gdp_j|})$ 表示本省与其他省份人均GDP距离的倒数之和。第三类采用混合空间权重矩阵。混合权重矩阵是基于地理权重和经济权重的综合,即考虑了地理距离和经济距离的交互影响对经济活动的影响,具体形式为 $W_m = W_d \cdot W_e$,其中 W_d 为地理权重矩阵,W_e 为经济权重矩阵。具体估算过程中对三类间权重矩阵进行行标准化,使其每一行之和为1。

模型中包含的空间滞后项表示的经济含义为:(1)$W\ln P$ 是相邻地区环境污染程度在该权重下的加权平均值,其估计系数反映邻近省域的污染强度对本省的影响程度和方向。(2)$W\ln FDI$ 用来测算邻近地区的引资行为对本地区环境污染的影响,具体来说,当 $W\ln FDI$ 的估计系数显著为负时,说明邻近省域外资的引入有利于降低本辖区的环境污染水平,因而 FDI 具有显著的地区间环境溢出效应,反之亦然。(3)$W\ln GB$ 重点用来测度地方政府的空间策略互动对环境污染的影响,当 $W\ln GB$ 显著为正时,说明其他地方政府行为对本省的污染排放强度存在显著的正向外溢效应,此时地方政府竞争具有明显的策略互动性;如果 $W\ln GB$ 显著为负,则说明存在负外溢效应;如果 $W\ln GB$ 不显著,则说明地方政府行为在空间上不存在策略互动。(4)$W(\ln FDI_{it} \cdot \ln GB_{it})$ 反映了邻近地区的引资竞争行为对本省环境的影响,也就是邻近省域的引资竞争对本地区的溢出效应。

为了尽量减少变量遗漏所造成的估计偏差,本章节在模型设定中增加了以下控制变量(X):

人均 GDP($pgdp$)。格罗斯曼和克鲁格(1995)证实了人均 GDP 与环境污染之间存在倒 U 型关系,而弗里德尔和盖茨纳(2003)则指出,对于不同国家或地区以及不同的污染物而言,人均 GDP 与污染排放之间也可能呈单调上升或三次方型,为此在计量模型中分别纳入 $pgdp$ 的二次项和三次项来考察人均收入对污染排放的影响,并以 2000 年为基期,采用历年各省 GDP 平减指数消除价格影响。

环境管制(ER)。随着经济发展水平的提高,人们对环境质量的要求越来越高,并且管制水平越高,资源消耗和污染排放物越少,采用历年工业环境污染治理投资额来衡量环保意识并进行 GDP 平减修正。

产业结构(S)。在经济发展的初期阶段,工业化速度的提升往往意味着对资源的过度采伐及废弃物排放量的剧增。当经济发展到一定程度时,经济增长方式逐渐由粗放型增长向集约型增长转化,产业结构也将发生相应的优化升级,资源环境压力有所减缓。本章节采用第二产业产值占地区生产总值的比重衡量。

以上所有涉及价值形态的数据均按 2000 年的同比价格进行换算,数据的统计性描述见表3-8。

表3-8　样本数据变量的统计描述

变量	单位	均值	标准偏差	最小值	最大值
$\ln SO_2$	吨/万元	3.97	1.78	-3.98	8.70
$\ln CO_2$	吨/万元	1.18	1.27	-2.02	5.91
$\ln COD$	吨/万元	2.58	1.83	-4.48	8.93
$\ln FDI$	亿元	10.88	1.86	4.35	13.73
$\ln Exp$	亿元	6.15	073	4.10	7.69
$\ln Tax$	亿元	5.17	1.10	1.42	7.16

续表

变量	单位	均值	标准偏差	最小值	最大值
ln*Policy*	1	2.23	0.71	0.69	3.64
ln*pgdp*	亿元	8.93	0.52	7.67	10.38
ln*ER*	亿元	1.09	1.31	-5.25	3.35
ln*S*	%	3.80	0.22	2.96	4.17

对于空间计量模型(3-25)式而言,空间滞后变量以及被解释变量均存在较强的内生性问题,并且经济行为的共同冲击将会导致模型中的扰动项具有较强的空间相关性,在这种情况下如果仍采用普通 OLS 估计则会导致估计结果有偏或者无效。为此本章节采用极大似然法估计模型中的相关参数。

三、总体样本实证结果及分析

空间面板模型回归分析前首先需要对空间相关性存在与否进行检验,Moran 值为正且通过了1%的显著性水平检验,说明模型中存在明显的空间相关性,因此对环境污染的影响因素分析中需引入空间相关性来反映区域之间的空间交互作用。Hausman 检验结果显示固定效应优于随机效应的选择,而且通常情况下,当回归分析局限于一些特定的个体时,固定效应模型是更好的选择(巴尔特格和埃格,2007)。为此,本章节设定了时间固定效应、截面固定效应及双向固定效应三种不同的空间计量模型,并发现时空双向固定的空间模型 R^2 值及 Log Likelihoood 明显大于其他模型相应的统计值,且空间和时间固定效应联合显著性检验中的 LR 统计结果显示截面固定效应和时间固定效应确实是存在的。进一步观察空间自相关LM 检验以及 Robust-LM 检验。可以看出,双向固定效应模型的 LMlag统计值大于 LMerr,且 Robust-LMlag 值大于 Robust-LMerr 值。因此,根据安瑟林(1996)和埃尔霍斯特(2010)提出的模型判别准则可知,空间滞后模型中的双向固定效应分析对样本的解释力度更强。基于地理权重的FDI、财政支出竞争对环境污染影响的空间计量检验结果见表3-9。

表 3-9　FDI、财政支出竞争对环境污染影响的空间计量检验结果（a）

变量	被解释变量：$\ln SO_2$					
	（1）	（2）	（3）	（4）	（5）	（6）
$W\ln P$	0.18*** (8.04)	0.18*** (8.99)	0.24*** (9.55)	0.23*** (9.40)	0.22*** (9.38)	0.22*** (9.35)
$\ln FDI$	−0.12*** (−2.82)	−0.09** (−2.53)	−0.08** (−2.49)	−0.08** (−2.33)	−0.09** (−2.49)	−0.10*** (−2.60)
$W\ln FDI$		−0.05** (−2.25)	−0.04** (−2.12)	−0.03** (−2.02)	−0.04** (−2.19)	−0.05** (−2.26)
$\ln FDI \times \ln Exp$					0.08** (2.28)	0.09** (2.29)
$W(\ln FDI \times \ln Exp)$						0.05** (2.44)
$\ln Exp$			−0.99** (−2.38)	−1.38*** (−3.83)	−1.00** (−2.33)	−0.77* (−1.84)
$W\ln Exp$				0.18** (2.46)	0.17** (2.33)	0.24** (2.43)
$\ln pgdp$	−7.02*** (−5.60)	−6.78*** (−5.47)	−5.09*** (−5.03)	−5.56*** (−5.27)	−5.14*** (−5.40)	−5.16*** (−5.35)
$(\ln pgdp)^2$	0.90*** (4.70)	0.85*** (3.54)	0.82*** (3.04)	0.70** (2.48)	0.74*** (2.58)	0.73** (2.55)
$(\ln pgdp)^3$	−0.07*** (−2.67)	−0.06** (−2.52)	−0.04** (−2.44)	−0.09*** (−3.29)	−0.07*** (−2.71)	−0.07*** (−2.76)
$\ln ER$	0.38*** (4.07)	0.38*** (4.08)	0.33*** (3.70)	0.30*** (3.34)	0.29*** (3.23)	0.29*** (3.10)
$\ln S$	0.08** (2.00)	0.06* (1.77)	0.12** (2.38)	0.15*** (2.57)	0.13** (2.41)	0.14** (2.47)
R^2	0.22	0.23	0.28	0.30	0.30	0.30
Moran	0.19***	0.18***	0.19***	0.17***	0.19***	0.18***
LMlag	95.92***	37.28***	37.31***	10.46***	14.79***	15.53***
Robust− LMlag	28.61***	23.30***	23.69***	3.33*	9.53***	6.55**
LMerr	68.10***	18.14***	17.09***	7.17***	6.29**	10.15***
Robust− LMerr	0.79***	4.16**	3.46*	0.03	1.02	1.17
Obs	496	496	496	496	496	496

注：①模型（1）—（8）均采用地理权重进行计量回归；②表中括号内的数值表示相应估计系数的 t 统计值，***、**、*分别表示通过 1%、5%、10% 的显著性水平检验。

根据表 3-9 的估计结果可知，环境污染的空间滞后项 $WlnP$ 回归系数显著为正，说明省域环境污染存在显著的空间依赖性，也就是说邻近省域的污染排放强度水平越高，本辖区的污染排放强度也越高，省域环境污染具有很强的外溢性。在这种情况下，污染产业转移、"搭便车"等消极的产业及环保政策可能是地方政府的首要选择。

在不考虑 FDI 与财政支出的交互影响时，FDI 会显著降低各地区的污染排放，同时财政支出水平的提高将显著降低区域污染排放量。在对 FDI 和地方政府竞争的交互影响加以控制后，FDI 对环境污染的影响依然显著为负，说明 FDI 在一定程度上改善了我国的环境质量。这可能是由于 FDI 倾向于使用较为先进的生产技术和污染排放系统，在实际生产过程中对资源环境的损耗相对较少，从而降低了我国的环境污染水平（王华和金彦宏，2007）。

$WlnFDI$ 的回归系数为负且通过了 5% 的显著性水平检验，表明邻近省域的引资行为会显著降低本辖区的环境污染水平。FDI 通常在地理距离较近的地方寻求供应商和销售商，这种上下游企业之间的产业关联使得其产品供应商和销售商大多数集中在相同或邻近的区域内并形成强大的规模经济。地理上的邻近加大了内外资企业之间的员工流动频率，而且当两者建立垂直关联时，经过培训的外资员工在流入内资企业的过程中将加大环保技术的外溢效应，所以地理距离较近的省域更容易受益于 FDI 的环境溢出效应。

FDI 与财政支出的交叉项 $lnFDI \cdot lnExp$ 的系数在 5% 显著性水平下显著，说明随着地方财政支出水平的不断提高，FDI 的引入将会加大地区 SO_2 排放强度。从模型（6）的回归结果可知，FDI 每增加 1%，将会降低污染排放 0.10 个百分点。同时，地方财政支出每增加 1%，FDI 对污染排放的影响将提高 0.09 个百分点，可以发现，地政府针对 FDI 而展开的财政支出竞争对环境污染的影响存在显著的"门槛效应"。当地方政府的财政支出 GB 小于 6.89 时，FDI 的引入将显著提高污染排放水平。而当地方政府之间的财政支出超过临界水平 3.03 时，FDI 对环境污染的影响显著为负。这说明当财政支出水平相对较低时，对基础设施及配套产业的供给能力不足将会降低外资的质量和规模。而当财政支出水平超过临界值时,较多的企业集聚将有利于外资企业建立上下游产业链关系并普遍实施统一的环保管理体系,低能耗、低污染的清洁生产技术也将成为内资企业学习的典范。由此可见,财政分权体制下的引资竞争对省域污染排放具有明显的激励和抑制"双面"作用。

交叉项的空间滞后因子 $W(\ln FDI \cdot \ln Exp)$ 的估计系数为正且通过 5%的显著性水平检验,表明邻近地区的引资竞争行为能够显著地提高本辖区的污染水平。为了提高本地经济发展速度并作出杰出的"表面"政绩,地方政府为 FDI 而展开的财政支出竞争表现出明显的结构性偏好,对经济建设的过度支出和公共服务的有限投入成为邻近地区竞相效仿的政策,这种为争夺 FDI 而展开的政府策略互动最终将损耗地方财政资源,削弱本地公共产品的供给能力。

为了进一步识别财政分权体制下的策略性支出竞争如何影响地区污染排放,本章节在模型中同时纳入 FDI、地方财政支出指标及其交叉项。回归结果显示, $\ln FDI \times \ln Exp$ 的系数依然显著为正,但财政支出的系数变为负值,说明只有积极调整本地财政支出的结构和方向并培育外资企业所需的相关生产要素和配套设施时,才能有效降低污染水平。财政支出的空间滞后项指标 $W\ln Exp$ 的回归系数显著为正,表明就全国总体来看,财政支出在地理空间内具有明显的策略互动性。

从控制变量的估计系数来看,人均 GDP 与环境污染之间呈现显著的倒 N 型曲线关系,因而环境污染会随着经济发展水平的不断提高而呈现出先改善—后恶化—进一步改善的发展趋势。排污管制的估计系数显著为正,即当前的排污收费政策不但没有改善反而加剧了环境污染,环境污染治理没有达到预期的效果,这一估计结果与许和连和邓玉萍(2012)的研究结论相一致,可能的解释是当前我国的环保处罚力度远远低于环境污染治理成本,导致许多内资企业宁愿选择污染惩罚而不愿采取环保措施。产业结构对我国环境污染的影响为正且通过 10%的显著性检验,说明第二产业比重的提高明显增加了地区污染排放。

基于以上分析可知,在政治晋升和经济发展激励下,FDI 对资源环境绩效的影响不仅取决于它在地区内和地区间的溢出效应,而且还取决于当地及邻近辖区的财政支出水平。其中本辖区政府为吸引FDI而展开的财政支出竞争对资源环境绩效的影响存在显著的"门槛效应",而邻近辖区的策略性引资支出显著降低了资源环境绩效水平并表现出明显的结构性偏好,对经济建设的过度支出和公共服务的有限投入成为辖区间竞相效仿的支出政策。

鉴于以GDP考核为主的官员考核体制下,地方政府互相竞争时除了会考虑邻近辖区的支出政策外,往往还会考虑经济发展水平相近地区的政策。因此本章节以经济权重和混合权重为基础,进一步深入剖析地方政府为FDI而展开的策略互动竞争对我国环境污染的影响机制。从表3-10的估计结果可以看出,主要解释变量的回归系数与地理权重下的回

表3-10　FDI、财政支出竞争对环境污染影响的空间计量检验结果(b)

Variables	被解释变量:$\ln SO_2$					
	(1)	(2)	(3)	(4)	(5)	(6)
$W\ln P$	0.10*** (6.21)	0.14*** (6.53)	0.11*** (6.10)	0.20** (2.51)	0.27** (2.18)	0.18** (2.30)
$\ln FDI$	−0.11** (−2.10)	−0.13** (−2.11)	−0.16** (−2.14)	−0.13** (−2.29)	−0.22*** (−3.01)	−0.19** (−2.47)
$W\ln FDI$	−0.11** (−2.05)	−0.26*** (−2.93)	−0.31*** (−3.89)	−0.05*** (−2.60)	−0.04** (−2.51)	−0.06*** (−2.73)
$\ln FDI \times \ln Exp$		0.08** (2.04)	0.09** (2.07)		0.11*** (3.53)	0.04 −0.55)
$W(\ln FDI \times \ln Exp)$		0.21*** (3.87)	0.35*** (4.02)		−0.06 (−0.97)	0.03 (0.44)
$\ln Exp$	−0.16** (−2.24)		−0.24** (−2.35)	−1.16*** (−2.99)		−0.67 (−0.77)
$W\ln Exp$	0.28** (2.51)		0.48*** (2.78)	0.15* (1.71)		0.22** (2.07)
是否加入控制变量	Yes	Yes	Yes	Yes	Yes	Yes
R^2	0.10	0.19	0.21	0.14	0.16	0.16
Obs	496	496	496	496	496	496

注:①模型(1)—(3)均采用经济权重,模型(4)—(6)均采用混合权重;(2)表中括号内的数值表示相应估计系数的t统计值,***、**、*分别表示通过1%、5%、10%的显著性水平检验;③这里只报告了R^2和Moran统计结果,LM、Robust-LM检验以及空间和时间固定效应联合显著性LR检验结果省略,以下相同。

归系数基本保持一致且不存在非常显著的差异,引入上述分析结论是比较稳健的。值得注意的是,在加入 FDI 与财政支出的交叉项后,基于经济权重的 *WGB* 回归系数显著为正,说明经济发展水平相近的地方政府间存在明显的财政策略互动竞争,以 GDP 考核为主的官员晋升机制对地方政府的财政支出行为产生了较强的导向,作为隐性政绩的环境保护首当其冲成为被牺牲的一项公共职能。而在混合权重下,当我们同时考虑经济距离与地理距离交互作用下的支出竞争对环境污染的影响时,*WGB* 的估计系数值也显著为正,说明地方政府在展开策略性支出竞争时,既会考虑实际地理距离的影响,也会考虑经济距离的影响,因而地理位置和经济发展水平都比较接近的省域自然会作为该地方政府的竞争对手。与此同时,经济权重下的空间滞后因子 $W(\ln FDI \cdot \ln Exp)$ 估计系数显著为正,这意味着经济发展水平邻近地区的策略性引资竞争进一步加剧了辖区的环境污染,因而经济发展水平相近的省份之间主要采取替代性支出竞争策略来争夺流动性资源,这种为争夺 FDI 而展开的策略互动行为严重削弱了本地公共产品的供给能力。

为了保证检验结果的稳健可靠,本章节从以下两个方面进行稳健性检验:一是分别采用地理权重、经济权重和混很权重计算空间滞后项,并以 CO_2 排放强度和 COD 排放强度为环境污染指标进行空间计量回归,以此对比分析不同权重设计对估计结果的影响差异;二是采用优惠政策、税赋竞争这两个指标作为地方政府竞争指标来考察地方政府间的引资策略互动行为,据此有效识别策略性引资竞争行为对我国环境质量的影响。具体的估计结果见表 3-11、表 3-12 和表 3-13。

表 3-11　基于不同污染指标的稳健性检验结果

变量	CO_2			COD		
	(1)	(2)	(3)	(4)	(5)	(6)
$W\ln P$	0.25*** (8.80)	0.24*** (6.91)	0.11*** (2.64)	0.19*** (8.15)	0.20*** (6.85)	0.25*** (6.62)
$\ln FDI$	−0.25** (−2.21)	−0.12** (−2.07)	−0.15* (−1.92)	−0.17** (−2.40)	−0.36 (−1.27)	−0.08** (−2.20)

续表

变量	CO_2			COD		
	（1）	（2）	（3）	（4）	（5）	（6）
$W\ln FDI$	-0.06^{**} （-2.15）	-0.34^{***} （-2.86）	-0.11^{**} （-2.35）	-0.14^{**} （-2.19）	-1.14^{***} （-2.62）	-0.09^{**} （-2.49）
$\ln FDI \times$ $\ln Exp$	0.05^{**} （2.43）	0.06^{**} （2.19）	0.06^{**} （2.01）	0.13^{***} （3.47）	0.23^{***} （2.76）	0.02^{**} （2.23）
$W(\ln FDI$ $\times \ln Exp)$	0.02^{**} （2.19）	0.04^{*} （1.73）	0.01 （0.58）	0.06^{*} （1.68）	0.14^{***} （4.35）	0.01 （0.22）
$\ln Exp$	0.41 （0.49）	-0.18^{**} （-2.21）	-0.15^{**} （-2.06）	-1.20^{*} （-1.84）	-0.34^{**} （-2.00）	-0.15^{*} （-1.84）
$W\ln Exp$	0.22 （1.40）	3.76^{***} （2.86）	0.09^{*} （1.86）	0.20^{*} （1.67）	3.57^{**} （2.23）	0.14^{*} （1.67）
是否加入 控制变量	Yes	Yes	Yes	Yes	Yes	Yes
R^2	0.10	0.13	0.12	0.14	0.15	0.18
Obs	496	496	496	496	496	496

注:①模型(1)、模型(4)采用地理权重进行计量回归,模型(2)、模型(5)采用经济权重进行计量回归,模型(3)、模型(6)采用混合权重进行计量回归;②表中括号内的数值表示相应估计系数的 t 统计值,***、**、* 分别表示在 1%、5%、10% 的显著性水平。

　　稳健性检验结果显示考虑交互作用之后,各个变量的回归系数与财政支出竞争模型中相应变量的系数符号保持一致,模型的回归结果与表 3-9 和表 3-10 的结论基本一致。比较不同指标下的地方政府策略互动行为,可以发现在经济权重下,邻近地区所采取的优惠引资条件对本辖区的环境质量产生显著的负面效应,因而辖区间的优惠政策竞争更多地发生在经济发展水平相近的省域之间,这可能是由于经济发展水平、行政管理水平、人力资本等因素的制约,落后地区很难与发达地区展开引资竞争,下级政府所在辖区也很难与上级政府所在辖区争夺中央的引资优惠政策,因此相同级别、经济发展水平相近的省域之间更倾向于争夺优惠引资政策。

表 3-12　FDI、税赋竞争对环境污染影响的稳健性检验结果

Variables	地理权重			经济权重			混合权重		
	$lnSO_2$	$lnCO_2$	lnCOD	$lnSO_2$	$lnCO_2$	lnCOD	$lnSO_2$	$lnCO_2$	lnCOD
	(1)	(2)	(3)	(4)	(5)	(6)	(7)	(8)	(9)
$WlnP$	0.22*** (4.35)	0.25*** (6.81)	0.17*** (2.87)	0.12*** (2.57)	0.11** (2.10)	0.31*** (4.63)	0.32*** (3.72)	0.11 (1.62)	0.55*** (6.81)
$lnFDI$	-0.27*** (-2.68)	-0.25** (-2.29)	-0.46** (-2.06)	-0.16** (-2.13)	-0.10 (-1.41)	-0.14** (-2.48)	-0.19* (-1.71)	-0.12 (-1.56)	-0.16* (-1.70)
$WlnFDI$	-0.14*** (-2.65)	-0.07** (-2.30)	-0.16** (-2.46)	-0.01 (-0.07)	-0.05 (-0.92)	-0.11* (-1.88)	-0.08** (-2.06)	-0.05** (-1.97)	-0.03 (-1.48)
$lnFDI \times lnTax$	0.10*** (3.16)	0.05* (1.69)	0.11*** (3.21)	0.08** (2.41)	0.05* (1.70)	0.09** (2.47)	0.07* (1.95)	0.06* (1.85)	0.05 (1.48)
$W(lnFDI \times lnTax)$	0.05** (2.01)	0.01 (1.03)	0.08** (2.41)	0.03 (1.01)	0.03 (1.53)	0.07** (2.16)	0.02** (2.06)	0.01 (1.57)	0.01 (0.24)
$lnTax$	-0.79* (-1.86)	-0.19 (-0.47)	-0.95** (-2.10)	-0.89** (-2.04)	-0.70** (-2.48)	-0.91** (-1.99)	-0.89** (-2.02)	-0.22 (-0.52)	-0.86* (-1.91)
$WlnTax$	0.27*** (2.58)	0.19* (1.84)	0.23** (2.23)	0.14** (2.36)	0.19*** (2.81)	0.11*** (1.95)	0.13 (0.78)	0.18** (2.19)	0.16** (1.51)
是否加入控制变量	Yes	Yes	Yes	Yes	Yes	Yes	Yes	Yes	Yes
R^2	0.35	0.17	0.31	0.37	0.17	0.24	0.35	0.20	0.27
Obs	496	496	496	496	496	496	496	496	496

注:模型(1)—(3)均采用地理权重进行计量回归;模型(4)—(6)均采用经济权重进行计量回归;模型(7)—(9)均采用混合权重进行计量回归。

与之相比较,地方政府间的策略性税赋竞争行为在三种权重设置下都显著存在,但地理权重下的策略性竞争系数统计值更为显著,也就是说,地方政府在制定税赋竞争策略时,虽然对经济发展水平相近省域的税收情况有所考虑,但更关注地理位置较近省域的税赋水平,邻近省域的税收政策成为政府策略性互动竞争的首要参考标准。这可能是由于相邻两个省域之间往往具有相似的资源禀赋和经济结构,本辖区相对较高的税率将促使区域外流动性要素进入低税率地区。为了吸引更多的FDI,地方政府间竞相降低税率,过度的税收竞争会恶化本地财力状况并恶化本地的公共服务水平。此外,混合权重下的估计结果显示基于优惠政策指

标测度的策略性引资竞争 $W(\ln FDI \times \ln Policy)$ 回归系数并不显著,而基于税赋收入指标测度的策略性引资竞争回归系数却通过 10% 的显著性水平检验,进一步说明地方政府倾向于采用单一的距离标准展开优惠政策竞争,而倾向于采取地理距离、经济距离的双重标杆开展税赋竞争,辖区间的引资政策、税收政策模仿明显加剧了本地的环境污染水平。

表 3-13　FDI、优惠政策竞争对环境污染影响的稳健性检验结果

变量	地理权重			经济权重			混合权重		
	$\ln SO_2$	$\ln CO_2$	$\ln COD$	$\ln SO_2$	$\ln CO_2$	$\ln COD$	$\ln SO_2$	$\ln CO_2$	$\ln COD$
	(1)	(2)	(3)	(4)	(5)	(6)	(7)	(8)	(9)
$W\ln P$	0.24 *** (4.64)	0.15 *** (3.75)	0.20 *** (3.49)	0.16 *** (4.00)	0.12 *** (3.23)	0.35 *** (5.30)	0.28 *** (4.32)	0.18 *** (3.45)	0.49 *** (7.77)
$\ln FDI$	−0.25 *** (−4.75)	−0.13 ** (−2.36)	−0.23 *** (−4.65)	−0.28 *** (−3.96)	−0.18 ** (−2.17)	−0.20 *** (−3.42)	−0.28 *** (−3.22)	−0.22 ** (−2.30)	−0.18 ** (−2.36)
$W\ln FDI$	−0.08 ** (−2.15)	−0.05 ** (−2.24)	−0.12 *** (−2.65)	−0.08 ** (−2.17)	−0.11 ** (−2.21)	−0.12 ** (−2.22)	−0.09 ** (−2.23)	−0.12 ** (−2.28)	−0.04 (−1.53)
$\ln FDI \times \ln Policy$	0.16 *** (5.99)	0.07 ** (3.10)	0.19 *** (6.63)	0.14 *** (4.80)	0.07 *** (2.81)	0.15 *** (5.00)	0.12 *** (3.85)	0.08 *** (2.92)	0.11 *** (3.58)
$W(\ln FDI \times \ln Policy)$	0.09 *** (2.68)	0.06 ** (2.26)	0.01 (1.31)	0.11 * (1.72)	0.05 ** (2.28)	0.03 (1.47)	0.04 * (1.83)	0.01 (0.27)	0.02 (0.93)
$\ln Policy$	−0.73 *** (−2.58)	−0.17 (−0.39)	−0.80 *** (−2.64)	−0.70 ** (−2.53)	−0.17 (−0.40)	−0.76 *** (−2.60)	−0.70 ** (−2.52)	−0.56 ** (−2.37)	−0.78 *** (−2.66)
$W\ln Policy$	0.35 * (1.94)	0.08 (0.24)	0.46 ** (2.20)	0.36 ** (1.98)	0.09 (0.25)	0.48 ** (2.07)	0.39 ** (2.08)	0.29 * (1.86)	0.50 ** (2.34)
是否加入控制变量	Yes	Yes	Yes	Yes	Yes	Yes	Yes	Yes	Yes
R^2	0.30	0.16	0.28	0.29	0.14	0.22	0.30	0.17	0.33
Obs	496	496	496	496	496	496	496	496	496

注:模型(1)—(3)均采用地理权重进行计量回归;模型(4)—(6)均采用经济权重进行计量回归;模型(7)—(9)均采用混合权重进行计量回归。

四、不同集聚区样本实证结果比较

众多学者的实证研究已表明 FDI 在地理分布上具有很强的空间相关

性(如巴尔特格和埃格,2007),这种空间集聚格局使得不同区域的 FDI 与周边地区经济活动的交互影响也存在显著差异。国内学者普遍依据经济发展水平及行政区划将我国的区域划分为东、中、西三个地区(或东、中、西、东北四个地理区域),人为割裂了空间属性的经济行为之间的交互影响及地理联系,而探索性空间数据分析方法(ESDA)则为这种空间关联效应提供了理想的分组模式,根据区域交互影响大小将空间关联模式划分为高—高(H-H)集聚、低—高(LH)集聚、低—低(L-L)集聚及高—低(H-L)集聚四种模型。据此,本章节进一步采用探索性空间数据分析(ESDA)方法分析不同集聚区内地方政府的策略性引资竞争对环境污染的影响差异,并试图回答以下问题:第一,与传统的东部、中部、西部、东北这四大地带的划分相比,探索性空间数据分析的分组是否存在差异?第二,不同集聚区的引资行为对环境污染的影响是否存在显著差异? 其作用结果与传统四大地带划分结果有何差异? 第三,在经济发展和财政收支的双重激励下,地方政府针对 FDI 而展开的财政支出竞争又如何推动省域污染外溢?

从 FDI 区域分布表中可以看出(见表 3-14),H-H 集聚区内的 8 个省域在地理分布上均位于东部地区;L-H 集聚区的 6 个省域中,河北、海南位于东部地区,广西则位于西部地区,其余 3 省位于中部地区;L-L 集聚区的 15 个省(市)中,山西、江西、湖北位于中部地区,吉林则位于东北地区,其余 10 省全部位于西部地区;H-L 集聚区的 2 个省域均位于东北地区。由此可见,尽管当前的 FDI 集聚形式仍然显示东部地带的引资水平较高,中西部地区的引资水平较低,但 FDI 的低值集聚区并不完全处于西部地区,因而传统的四大经济地带划分与当前 FDI 的集聚区域仍存在一定的不匹配性。表 3-14 的泰尔指数计算结果显示,ESDA 划分的区域组内差异明显小于传统四大经济地带划分的组内差异,而其组间差异却大于传统四大经济地带划分的组间差异。根据组内差异较小而组间差距较大的分组原则可知 ESDA 划分更为科学,也更适于解释 FDI 与环境污染的空间溢出现象。在实证过程中,为了不人为割裂不同集聚区的空间效应,本章节通过引入虚拟变量来刻画各个省域的引资水平,具体来说,对于 FDI 高值集聚区,在实证分析过程中,FDI 的回归数据即为原有的统计数据,其余地区的 FDI 回归数据为 0,在这种情况下,全国 30 个省域之间的空间地理权重仍然适用于该模型,但是省域的 FDI 空间滞后项、交叉项等相关指标将会由于 FDI 集聚区的划分而发生相应的改变。其他地区的 FDI 及相关变量处理亦采用上述方法,不同集聚区内 FDI、财政支出竞争对环境污染的影响检验结果见表 3-15。

表 3-14 四大地带泰尔指数比较分析

区域		省份	各组内部	组内	组间	总指数
四大集值区	H-H	北京、天津、上海、江苏、浙江、福建、山东、广东	0.15	0.16	0.27	0.43
	L-H	河北、安徽、河南、湖南、广西、海南	0.07			
	L-L	山西、内蒙古、吉林、江西、湖北、重庆、四川、贵州、云南、西藏、陕西、甘肃、青海、宁夏、新疆	0.10			
	H-L	辽宁、黑龙江	0.20			
传统四大地带	东部	北京、天津、河北、上海、江苏、浙江、福建、山东、广东、海南	0.21	0.18	0.17	0.35
	中部	山西、安徽、江西、河南、湖北、湖南	0.03			
	西部	内蒙古、广西、四川、重庆、贵州、云南、陕西、甘肃、青海、宁夏、新疆、西藏	0.39			
	东北	吉林、黑龙江、辽宁	0.21			

比较不同集聚区 FDI 对环境污染的影响,可以得到以下结论:第一,H-H 集聚区的 FDI 回归系数为负且通过 5% 的显著性水平检验。作为 FDI 扩散中心的 H-H 集聚区位于东部沿海地区,自身对 FDI 具有较强的吸引能力且引资水平在全国遥遥领先,因而 FDI 带来的技术进步及集聚外部性在很大程度上改善了区域环境质量。第二,L-H、H-L 集聚区的 FDI 估计系数均显著为负。L-H 象限自身引资水平与周边地区形成较大的反差,并且该地区引资往往要经过地理位置优越的 H-H 集聚区过滤,"网罩效应"非常明显,但 H-H 集聚区的土地、劳动力成本的不断攀升促

使众多的跨国公司开始将投资转入内地地区,因而 L-H 集聚区成为 FDI 产业转移的极大受益者。与之相反,H-L 象限的省域自身能够吸引较多的 FDI,周边地区有限的引资能力使得该地区成为吸引 FDI 的极化中心并对外围地区产生强烈的"回流效应"。因而 FDI 在 L-H、H-L 的集聚区可以加强企业之间的专业化分工,通过劳动力流动、产业关联及溢出效应带动本地企业的技术升级,进而促进环保知识和环保技术的扩散和转移。第三,L-L 象限的省域及周边地区 FDI 流入均很少,也很难接受外围高水平地区的经济辐射带动,因而以该地区为中心形成了利用 FDI 的洼地,目前我国绝大部分省域引资水平处于低值集聚区内。较低的外资流入在一定程度上限制了 FDI 规模效应和环保效应的发挥,并且外资行业内竞争有限,FDI 可以根据自身资金优势获得垄断地位,从而降低了其引进清洁型生产技术的能力。

表 3-15 的估计结果显示,邻近省域的外资引入对不同集聚区的污染排放水平影响存在明显的差异,其中 L-H 集聚区 $WlnFDI$ 回归系数要明显高于其他三个区域的回归系数,可能的解释是 H-H 集聚区自身环保标准和治污技术较为先进,而外资企业所提供的技术往往是一些标准化技术或母国即将淘汰的技术,内外资企业的环保技术差距过小导致 FDI 为当地企业带来的收益比较小,所以对邻近地区产生的环境溢出效应同样有限。而 L-H 集聚区在地理上邻近 H-H 集聚区,并且与跨国公司之间存在较大的技术差异,这两种因素都增加了当地企业模仿邻近地区技术来获得更高效率的机会。与之相比较,H-L 集聚区虽然也与 H-H 集聚区邻近,但与沿海地区的产业关联不紧密,获得环境溢出效应并不明显。此外,技术扩散并不是自动产生的,如果技术差距扩大,当地企业就无法吸收邻近地区跨国公司的技术优势。基于 L-L 集聚区经济发展水平、基础设施和人力资本等"吸收门槛"的限制,当地企业提供高资本密集度和技术密集度的中间品的能力相对不足,并且产业之间的配套联系不紧密,使得 FDI 很难在地区间发挥较大的环境溢出效应。

不同辖区的引资竞争行为对环境污染的影响也存在显著差异。H-H 集聚区交叉项($lnFDI \times lnExp$)的回归系数为负且较为显著,说明当地的财政支出显著提高该辖区的 FDI 环境效应。因而 H-H 集聚区内为引资而展开的竞争在加快市场化进程建设的同时,也更有利于实现资源的优化配置。而在 L-H、L-L 和 H-L 集聚区内,地方政府的引资支出行为明显提高了辖区内污染排放强度。以模型(2)—(4)的估计结果为例,当地方财政支出每提高一个百分点,在 FDI 的作用下上述三个集聚区的 SO_2 排放强度将分别上升 0.03%、0.06% 和 0.08%。考虑到本辖区与周边地区较大的外资流入差距,为了吸引更多的外资或巩固原有的引资成果,地方政府存在着足够的激励内因采取主动降低环保标准这种"竞争到底"的方式来吸引更多的 FDI 流入,因而 L-H、L-L、H-L 三大集聚区内的引资竞争进一步降低了 FDI 的进入门槛及环保监督力度,这种优惠的引资政策加大了污染破坏水平。四个集聚区不同的引资竞争也进一步印证了前文提出的"财政分权体制下的引资竞争对环境污染具有明显的激励和抑制双面作用"。

不同集聚区内的策略性竞争行为对 FDI 的环境效应影响存在显著的差异,具体表现为:H-H、L-H 集聚区内的引资支出竞争具有明显的空间策略性,以模型(1)和模型(2)的估计结果为例,邻近地区的财政支出每提高 1%,FDI 引致的 SO_2 排放强度将分别提高 0.06%、0.08%,地方政府间的策略竞争途径也存在较大的差别。对于 H-H 集聚区来说,地方政府间的财政支出政策本身存在显著的负向溢出效应,而 FDI 的进入则进一步加强了政府间的这种支出策略互动性,在 GDP 考核为主的官员晋升机制下,地方政府往往加大基础设施建设,而对环保方面的支出则会倾向于从邻近地区"免费搭车",从而导致公共服务供给与环保投入的不足与低效率。与之相比,L-H 集聚区的财政支出政策并不存在明显的空间策略互动性,但是一旦展开 FDI 的争夺战,其财政支出策略就不得不考虑邻近地区的行为,说明在标尺竞争的驱动下,本辖区往往采取与邻近辖区类似的财政政策吸引流动性要素,因而加大了财政政策的负外部性。而在 L-L、H-L 集聚区内,邻近辖区的引资支出对本地环境污染没有显著的影响。对于 L-L 集聚区而言,有限的财政收入约束显著降低了政府间的引资竞争敏感性,这与 L-L 集聚区内市场化水平较低、市场分割严重密切相关。而 H-L 集聚区的税源广,对环境污染的治理和改善也相对更具有财政支持,并且政府之间更为密切的区域合作在一定程度上减少了环境的负外部性。由此可知,探索性空间数据分组检验的估计结果进一步显示不同集聚区内的引资策略互动对资源环境绩效的影响存在显著的差异,在 FDI 高值集聚区内,邻近辖区的引资支出显著降低了本地的环境质量;而在低值集聚区内,邻近辖区的引资支出对本地资源环境水平没有显著的影响。

表 3-15   不同集聚区样本的空间计量检验结果

变量	被解释变量:$lnSO_2$							
	H-H 集聚	L-H 集聚	L-L 集聚	H-L 集聚	东部	中部	西部	东北
	(1)	(2)	(3)	(4)	(5)	(6)	(7)	(8)
$WlnP$	0. 21 *** (4. 19)	0. 22 *** (4. 37)	0. 20 *** (4. 59)	0. 19 *** (3. 71)	0. 25 *** (6. 23)	0. 22 *** (6. 06)	0. 18 *** (5. 28)	0. 11 *** (4. 36)
$lnFDI$	−0. 14 ** (−2. 33)	−0. 11 ** (−2. 03)	0. 32 ** (2. 18)	−0. 47 ** (−2. 26)	−0. 47 ** (−2. 26)	−0. 16 ** (−2. 03)	0. 31 ** (2. 40)	−0. 41 (−0. 56)
$WlnFDI$	−0. 06 ** (−2. 11)	−0. 13 ** (−2. 13)	−0. 01 (−0. 20)	−0. 04 (−0. 07)	−0. 21 *** (−3. 20)	−0. 04 (−0. 64)	−0. 04 (−0. 54)	−0. 04 (−0. 58)
$lnFDI \times lnExp$	−0. 13 *** (−4. 17)	0. 03 *** (2. 60)	0. 06 ** (2. 22)	0. 08 ** (2. 36)	0. 06 ** (2. 22)	0. 02 ** (2. 45)	0. 08 ** (2. 10)	0. 05 * (1. 73)
$W(lnFDI \times lnExp)$	0. 06 ** (2. 08)	0. 08 ** (2. 19)	0. 03 (0. 95)	0. 01 (0. 32)	0. 08 ** (2. 38)	0. 05 (0. 19)	0. 01 (0. 48)	0. 01 (0. 53)
$lnExp$	−0. 08 (−0. 97)	−0. 47 *** (−2. 84)	−1. 38 *** (−3. 01)	−0. 27 *** (−2. 76)	−1. 38 *** (−3. 01)	−1. 41 *** (−3. 48)	−1. 41 *** (−3. 49)	−1. 40 *** (−3. 45)
$WlnExp$	−0. 14 * (−1. 83)	−0. 03 (−0. 93)	−0. 07 (−1. 51)	0. 37 (1. 42)	−0. 25 (−1. 51)	−0. 20 (−1. 38)	−0. 23 (−1. 56)	−0. 21 (−1. 41)
是否加入控制变量	Yes	Yes	Yes	Yes	Yes	Yes	Yes	Yes
R^2	0. 32	0. 21	0. 18	0. 16	0. 21	0. 13	0. 18	0. 14
Obs	496	496	496	496	496	496	496	496

注:①模型(1)—(8)均采用地理权重进行计量回归;②表中括号内的数值表示相应估计系数的 t 统计值,***、**、* 分别表示通过 1%、5%、10%的显著性水平检验。

为了进一步验证采用 ESDA 划分的科学性,本章节亦采用传统的四大经济地带划分法考察地方政府间的策略性互动竞争对 FDI 的环境效应影响，并与四大集聚区的回归结果比较分析。传统四大经济地带的估计结果显示，当我们在回归模型中纳入空间效应后，模型的拟合度和回归系数显著性水平有所下降。加入 FDI 与财政支出的交互项后，四大经济地带内地方政府的引资竞争行为对环境污染的影响依然显著，但是 FDI 在地区间的环境溢出效应远远小于四大集聚区内。这可能是由于：一方面，当前省域经济发展已突破原有的省级行政划分甚至区域划分，并更多地依赖于对周边地区人流、信息流的集聚，形成经济交往联系的合作区。而传统的四大经济地带划分割裂了 FDI 在省际交接地带所形成的空间集聚特征及交互影响，并没有考虑到邻近省份经济活动对本省的扩散或回流效应。另一方面，FDI 在我国地理上的分布具有显著的集聚特征，这种集聚特征已打破了传统的地理分布格局，区域内部之间的引资政策也会产生很强的空间联动。因而与传统四大地带划分相比，根据 ESDA 方法得到的四大集聚区划分更能够科学合理地解释地方政府的引资竞争及财政支出策略互动对环境污染的影响，并对污染外溢的成因进行很好地诠释。

第四章　FDI 竞争下的政企关系 与策略性减排

第一节　政企关系与环境污染的研究回顾

从地方政府竞争的视角研究 FDI 与环境污染的关系进一步丰富了"污染天堂"假说理论,也使得污染问题的根源和治理机制更加明晰。在财政分权制度下,地区间的招商引资竞争显著地恶化了区域环境质量,并且地方政府间的引资竞争行为有明显的策略性特征。地方政府的这种行为显然违背了中央政府控制污染的目标,这种现象背后的制度性原因是什么?已有文献主要从财税激励和经济增长两个角度对上述问题进行了合理解释,相关内容为 FDI 与环境污染的研究提供了全新的视角,也是对现有研究分析方法的丰富和完善。然而,作为污染主体的企业却未纳入现有的分析框架。环境污染是企业进行最优化生产时的副产物,这就决定了地区环境污染水平也是企业决策的结果。当企业面临巨大的减排压力时,为了追求自身利润最大化,企业存在足够的激励动机来游说政府官员或寻租来放松环境规制,因而环境污染也是地方政府和企业交互作用的结果。为此,本章基于地方政府官员对任期内政绩考核和自身经济利益的双重考量,结合中国环境政策实现机制来探讨引资竞争下的政企关系对环境污染的影响程度以及辖区政府间的策略性减排行为,据此考察策略性减排形成的制度性根源。

政企关系强调地方政府和企业之间的互惠行为,是一种制度性现象(聂辉华和蒋敏杰,2011)。早期文献主要从官员的个体特征入手,如地方政府核心领导是否本地人、官员任职年龄是否超过 55 岁(贾瑞雪,

2013）。近年来部分学者主要根据企业高管的政治背景来衡量企业与政府之间的政企关系。国外学者法乔（Faccio，2010）、蔡晔和塞维里尔（Cai Ye 和 Sevilir，2012）主要以公司大股东、高管（包括 CEO、董事长、副董事长和董事会秘书）或董事会成员现在或曾经从政为度量标准。国内学者大多以公司的总经理或董事会成员是否为政府官员作为政企关系的标志（袁建国等，2015）。企业通过与地方政府建立合谋关系可以获得一些稀缺性、价值性较高的政治资源来提高自身绩效。现有的研究表明，具有政治关联的企业可以获取融资便利、税收优惠、政府补贴、债务减免等诸多有形的资源，进而改变了其对外部资源的依赖程度，具体可见法乔（2010）、布利斯和古尔（Bliss 和 Gul，2012）。同时，企业高管通过嵌入政治关系网络来影响政府的权力、获取政府奖励并减少审批流程，这一结论已得到戈德曼等（Goldman 等，2009）相关研究的支持。然而，无论是建立政企关系还是维持政企关系，企业都需要投入大量资源，这无疑将加重企业的运营成本。法乔（2010）的研究表明，政治人物不会无偿为企业提供稀缺的政治资源，企业必须把政治租金的一部分让渡给政治人物。同时，李宏斌和周黎安（Li Hongbin 和 Zhou Li-An，2005）、许年航等（Xu Nianhang 等，2013）发现以政企关系为媒介施加的政府干预会使得企业的目标函数被政府偏好所主导，进而导致投资的低效率或过度投资问题。另外，当企业能够通过这种特殊关系、这种非市场机制获得发展资源并进而形成竞争优势的时候，就会缺乏进一步改善经营效率以及寻求节约成本的动力。蔡晔和塞维里尔（2012）、巴兰楚科等（Baranchuk 等，2014）、袁建国等（2015）的研究也证实了这一观点。

　　基于上述分析可知，政企关系将显著地影响到企业的经营绩效，地方官员与辖区内企业进行频繁的接触和合作可以有效地强化政企关系。而官员的人事治理对政企关系的稳定性起着至关重要的作用，其中官员更替构成了政企关系演变的关键因素之一。由于不同官员在执政期间实施的战略规划有所不同，故这种官员本身存在的异质性意味着地方官员变更将导致该地区未来经济政策的潜在变动。这一观点也得到了李宏斌和周黎安（2005）、艾森和维加贝等（Aisen 和 Veigab 等，2013）学者的证实。

现有研究主要关注了官员更替对辖区内经济社会发展的影响。罗党论等（2016）的研究证实了官员更替对辖区经济增长有显著的负面影响，且这种影响的程度因地方官员更替频率、更替的地方官员的年龄等因素的不同而不同。同时，官员更替有助于破除地方官员因"地缘"而形成的"人情网"和"关系网"，这一观点得到了西多尔金和沃罗比耶夫（Sidorkin 和 Vorobyev，2018）研究的支持。近年来，越来越多的学者开始从微观视角关注官员更替对企业经营活动的影响，比如胡里奥和陆永硕（Julio 和 Yook Youngsuk，2016）、延斯（Jens，2017）等。相关研究证实了地方官员更替将对企业投资、慈善捐赠经营决策产生显著影响，这类文献详见巴塔查里亚等（Bhattacharya 等，2017）。另外，布兰德利等（Bradley 等，2016）的研究表明，政治关联将导致企业债务评级下降和股利发送减少。部分研究也发现官员更替同样会对金融市场产生显著影响，具体表现为增加金融资产的风险溢价、波动幅度等，这类文献可参考阿诺德和弗鲁格特（2010）、贝尔纳等（Bernal 等，2016）。

总体来看，关于企业与地方政府间的政企关系文献多集中于政企关系带给企业的收益及成本，尚未就政企关系如何影响环境污染这一问题进行系统研究。当前中央政府和地方政府的环境管理目标不一致导致地方政府与排污企业之间存在足够的动机来形成特殊的政企关系。具体来说，中央政府统一制定环境政策后，地方政府负责具体实施。由于两级政府在平衡环境与经济增长问题的目标函数并不一致，地方政府出于发展本地经济的目的，将有动机不完全或扭曲执行国家的环境政策，并通过放松环境规制的方式对污染行为采取默许或者纵容的态度，从而为污染型外资企业大开各种方便与优惠之门。贾瑞雪（2013）利用中国污染的案例研究了经济激励对环境污染的影响，同样发现地方官员为了追求经济增长会纵容辖区内的企业使用污染性生产技术，并且具有政治关联的地方官员放松环境规制的可能性更大。遗憾的是，贾瑞雪（2013）的研究虽然解决了自上而下的政企合谋带来的激励扭曲，而对中央—地方政治分工引致的政府行为负外部性如何内化这一问题缺乏合理解释，对外部性内化的机制和结果尚未作出系统论述。同时，已有研究更多地强调了财政分权带来的政治激励如何影响地方官员在环境监管方面的行为表现，但大多从政府宏观层面及显性治理角度进行讨论，对官员交流、任期控制等隐性治理下的官员行为研究相对缺乏，从而忽略了官员更替前后政治激励的变化对其环境监管行为的影响差异。目前中国经济转型正处于从上半场的"降速"阶段逐渐转向下半场的"提质"阶段，地方官员作为环保政策的主要制定者和执行者，在不同的激励结构下可以通过政策制定、行政审批、资源配置等行政手段来干预地区外商直接投资的准入门槛和环保监督力度，从而对地区环境污染排放产生重要的影响。

有鉴于此，本章立足于当前"层层加码"式减排考核和"层层衰减"式环保执行力度，结合当前日益频繁的雾霾现象以及居高不下的污染排放情况，构建了财政分权和经济增长激励下政企关系影响企业减排的理论分析框架，并手动收集整理了 2003—2016 年间 467 任地级市市长和 449 位市委书记的相关数据，据此与城市层面的宏观经济数据进行匹配来识别地方官员行为对区域排污水平的影响。同时，本章详细阐述了官员更替前后政企关系的变化以及由此引致的策略性减排行为，据此反映了政企关系从破裂到重建的动态过程，完整而清晰地揭示了官员更替前后政企关系的污染庇护效应变化。

第二节　FDI 竞争、政企关系与策略性减排

一、政企关系下策略性减排的制度性根源及形成机制

（一）策略性减排的制度性根源

经过 40 年的努力，我国已经形成了"国务院统一领导、环保部门统一监管、各部门分工负责、地方政府分级负责"的管理体制。这种管理体制在经济发展转轨时期确实有效推动了环保事业的发展。然而，随着经济发展与环境保护的矛盾日益突出，长期形成的资源依赖型的产业结构和粗放型的增长方式以及由此形成的工业结构性污染已成为经济增长"桎梏"，环境管理体制的问题更是所顾不暇，其中最突出的一个问题即为中

央政府和地方政府的环境管理行为存在显著差异。具体来说,在当前的财政分权体制下,地方政府在中央政府和企业之间扮演着"双重代理人"的角色,一方面,地方政府作为中央政府政策实施的"代理人",负责实施和监督中央政府制定的环境保护政策;另一方面,地方政府作为辖区的"代理人",承担着促进本地区经济发展的重任。基于以 GDP 增长为主的官员考核体制使得地方政府官员围绕经济增长展开激烈的竞争。对于致力于经济增长的地方官员而言,下级地方政府容易通过手中掌控的大量稀缺资源和行政审批权来实现高污染、高能耗企业落户,上级地方官员放松监管以降低下级地方官员被查处的可能性,最小化违法成本的同时实现发展辖区经济的共同目标。与此同时,现行的政治体制下,中国的环境执法机构隶属于本级环保局事业编制,地方环保部门的领导是由本级地方政府任命,环境行政执法容易受制于发展地方经济的政府行政干预。因而,经济激励中的连带机制促使地方官员之间、官员与企业之间关系密切,而家乡身份认同就构成了政企关系的特殊联结。对于那些拥有雄厚政治背景的官员而言,家乡是其拓展人脉资源锦上添花的场所;对于那些没有任何背景的官员而言,"老乡身份"则是进入一个上层圈子最为便捷的"门卡"。通过这种同乡圈子,各自拥有不同政治资源的官员与企业相互帮助并共享资源。这种基于同乡身份形成的政企关系将导致污染企业获得持续的庇护和纵容。因此,财政分权和经济增长激励使得地方政府有很强的动机与辖区内企业形成密切的关系,这种政企关系可以合理地解释中国环境污染长期存在的原因。

(二)政企关系影响企业排污的理论机制

通过文献的梳理与总结,可以发现政企合谋主要通过以下三种途径影响企业排污行为。

1. 投资扩张效应

大量的政治关系文献强调,以经济建设为中心的总路线使得经济绩效在官员考核中显得至关重要。为了获得更大的政治权力,地方官员会利用一切可控的经济、政治资源来推动本辖区的经济增长,这类文献可参考布皮奥特洛斯基和张天宇(Piotroski 和 Zhang Tianyu,2014)。而转型时期地方政府掌握着企业生存和发展所需的重要经济资源和行政资源,有能力利用优惠政策、行政许可等渠道将自身的政绩目标内化到关联企业的投资决策中,从而间接控制了企业的投资行为(布利斯和古尔,2012;布巴克里等,2012;徐业坤和李维安,2014)。同时,土地产权模糊、环保体制缺陷和财政软约束等体制扭曲进一步强化了地方官员干预企业投资扩张的动机和能力。另外,企业为了迎合地方官员促进本地经济增长的需求,也会进行过度投资并诱发产能过剩的风险,从而牺牲企业长期发展能力。投资扩张会耗费企业有限的资源,造成企业环保投入不足或投入产出效率低下。当环境污染是污染产能自身所伴随的一种负产出时,政企关系在加速企业投资扩张的同时,必然会带来环境污染问题。

2. 技术创新效应

政府官员提供的资源支持、政策倾斜可以有效增加政治关联型企业的研发投入,进而提升企业自主创新能力。同时政企关系的存在能够帮助企业积极获取政府的创新补贴、税收优惠政策,从而有效降低创新风险(布巴克里等,2008)。但是,政企关系带来的"诅咒效应"使其备受诟病,这主要体现在:第一,政企关系改变了稀缺资源的分配方式,有政治关联的企业更热衷于进行多元化的扩张和并购,这些战略的实施对企业技术创新的投入产生了"挤出效应"。第二,政企关系的存在将会缓解市场竞争对企业技术创新的激励作用,导致企业创新压力和创新动力不足(袁建国等,2015),这主要是因为企业可以获得更多的政府补助,使得企业可以在较低的创新水平上维持生存。第三,企业为获取和维系政治关联需付出的寻租成本也可能会挤占研发资源、抑制企业创新,从而导致有政治关联的企业的技术创新水平更低。技术创新动力不足及创新能力的下降不仅不利于提高资源使用效率,而且将会因技术差距过大导致本土企业无法吸收外资企业清洁生产技术,从而加大了区域环保压力。

3. 环境规制效应

基于政治资源建立的人际网和关系网导致地方政府在经济增长激励下放松环境管制标准,默许甚至纵容污染企业超标排污行为,从而对当地的生态环境和居民生活造成严重的干扰。在经济分权和政治集权的双重压力下,地方官员不仅面临着经济增长激励,同样面临着财政激励。出于发展本地经济的目的,地方官员将有动机不完全或扭曲执行国家的环境政策,纵容甚至鼓励政治关联型企业争夺有限的"环境资源",由此形成了"为增长而竞争"的经济发展格局。贾瑞雪(2013)在多任务委托代理模型框架下分析了地方政府官员为何竞相争取高污染产业和技术在辖区内的应用。其理论分析结果表明,政企关系不仅导致地方政府从事高污染生产行为,而且刺激地方官员青睐于低技术水平的企业来降低成本,从而造成了更加严重的环境问题。由此可见,环境规制力度的弱化一方面降低了重污染企业的进入门槛,另一方面也降低了本土企业减排积极性,这种高污染高能耗的增长方式显然有悖于可持续发展理念。

(三)监察力度变化与企业排污周期性波动

通过上述理论分析可知,在中央集中统一领导的政治体制下,地方政府主要不是对下负责而是对上负责,因此中央政府的政治激励与约束能够显著影响地方官员的偏好。在 GDP 增长激励下,中央政府无法了解地方经济发展的真实成本,地方官员存在着以牺牲环境为代价最大限度换取增长的激励,形成了经济增长替代社会发展的畸形模式。为了矫正经济增长中的环境问题,中央政府开始将主要污染物减排作为经济社会发展的约束性指标纳入"十一五"发展规划,并在历次中央政治局工作和人大会议中提出全面减排目标。在经济增长激励和减排压力的双重约束下,省级政府对市县两级实行了更为严格的环境考核,形成了"层层加码"式减排考核。

然而,环境污染具有较强的外部性,导致无法清楚界定环境责任归属以及污染成本内部化。在此情况下,有政治关系的企业为了降低地方官员的政治出局风险将采取周期性减排策略。中国共产党代表大会召开期间地方主政官员更替频繁,且每年召开时间比较固定,因而地方官员可以事先调整其环境政策来获得经济增长的激励。一方面,地方官员会在任期之初向 GDP 增长全面冲刺,对 GDP 的过度关注使得放松环境监管成为地方政府招商引资的一种重要竞争手段,使得环保部门对企业污染行为的监督和约束力量大大弱化,进而加大了区域环保压力。中国共产党代表大会召开前夕,地方官员将会积极履行环保服务民生的职责,以避免陷入污染爆发而负面影响被无形放大的尴尬境地。环境保护责任考核不仅降低了企业与当地政府寻租的可能性,而且限制了部分高污染、高耗能企业的进入,从而大大提升了改善了企业的环境绩效。

二、政企关系影响环境污染的理论模型

假设经济系统中包含中央政府、地方政府和厂商三个决策主体。中央政府作为社会规划者,其主要任务是实现经济发展与环境保护的协调发展,因而主要通过制定环境政策来实现社会福利最大化。整个社会的福利函数可表述为:

$$U = U[F(e,K),e] \tag{4-1}$$

(4-1)式中社会福利函数 U 是由生产函数 F 和污染排放水平 e 共同决定的。为了简化模型,假定在技术水平不变的前提下劳动投入为1,资本投入 K 则由外资(K_f)和内资(K_d)组成。因此,效用函数 $U(\cdot)$ 为严格的凹函数,且与 $F(\cdot)$、e 是可分的。

中央政府、地方政府和厂商之间的信息结构和博弈过程如下:首先,中央政府确切地知道地方政府辖区内每个厂商的产量,并基于社会福利最大化原则制定最优的环境规制策略。但中央政府无法得知地方政府和厂商之间是否存在寻租行为以减少排污处罚,只能通过监督机构或第三方的披露来获知这一信息。其次,厂商和地方政府之间不存在信息不对称问题。厂商提供 β 比例的利润向地方政府寻租以谋求较低的环境规制力度。最后,地方政府在接受厂商寻租后决定环境政策的执行力度。

作为理性经济人的地方政府在执行环境政策的同时也追求自身利益最大化。在当前以 GDP 增长为主的官员考核体制下,地方政府主要通过追求经济增长来获得政治收益,因此地方政府将在政治利益和经济利益之间进行权衡。假设地方政府的效用函数为:

$$G = G\{U[F(e,K),e],\beta F(e,k)\} \tag{4-2}$$

此时地方政府的目标函数为:

$$\max_e (1-\alpha)U[F(e,K),e] + \alpha\beta F(e,k) \tag{4-3}$$

（4-3）式中 α 反映了地方政府对政治利益和经济利益的相对关注程度，α 越大，表明地方政府对个人经济利益的重视程度越高，反之则更注视政治收益。地方政府存在最优策略的一阶条件为：

$$(1-\alpha)\frac{\partial U}{\partial F}\cdot\frac{\partial F}{\partial e}+(1-\alpha)\frac{\partial U}{\partial e}+\alpha\beta\frac{\partial F}{\partial e}=0 \qquad (4-4)$$

即：

$$(1-\alpha)U_F\cdot F_e+(1-\alpha)U_e+\alpha\beta F_e=0 \qquad (4-5)$$

根据（4-5）式可得：

$$U_F+\frac{U_e}{F_e}=-\frac{\alpha\beta}{1-\alpha} \qquad (4-6)$$

（4-6）式中，$U_F+\dfrac{U_e}{F_e}$ 即为环境污染对社会福利的边际效应，包括直接的污染效应 U_e 和间接的收入效应（$U_F\cdot F_e$）。根据 $U_F+\dfrac{U_e}{F_e}=0$ 可求得最优的污染排放水平。根据（4-6）式可知，基于 Stackelberg 模型求得均衡污染水平明显高于社会最优排放量，且 β 越大，$-\dfrac{\alpha\beta}{1-\alpha}$ 值越小，因而较高的寻租水平将明显降低社会福利水平。据此，可得到以下结论，即地方政府和厂商之间的寻租行为将加剧区域污染排放。

在排污量 e 既定的情况下，作为跟随者的政府的反应函数为 $\widehat{e}=\widehat{e}(\beta,K)$。假定厂商已知政府的反应函数，其最优策略是调整 β 比例使其净收入最大，在产品价格为单位价格 1 的前提下，厂商面临的目标函数为：

$$\max_e(1-\beta)F[\widehat{e}(\beta,K),K] \qquad (4-7)$$

（4-7）式的一阶最大化条件为：

$$(1-\beta)\frac{\partial F}{\partial e}\cdot\frac{\partial e}{\partial \beta}-F[e(e,K),K]=0 \qquad (4-8)$$

即：$(1-\beta)F_e\cdot\dfrac{\partial e}{\partial \beta}-F(\cdot)=0 \qquad (4-9)$

进一步假定厂商的生产函数为规模报酬不变的 C-D 函数，即：

$$F = e^r \, K_f^\theta \, K_d^\delta \,, 且 \, F_e = re^{r-1} \, K_f^\theta \, K_d^\delta \tag{4-10}$$

（4-10）式中污染、外资、内资的产出弹性均满足 $r \in (0,1)$，$\theta \in (0,1)$，$\delta \in (0,1)$，且 $r + \theta + \delta = 1$。将（4-10）式代入（4-9）式可得：

$$(1 - \beta) \, r \cdot e^{r-1} \, K_f^\theta \, K_d^\delta \cdot \frac{\partial e}{\partial \beta} - e^r \, K_f^\theta \, K_d^\delta = 0 \tag{4-11}$$

由（4-11）式可得到：

$$d\beta = r(1 - \beta) \cdot d\ln e \tag{4-12}$$

令 $U_F + \dfrac{U_e}{F_e} = \mu(e, K)$，则：

$$\mu(e,K) = - \frac{\alpha\beta}{1 - \alpha} \quad 其中，\mu_e < 0，\mu_K > 0 \tag{4-13}$$

对（4-13）式两边同时微分，可得：

$$e \cdot \frac{\partial \mu}{\partial e} \cdot d\ln e + K \cdot \frac{\partial \mu}{\partial K} \cdot d\ln K = - \frac{\alpha}{1 - \alpha} d\beta \tag{4-14}$$

基于上述方程，可得：

$$\frac{de}{dK} = - e \cdot \frac{\partial \mu}{\partial K} \Big/ \left[e \cdot \frac{\partial \mu}{\partial e} + \frac{r(1 - \beta)\alpha}{1 - \alpha} \right] \tag{4-15}$$

假设社会福利最大化下的污染排放水平为 $\tilde{e}$，则：

$$\frac{d\tilde{e}}{dK} = \frac{d\mu}{dK} \Big/ \frac{d\mu}{de} \tag{4-16}$$

显然，$\dfrac{de}{dK} < \dfrac{d\tilde{e}}{dK}$。因此，Stackelberg 模型中资本投入对环境污染的影响水平明显低于其最优水平，故外资的流入明显改善了区域环境质量。同时，由于 α、β、r 的取值范围均为（0,1），故 $0 < \dfrac{r(1 - \beta)\alpha}{1 - \alpha} < 1$。因此，在 α 和 r 既定的情况下，外资对环境的正面效应随着 β 的不断增加而降低。据此可得到：FDI 的流入明显降低了污染排放水平，且政企合谋程度越高，FDI 对环境污染的改善程度越低。

三、计量模型构建与指标说明

(一)模型设定

基于上述理论分析框架和一般均衡模型分析结果,本章节的计量方程可设置为:

$$P_{it} = \alpha_0 + \alpha_1 Kf_{it} + \alpha_2 Relation_{it} + \alpha_3 Kd_{it} + \alpha_4 X_{it} + \mu_i + \eta_t + \varepsilon_{it}$$

$$(4-17)$$

式中,i 和 t 分别表示第 i 个地区第 t 年的数据,P 为环境污染水平。Kf 和 Kd 分别为国外投资(即 FDI)与国内投资,$Relation$ 为政企关系的度量指标,X 为影响环境污染的其他控制变量。μ_i 为地区固定效应,θ_t 为时间固定效应。

FDI 的引入本身将对我国的环境产生一定的影响,而政企关系则会扭曲或者强化 FDI 的环境效应,在具体实证模型建立过程中,本章节将纳入外资与政企关系的交叉项来探讨两者的交互作用对环境质量的影响,计量模型设定如下:

$$P_{it} = \alpha_0 + \alpha_1 Kf_{it} + \alpha_2 Relation_{it} + \alpha_3 Kf_{it} \cdot Relation_{it}$$
$$+ \alpha_4 Kd_{it} + \alpha_5 X_{it} + \mu_i + \eta_t + \varepsilon_{it} \qquad (4-18)$$

考虑到环境污染具有明显的空间相关性,本章节通过构建空间误差模型和空间滞后模型来识别污染外溢的根据,其中空间误差模型的计量方程可表述为:

$$P_{it} = \alpha_0 + \alpha_1 Kf_{it} + \alpha_2 Relation_{it} + \alpha_3 Kf_{it} \cdot Relation_{it}$$
$$+ \alpha_4 Kd_{it} + \alpha_5 X_{it} + \mu_i + \eta_t + \varepsilon_{it}$$

$$\varepsilon_{it} = \lambda W \varepsilon_j + \theta_i \qquad \varepsilon_i \sim N(0, \sigma_i^2) \qquad (4.19)$$

式中,W 为 $n \times n$ 的空间权重矩阵。参数 λ 为空间误差系数,衡量了邻近地区关于因变量的误差冲击对本地区观察值的影响程度,该系数大小在一定程度上反映了污染排放的间接攀比程度;ε 则为误差项。

相应的空间滞后模型可设定为:

$$P_{it} = \rho W P_{it} + \alpha_0 + \alpha_1 Kf_{it} + \alpha_2 Relation_{it} + \alpha_3 Kf_{it} \cdot Relation_{it}$$
$$+ \alpha_4 Kd_{it} + \alpha_5 X_{it} + \mu_i + \eta_t + \varepsilon_{it} \qquad (4-20)$$

式中,ρ 为空间回归系数并反映了邻近地区的环境污染对本地区观测值的影响方向和程度,该系数大小直接反映了地区间污染攀比的程度;ε 为服从正态分布的随机误差项向量。

在污染减排与经济增长的双重约束下,地方政府与排污企业之间存在明显规制博弈,其环境规制行为也存在明显的周期性波动。中国共产党代表大会召开期间地方主政官员更替频繁,在此期间地方官员会作出一系列周期性决策行为来强化辖区的经济绩效。为了检验中国共产党代表大会召开前后政企关系是否会影响到各地区的污染水平,本章节在模型基础上进一步纳入外资、政企关系与时间虚拟变量的交互项。需要指出的是,η 可以通过年度虚拟变量的方式进行时间效应控制。此时,中国共产党代表大会召开前后政企关系影响区域环境污染的空间误差模型为:

$$P_{it} = \alpha_0 + \alpha_1 Kf_{it} + \alpha_2 Relation_{it} + \alpha_3 Kf_{it} \cdot Relation_{it} + \alpha_4 Relation_{it} \cdot$$
$$\eta_{it} + \alpha_5 Kf_{it} \cdot Relation_{it} \cdot \eta_{it} + \alpha_6 Kd_{it} + \alpha_7 X_{it} + \mu_i + \eta_t + \varepsilon_{it}$$
$$\varepsilon_{it} = \lambda W \varepsilon_j + \theta_i \qquad \varepsilon_i \sim N(0, \sigma_i^2) \qquad (4-21)$$

对应的空间滞后模型可设定为:

$$P_{it} = \rho W P_{it} + \alpha_0 + \alpha_1 Kf_{it} + \alpha_2 Relation_{it} + \alpha_3 Kf_{it} \cdot Relation_{it} +$$
$$\alpha_4 Relation_{it} \cdot \eta_{it} + \alpha_5 Kf_{it} \cdot Relation_{it} \cdot \eta_{it} + \alpha_6 Kd_{it} + \alpha_7$$
$$X_{it} + \mu_i + \eta_t + \varepsilon_{it} \qquad (4-22)$$

本章节采用极大似然法(MLE)估计上述模型中的相关参数。这种方法可以有效克服因内生性问题而产生的估计偏误,并可通过似然值的比较对模型空间特征的真正源泉进行鉴别。

(二)指标选取及数据说明

本章节选取 2003—2016 年全国 275 个地级城市作为样本。在采用的基础数据中,政企关系指标中的官员特征数据根据人民网、新华网等权威网站公布的市长履历整理而得,部分缺失官员信息来自百度百科。鉴于绝大多数市长的任期不是自然年,为了与年度宏观数据在时间上保持一致,本章节将 1—6 月上任的官员看作当年担任职务,7—12 月上任的官员看作下一年担任职务;同样地,将 1—6 月离任的官员看作当年离职,

7—12 月离任的官员看作下一年离职。部分官员作为代理市长的任期时间同样纳入上任时间。中国共产党代表大会召开时间的数据主要来自百度,其他未做特别说明的数据均来源于 EPS 数据库中的《中国城市数据库》和《中国区域经济数据库》。少数缺失数据利用均值或线形插值法加以填补。相关指标选取如下:

环境污染(P)。国内外学者关于环境污染的测度尚无统一的标准,绝大部分学者采用 SO_2、CO_2、COD 等污染物的排放量(如迪恩等,2009;比斯瓦斯,2012)来衡量环境污染水平。鉴于当前以煤炭为主的能源消费结构决定了 SO_2 是大气污染的主要形式,且我国的公开统计数据中提供了较为详尽与可靠的统计数据,本章节采用 SO_2 排放强度作为环境污染的度量指标。

外资(Kf)。本章节选取各城市实际利用外资额来衡量各个地区的引资水平,并依据当年人民币兑美元的年平均汇率将单位转化为人民币并进行 GDP 平减。

政企关系(*Relation*)。当前以 GDP 增长为主的官员考核体制与层层加压的减排任务考核使得地方政府有着更强的动机利用与本地企业的长期合作优势,地方政府官员也会考虑到放松环境污染规制的程度可以为自己带来经济利益从而会主动放松环境规制,带来环境污染。因此政企关系是影响环境污染的重要因素。

政企关系的隐蔽性和复杂性导致其无法直接被观察到,如何科学度量政企关系成为开展实证研究的一个难题。现有文献大多从地方政府官员的个人特征入手,试图寻求政企关系的代理变量。一般来讲,地缘关系将促进地方官员与企业形成"人情网"和"关系网",而较长的官员任期将会固化和拓展"利益型关系网络"。这种关系网络的持续将会导致污染企业获得污染庇护和纵容(佩尔松和祖拉夫斯卡,2012)。而在五年一届的任期中,地方官员将在任期前几年建立关系网,之后将会面临退休或得到升迁,因而企业寻租更容易发生在任期临近第五年或以后(聂辉华和蒋敏杰,2011)。根据法律规定,正厅级干部的退休年龄不得超过 60 岁,年龄越长的官员需要在任期内取得更好的经济绩效。因此,本章节预期现职年龄 55 岁及以上年龄的市长被企业寻租的可能性更高。基于以上考虑,本章节选取以下三个虚拟变量度量政企关系紧密程度:(1)地方官员是否来自本地;(2)官员任期是否为五年及以上;(3)官员任职年龄是否超过 55 岁。如果是,该变量则赋值为 1,否则为 0。

空间权重(W)。度量了不同地区社会经济联系的紧密程度,本章节根据不同的研究目的,分别设置三类空间权重矩阵。第一类采用邻近地理权重 W_d。即如果城市 i 与城市 j 在地理上相邻,则空间权重 $w_{ij}=1$,否则为 0。第二类采用经济权重 W_e,其中 $W_e = \dfrac{1}{|gdp_{i-gdp_j}|S_i}$,该权重矩阵意味着经济发展水平相近的城市有可能存在污染溢出现象。gdp_i 和 gdp_j 分别表示 i 市和 j 市的人均 GDP,S_i 表示本市与其他城市人均 GDP 距离的倒数之和。第三类采用混合空间权重矩阵 W_m。混合权重矩阵是基于邻近地理权重和经济权重的综合,即考虑了地理距离和经济距离的交互影响对经济活动的影响,具体形式为 $W_m = W_d \cdot W_e$,其中 W_d 为欧式地理权重矩阵,W_e 为经济权重矩阵。具体估算过程中对三类权重矩阵进行行标准化,使其每一行之和为 1。

为了尽量减少变量遗漏所造成的估计偏差,本章节在模型设定中增加了以下控制变量(X):(1)人均 GDP($pgdp$),本章节在计量模型中分别纳入 $pgdp$ 的二次项和三次项来考察人均收入与污染排放之间的非线性关系。(2)内资(Kd),内资同样通过规模、结构、技术效应等渠道作用于环境污染,且王华和金彦宏(2007)的研究表明外资企业的减排效应远远优于当地企业。本章节选用固定资本存量与实际利用外资的差值来衡量,其中城市固定资本存量估算采用永续盘存法的估算结果,并以 2000 年为基期进行 GDP 平减修正。(3)产业结构(S),采用第二产业产值占地区生产总值的比重衡量。(4)环境管制(ER),本章节采用工业 SO_2 去除率来衡量环境管制水平。(5)中国共产党代表大会召开时间虚拟变量(η)。本章节将中国共产党代表大会召开时间与年度虚拟变量进行匹配,据此考察污染排放是否在中国共产党代表大会召开前后发生显著变化。

以上所有涉及价值形态的数据均按 2000 年的同比价格进行换算。

地方官员信息、中国共产党代表大会召开时间以及环境规制和产业结构变量在估算过程中采用原始数据,其余各主要变量均采取对数值,数据的统计性描述见表4-1。

表4-1　样本数据变量的统计描述

变量	单位	均值	标准偏差	最小值	最大值
SO_2	吨/万元	−5.39	1.18	−14.51	−1.82
Kf	万元	9.36	2.11	0.89	14.15
$Promo$	1	0.43	0.50	0	1
$Tenure$	1	0.31	0.46	0	1
Age	1	0.03	0.16	0	1
$pgdp$	元	8.90	0.58	3.76	11.81
Kd	万元	15.36	1.19	10.23	18.52
η	1	0.14	0.35	0	1
S	%	48.60	10.46	14.95	85.92
ER	%	32.21	5.22	17.92	69.72

四、实证结果及分析

(一)总体样本回归及分析

本章节首先根据 OLS 模型进行残差空间自相关识别。空间面板 Moran 统计显示,Moran 值为正且通过了 1%的显著性水平检验,说明模型中存在明显的空间相关性,因此对环境污染的影响因素分析中需引入空间相关性来反映区域之间的空间交互作用。Hausman 检验结果显示,固定效应优于随机效应的选择,而且通常情况下,当回归分析局限于一些特定的个体时,固定效应模型是更好的选择(巴尔特格和埃格,2007)。为此,本章节设定了时间固定效应、截面固定效应及双向固定效应三种不同的空间计量模型,并发现时空双向固定的空间模型 R^2 值及 Log Likelihoood 明显大于其他模型相应的统计值,且空间和时间固定效应联合显著性检验中的 LR 统计结果显示截面固定效应和时间固定效应确实是存在的。进一步观察空间自相关 LM 检验以及 Robust-LM 检验。可以看出,双向固定效应模型的 LMlag 统计值大于 LMerr,且 Robust-LMlag 值大于 Robust-LMerr 值。因此,根据安瑟林等(1996)提出的模型判别准则可知,空间滞后模型中的双向固定效应分析对样本的解释力度更强。

表 4-2 列出了引资竞争下的政企关系对环境污染影响的空间计量检验结果。根据表 4-2 的估计结果可知,空间滞后系数 λ 的估计值显著为正,也就是说邻近城市的 SO_2 排放强度越高,本地区的 SO_2 排放强度也就越高,表明城市间的污染排放在空间上具有明显的趋同效应,因而环境污染具有很强的外溢性和攀比性。这一估计结果与麦迪逊(2007)、侯赛尼和金子(2013)、许和连和邓玉萍(2012)的研究结论相一致。地区经济竞争和相互模仿使得辖区间相互模仿周边地区的环境政策,而区域经济一体化和产业分工专业化则使城市周边形成密切的产业关联。当周边城市集聚大量的污染型工业时,本地的关联产业也会呈现出污染型。在这种情况下,污染产业转移、"搭便车"等消极的产业及环保政策可能会是当地政府的首要选择。

为了有效识别地方政府与外资企业的政治关系对城市 SO_2 排放的影响,本章节采用逐步回归法对计量模型进行回归分析。在基准估计模型中,首先我们在计量模型中分别引入 FDI 与政企关系(Relation)这一指标,在使用 MLE 估计后,FDI 的估计系数显著为负。当交互项 $Kf \times Relation$ 引入模型后,实证结果显示政企关系(Relation)的回归系数均通过了 1% 的显著性水平检验,且交叉项的估计系数显著为正,说明比起单纯的 FDI 而言,地方政府与外资企业的政治关系才是解释当前环境污染的关键因素。

在对地方政府与外资企业的政治关系加以控制后,FDI 的估计系数为负且通过了 5% 的显著性水平检验,这表明当其他变量处于观测样本期间的均值水平不变时,某一城市引资水平的提高将显著改善区域环境污染状况,这与之前大多数采用区域面板数据研究结论相一致(如王华和金彦宏,2007;何洁,2010),为 FDI 促进污染减排提供了来自中国的经验证据。

交互项($Kf×Relation$)的估计系数显著为正,表明控制了政企关系水平后,FDI对环境污染的影响开始由正效应转变为负效应,因而政企关系显著削弱了FDI对区域环境污染减排的促进作用。可能的解释是:第一,地方政府为片面追求区域经济增长而不完全或扭曲执行国家的环境政策,并为外资企业大开各种方便与优惠之门,以达到吸引外资企业落户的目的。这种政企关系明显降低了外资的准入门槛并带来了严重的环境问题。第二,地方政府给予外资企业信贷、土地方面的优惠政策,客观上造成对外资企业继续采用原有技术、不思减排的逆向激励,从而出现了"资本挟持环境治理"的特殊现象。

表4-2中模型(5)—(6)的估计结果也显示,以官员年龄表征的政企关系对环境污染的负面作用相对较高,且交叉项的估计系数也相对较高,进一步说明官员年龄越大,越容易与外资企业结成关系网,从而放松对企业非法排污行为的监管。可能的解释是年龄越长的官员需要更强的经济增长表现。

表4-2　FDI竞争下的政企关系对SO_2排放影响的空间计量检验结果

Variables	解释变量:SO_2					
	(1)	(2)	(3)	(4)	(5)	(6)
Kf	-0.07** (-2.26)	-0.07** (-2.28)	-0.06** (-2.18)	-0.06** (-2.36)	-0.06** (-2.25)	-0.06** (-2.26)
$Relation$	0.24*** (3.09)	0.27*** (2.72)	0.17** (1.97)	0.13* (1.84)	0.20*** (2.74)	0.14*** (2.68)
$Kf×Relation$	0.03*** (3.12)	0.03*** (2.62)	0.02** (2.36)	0.02** (2.23)	0.06*** (3.34)	0.06*** (2.70)
$pgdp$	-5.45** (-2.54)	-5.47** (-2.50)	-5.56*** (-2.66)	-5.56*** (-2.60)	-5.84*** (-2.98)	-5.83*** (-2.98)
$pgdp^2$	0.81*** (3.08)	0.80*** (3.07)	0.84*** (3.01)	0.84*** (3.00)	0.84*** (3.38)	0.84*** (3.37)
$pgdp^3$	-0.03*** (-4.25)	-0.02*** (-4.23)	-0.04*** (-3.18)	-0.03*** (-3.07)	-0.03*** (-2.78)	-0.03*** (-2.78)
Kd	0.10*** (4.24)	0.10*** (3.53)	0.10*** (4.26)	0.10*** (4.07)	0.09*** (4.00)	0.09*** (4.00)

续表

Variables	解释变量:SO_2					
	（1）	（2）	（3）	（4）	（5）	（6）
$Kd \times Collusion$		0.01 (0.28)		0.10 (1.20)		0.01 (0.18)
η	−0.06*** (−2.83)	−0.06*** (−2.84)	−0.06*** (−2.78)	−0.06*** (−2.70)	−0.06*** (−2.74)	−0.06*** (−2.74)
S	0.01*** (7.82)	0.01*** (7.82)	0.01*** (7.91)	0.01*** (7.90)	0.01*** (7.77)	0.01*** (7.75)
ER	−0.33*** (−5.26)	−0.33*** (−5.26)	−0.34*** (−5.45)	−0.34*** (−5.45)	−0.32*** (−5.07)	−0.32*** (−5.06)
ρ	0.29*** (17.04)	0.29*** (17.03)	0.29*** (16.66)	0.29*** (16.63)	0.29*** (16.93)	0.29*** (16.93)
R^2	0.32	0.32	0.32	0.32	0.32	0.32
Moran	0.05***	0.05***	0.06***	0.05***	0.05***	0.05***
Lmlag	942.88***	483.86***	965.64***	429.19***	961.59***	784.73***
Robust−Lmlag	72.81***	115.01***	66.53***	100.88***	70.06***	207.53***
Lmerr	893.52***	384.55***	928.85***	357.18***	918.10***	597.46***
Robust−Lmerr	23.52***	25.71***	29.77***	28.17***	26.56***	20.30***
Obs	3850	3850	3850	3850	3850	3850

注:①模型(1)—(6)均采用邻近地理权重进行计量回归;②模型(1)—(2)中的地方官员指标采用本地晋升的虚拟变量衡量,模型(3)—(4)中的地方官员指标采用任期的虚拟变量衡量,模型(5)—(6)中的地方官员指标采用任职年龄的虚拟变量衡量;③表中括号内的数值表示相应估计系数的 t 统计值,***、**、*分别表示通过 1%、5%、10%的显著性水平检验,以下相同。

　　进一步考察其他变量对环境污染的影响。人均 GDP 的估计系数基本都通过了 1%的显著性水平,且一次项系数估计值显著为负,二次项系数估计值显著为正,三次项估计值显著为负,因而产出与环境污染之间呈倒 N 型曲线关系。国内资本投入对环境污染的影响并不显著。表 4-2 的估计结果显示 Kd 的估计系数为正且通过了 1%的显著性水平检验。因而内资规模的扩大显著提高了区域排污强度。可能的解释是当前我国的环保处罚力度远远低于环境污染治理成本,导致许多内资企业宁愿选择污染惩罚而不愿采取环保措施,污染减排成效不明显。这一估计结果进一步证实了外资相较于内资具有更明显的减排优势。与此同时,内资企业与政企关系的交叉项均不显著,表明外资企业在环境监管方面的讨价还价能力明显优于内资。

本章节的实证结果还显示,中国共产党代表大会的召开显著降低了当地的排污强度。究其原因可能是中国共产党代表大会召开当年,中央政府和地方政府均面临巨大的社会环保压力,中央政府对地方政府官员的监督力度也将有所加强,从而减少了排污企业的寻租激励。环境规制 ER 的估计系数为正且通过了 1% 的显著性水平检验,表明我国污染治理力度的加强显著降低了污染排放强度。污染达标率的提高表明企业对环境保护的重视程度较高,因而有助于改善环境污染。产业结构对我国环境污染的影响为正且通过 1% 的显著性检验,说明第二产业比重的提高明显增加了地区污染排放。

为了进一步考察中国共产党代表大会召开前后企业的污染减排策略,本章节按照方程(4-22)进行计量模型检验。表 4-3 列出了中国共产党代表大会召开前后政企关系对污染排放的影响,其中模型(2)检验了中国共产党代表大会召开前两年年度虚拟变量对污染的影响;模型(3)考察了中国共产党代表大会召开前一年政企关系对当地 SO_2 排放的影响。根据表 4-3 的估计结果可知,中国共产党代表大会召开前 2 年,各地的 SO_2 排放强度平均上升 0.07%;而中国共产党代表大会召开前 1 年,各地的 SO_2 排放强度则下降 0.10%。这一结果表明中国共产党代表大会召开前,各地的污染排放水平呈先上升后下降的波动态势。可能的解释是,如果地方官员的政绩表现突出,其在中国共产党代表大会上获得升迁的概率就越高。因此,在中国共产党代表大会召开前两年,地方政府存在足够的动力去发展经济,而忽视了对环境污染的监管和治理。随着中国共产党代表大会召开时间的逼近,地方政府面临着中央政府严格的环境审查,为了降低环境污染事故,地方政府开始加大对非法排污的监督力度并勒令超标企业进行减排,从而导致中国共产党代表大会召开前 1 年及中国共产党代表大会召开当年地区排污量大幅下降。

　　另外,根据表 4-3 的估计结果可知,当我们在计量模型中纳入政企关系与中国共产党代表大会召开时间虚拟变量的交叉项并控制了影响区域排污的其他因素后,交叉项($Relation \times \eta$)的估计系数则在中国共产党代表大会召开前 2 年和中国共产党代表大会召开前 1 年均显著为正。具体来说,中国共产党代表大会召开前 1 年,政企关系导致区域排放强度平均增加了 0.06%,这一增排效应比在中国共产党代表大会召开前 2 年低了 0.06%。可能的解释是,中国共产党代表大会召开前的政治敏感期会对政企关系形成一种震慑效应,进而使得企业的排污水平在短期内下降。随着中国共产党代表大会召开时间的逼近,中央政府面对社会的巨大环保压力,不得不加大对地方官员的环保责任考核和监管力度,这一举措可以限制企业的寻租机会,导致关联企业的排污效应相对有所下降。交叉项 $Kf \times Relation \times \eta$ 的估计系数仅仅在中国共产党代表大会召开前 1 年通过了 5% 的显著性水平检验,且在中国共产党代表大会召开前一年,引资竞争下的政企关系明显降低了当地的污染水平。究其原因主要是对 GDP 的过度关注使得放松环境监管成为地方政府招商引资的一种重要竞争手段,对 FDI 这种流动性要素的争夺使得环保部门对外资企业污染行为的监督和约束力量大大弱化,进而加大了区域环保压力。而中国共产党代表大会召开前夕,地方政府官员为了扩大政绩,一方面纷纷采取各种优惠政策扩大招商引资力度,另一方面积极履行环保服务民生的职责。环境保护责任考核不仅降低了外资企业向当地政府寻租的可能性,而且限制了部分高污染、高耗能外资的进入,从而大大提升了 FDI 的环境效应。

表 4-3　政治周期影响策略性减排检验结果

变量	被解释变量:SO_2				
	(1)	(2)	(3)	(4)	(5)
Kf	−0.05** (−2.25)	−0.06** (−2.12)	−0.06** (−2.31)	−0.07** (−2.17)	−0.05** (−2.18)
$Relation$	0.26*** (3.25)	0.27*** (3.34)	0.34*** (4.17)	0.20** (2.54)	0.25*** (3.22)

变量	被解释变量:SO_2				
	（1）	（2）	（3）	（4）	（5）
η	−0.05 *** (−2.61)	0.07 *** (2.88)	−0.10 *** (−4.07)	0.06 ** (2.34)	0.04 ** (2.09)
$Kf×Relation$	0.03 *** (3.22)	0.05 *** (4.19)	0.03 *** (4.21)	0.02 *** (2.61)	0.03 *** (3.18)
$Relation× \eta$	0.19 (1.09)	0.12 ** (2.49)	0.06 *** (3.35)	0.13 ** (2.39)	0.18 ** (2.02)
$Kf×Relation× \eta$	0.02 (0.91)	0.01 (0.64)	−0.01 ** (−2.48)	0.02 ** (2.22)	0.04 *** (2.91)
是否加入其他控制变量	Yes	Yes	Yes	Yes	Yes
ρ	0.29 *** (17.04)	0.29 *** (16.97)	0.28 *** (16.47)	0.29 *** (17.21)	0.29 *** (17.11)
R^2	0.32	0.33	0.32	0.32	0.32
Obs	3850	3850	3850	3850	3850

注:①模型(1)—(5)均采用邻近地理权重进行计量回归,方程中的政企关系均采用地方官员是否来自本地的虚拟变量衡量;②模型(1)中 η 是中国共产党代表大会召开当年的虚拟变量,模型(2)中 η 是下届中国共产党代表大会召开前2年的虚拟变量,模型(3)中 η 是中国共产党代表大会召开前1年的虚拟变量,模型(4)中 η 是中国共产党代表大会召开后1年的虚拟变量,模型(5)中 η 是中国共产党代表大会召开后2年的虚拟变量;③本章节只报告了 R^2 统计结果,Moran、LM 及 Robust-LM 检验结果省略,以下相同。

表4-3中第(4)列检验了中国共产党代表大会召开后1年年度虚拟变量对污染的影响,在控制了影响环境污染的其他变量后,中国共产党代表大会召开后1年的虚拟变量的估计系数显著为正,表明各城市的污染排放水平在中国共产党代表大会召开后1年明显上升。同时,中国共产党代表大会召开后1年对环境污染的影响系数与中国共产党代表大会召开前1年相比,无论在显著性水平上还是具体的估计值上都具有明显的下降,这说明中国共产党代表大会召开时间越近,地方政府面临的环保压力越大,环境政策执行力度越强,因而地方关于因中央监管力度的增强实施策略性减排。列(5)考察了中国共产党代表大会召开后2年年度虚拟

变量对当地 SO_2 排放的影响,在控制了相同的影响因素后,中国共产党代表大会召开后 2 年的虚拟变量的估计系数变为正值且通过了 5% 的显著性水平检验,因而中国共产党代表大会召开后期各城市的排污强度显著提高。可能的解释是环境的强外部性特征使得地方政府缺乏真正的减排激励,地方政府官员不仅不会在五年规划结束时期进行减排策略,反而会放松监管再次展开 GDP 竞赛,从而可能导致污染再次恶化。

与中国共产党代表大会召开后 1 年的政治周期回归系数相比,中国共产党代表大会召开后 2 年的政治周期估计系数相对较低。产生这种现象的背后原因可能是中国共产党代表大会召开后,地方官员面临新一轮政绩考核,地方官员需要在任期内作出更为突出的政绩,这种与前任官员之间的纵向竞争和同级官员之间的横向竞争无形中进一步强化了地方官员展开 GDP 竞争的政治激励。因此,既有的制度安排扭曲了地方官员的行为,并致使其通过主动降低环保门槛、引进污染项目等方式对企业污染行为采取默许或者纵容的态度,从而导致企业排污量大幅上升(贾,2013)。中国共产党代表大会召开后 2 年,由于前期经济发展水平很可能优于计划水平,地方政府面临的经济发展压力相对较小,推动地区过度投资的动力下降,区域排污量增加强度相对较小。

另外, $Relation \times \eta$ 和 $FDI \times Relation \times \eta$ 的估计系数则在中国共产党代表大会召开之后同样显著为正。可能的解释是环境的强外部性特征使得地方政府缺乏真正的减排激励,地方政府官员不仅不会在中国共产党代表大会后进行减排策略,反而会放松监管再次展开 GDP 竞赛,从而导致环境质量再次恶化。同时中国共产党代表大会后 2 年,由于官员集中变更而被破解的政企关系可以获得重构,从而为企业提供持续的污染庇护。这一估计结果再次表明中国共产党代表大会召开后,对 FDI 的争夺使得环保部门对企业污染行为的监督和约束力量大大弱化,进而加大了区域环保压力。结合表 4-3 的估计结果可知,我国各城市的环境污染水平与中国共产党代表大会的召开密切相关:地方政府在中国共产党代表大会召开前 1 年和中国共产党代表大会召开当年实施减排策略,而在中国共产党代表大会召开后期因监管力度的放松而导致污染排放水平有所回升。

表4-4 政企关系下的污染排放周期稳健性检验结果(a)

变量	被解释变量:SO₂									
	经济权重					混合权重				
	(1)	(2)	(3)	(4)	(5)	(6)	(7)	(8)	(9)	(10)
Kf	-0.08*** (-2.83)	-0.06** (-2.21)	-0.06** (-2.16)	-0.06** (-2.10)	-0.06** (-2.09)	-0.02** (-2.14)	-0.02** (-2.27)	-0.02** (-2.30)	-0.02** (-2.29)	-0.02** (-2.29)
$Relation$	0.23*** (2.73)	0.30**** (3.65)	0.21*** (2.64)	0.16** (2.02)	0.22*** (2.70)	0.21** (2.53)	0.30*** (3.69)	0.21*** (2.69)	0.17** (2.15)	0.22*** (2.83)
η	0.07*** (2.63)	-0.09*** (-3.76)	-0.05* (-1.71)	0.06** (2.05)	0.05* (1.79)	0.04* (1.72)	-0.07*** (-2.82)	-0.01* (-1.84)	0.05* (1.76)	0.03** (2.07)
$Kf \times Relation$	0.02*** (2.82)	0.03*** (3.78)	0.02*** (2.69)	0.02*** (2.13)	0.02*** (2.72)	0.02*** (2.81)	0.03*** (3.89)	0.02*** (2.91)	0.02** (2.43)	0.02*** (3.01)
$Relation \times \eta$	0.08*** (2.61)	0.12*** (3.24)	0.11*** (2.65)	0.12*** (2.31)	0.18** (2.01)	0.04** (2.05)	0.11*** (3.29)	0.07** (2.41)	0.08** (2.12)	0.11** (2.20)
$Kf \times Relation \times \eta$	0.01* (1.66)	-0.05*** (-3.58)	-0.01 (-0.48)	0.04** (2.27)	0.01* (1.83)	0.01** (2.10)	-0.04*** (-3.36)	-0.01 (-0.33)	0.04** (2.04)	0.02** (2.05)
是否加入控制变量	Yes	Yes	Yes	Yes	Yes	Yes	Yes	Yes	Yes	Yes
ρ	0.33*** (13.62)	0.32*** (13.70)	0.33*** (13.81)	0.34*** (14.04)	0.34*** (13.89)	0.21*** (21.04)	0.21*** (23.86)	0.21*** (21.24)	0.22*** (21.52)	0.21*** (21.34)
R^2	0.31	0.31	0.30	0.30	0.31	0.32	0.32	0.31	0.31	0.32
Obs	3850	3850	3850	3850	3850	3850	3850	3850	3850	3850

注:①模型(1)—(10)中政企关系均采用地方官员是否来自本地的虚拟变量衡量;②模型(1)和模型(6)中的政治周期变量是中国共产党代表大会召开前2年的虚拟变量,模型(2)和模型(7)中的η是中国共产党代表大会召开前1年的虚拟变量,模型(3)和模型(8)中的η是中国共产党代表大会召开当年的虚拟变量,模型(4)和模型(9)中的η是中国共产党代表大会召开后第1年的虚拟变量,模型(5)和模型(10)中的η是中国共产党代表大会召开后第2年的虚拟变量;③表中括号内的数值表示相应估计系数的t统计值,***、**、*分别表示通过1%、5%、10%的显著性水平检验。

为了保证检验结果的稳健可靠,本章节从以下两个方面进行稳健性检验:一是分别构建经济权重和混合权重,并以SO₂排放强度作为被解释变量进行计量回归,以此对比分析不同污染指标选择对估计结果的影响差异;二是采用官员任期和官员任职年龄这两个指标作为政企关系的变量指标,考察引资竞争下的政企关系如何影响区域环境质量,据此有效识别污染排放的周期性。具体的估计结果见表4-5。估计结果显示各个变量的回归系数与表4-3 中相应变量的系数符号保持一致,模型的回归结果与已有的研究结论基本一致。比较来看,地理权重矩阵模型的空间滞后系数略低于经济权重矩阵模型的空间滞后系数,说明相对于地理距离,经济距离对地区经济活动的空间相关性影响更大。地方官员任期、官员年龄对污染减排的影响同样表现出明显的周期性特征,具体表现为地方官员在中国共产党代表大会召开前 1 年和中国共产党代表大会召开当年实施减排策略,而在中国共产党代表大会召开后实施策略性增排。另外,以任职年龄(Age)的虚拟变量作为政企关系指标的计量回归结果显示,在中国共产党代表大会召开前一年,交叉项 $Kf \times Relation \times \eta$ 的估计系数均为负值且通过了 5% 的显著性水平检验,进一步说明年龄较大的官员仅在人事变动关键时期进行有限度的减排。

表 4-5　政企关系的污染排放周期稳健性检验结果(b)

变量	被解释变量:SO_2									
	官员任期					任职年龄				
	(1)	(2)	(3)	(4)	(5)	(6)	(7)	(8)	(9)	(10)
Kf	-0.04*** (-2.59)	-0.04** (-2.03)	-0.03** (-2.16)	-0.03** (-2.14)	-0.03*** (-2.21)	-0.02*** (-2.61)	-0.02** (-2.03)	-0.02** (-2.26)	-0.02** (-2.26)	-0.02** (-2.29)
$Relation$	0.11** (2.20)	0.11** (2.18)	0.16** (1.81)	0.19** (2.11)	0.18** (2.08)	0.17* (1.70)	0.15*** (2.59)	0.12*** (2.82)	0.13*** (2.86)	0.19** (2.56)
η	-0.06*** (-2.86)	-0.15*** (-6.88)	-0.06** (-2.38)	0.08*** (3.20)	0.10*** (4.02)	0.07*** (3.78)	-0.10*** (-5.10)	-0.06*** (-2.63)	0.04* (1.95)	0.07*** (3.22)
$Kf \times$ $Relation$	0.01* (1.69)	0.01* (1.84)	0.01 (1.21)	0.01** (2.34)	0.01** (2.29)	0.05** (2.41)	0.07*** (2.84)	0.06*** (3.43)	0.06*** (3.48)	0.06*** (3.19)
$Relation \times \eta$	0.12** (2.49)	0.11** (1.97)	0.06** (2.31)	0.12** (2.09)	0.17*** (2.76)	0.10** (2.10)	0.12*** (2.63)	0.07 (0.33)	0.03* (1.73)	0.09*** (2.60)
$Kf \times$ $Relation \times \eta$	0.02** (2.39)	-0.01** (-2.14)	-0.01 (-1.37)	0.02*** (2.56)	0.03** (2.29)	0.03** (1.96)	-0.01 (-0.02)	0.02 (0.40)	0.08* (1.80)	0.13*** (2.56)
是否加入控制变量	Yes	Yes	Yes	Yes	Yes	Yes	Yes	Yes	Yes	Yes

续表

变量	被解释变量:SO$_2$									
	官员任期					任职年龄				
	(1)	(2)	(3)	(4)	(5)	(6)	(7)	(8)	(9)	(10)
ρ	0.29*** (16.61)	0.28*** (15.97)	0.29*** (16.65)	0.29*** (16.83)	0.29*** (16.69)	0.29*** (16.75)	0.28*** (16.17)	0.29*** (16.92)	0.29*** (17.09)	0.29*** (16.97)
R^2	0.33	0.32	0.32	0.32	0.32	0.33	0.32	0.32	0.32	0.32
Obs	3850	3850	3850	3850	3850	3850	3850	3850	3850	3850

注:①模型(1)—(8)均采用邻近地理权重进行计量回归,其中模型(1)—(5)的政企关系指标采用官员任期的虚拟变量衡量,模型(6)—(10)的政企关系指标采用官员任期的年龄虚拟变量衡量;②模型(1)和模型(6)中的η是中国共产党代表大会召开前2年的虚拟变量,模型(2)和模型(7)中的η是中国共产党代表大会召开前1年的虚拟变量,模型(3)和模型(8)中的η是中国共产党代表大会召开当年的虚拟变量,模型(4)和模型(9)中的η是中国共产党代表大会召开后1年的虚拟变量,模型(5)和模型(10)中的η是中国共产党代表大会召开后第2年的虚拟变量。

(二)不同区域样本的实证结果及分析

鉴于我国东部和中西部地区经济发展水平存在明显差异,这可能导致区域引资效果和政企关系存在显著差异。为此,本章节进一步将样本细分为东部和中西部两大区域样本,具体探讨不同内引资竞争背后的政企关系对环境污染的影响差异。在计量模型设定之间首先通过参数检验确定合适的模型设定形式,为此本章节首先对不同区域样本分别进行空间相关性检验、个体固定效应和时间固定效应联合显著性检验,结果发现东部和中西部地区样本均适合建立双固定效应的空间滞后模型。

表4-6列出了不同区域样本分组检验结果。可以发现东部地区的空间滞后系数的估计值为负值且均通过了1%的显著性水平检验,而中西部地区的空间滞后系数ρ则显著为正,这意味着东部地理邻近的城市之间存在明显的策略性减排竞争,而中西部地理邻近的城市之间则体现出一定程度的"攀比竞争效应"。究其原因主要是在经济增长和污染减排的双重约束下,东部地区更注重加强环境规制和改善环境质量以获得长期的竞争优势,因而邻近城市之间存在减排倾向。而经济发展水平较为落后的中西部地区为了吸引更多的外资进入或承接更多的污染产业转移,可能会主动降低环境保护标准或放松环保规制,进而引发"向(环境

标准)底线赛跑"现象,空间策略性减排假说由此得到验证。

表 4-6　不同区域样本分组检验结果

解释变量	因变量:SO_2									
	东部					中西部				
	(1)	(2)	(3)	(4)	(5)	(6)	(7)	(8)	(9)	(10)
FDI	-0.07 ** (-2.42)	-0.08 ** (-1.97)	-0.08 *** (-2.69)	-0.07 ** (-2.52)	-0.08 * (-1.80)	-0.02 ** (-2.37)	-0.01 * (-1.69)	-0.01 * (-1.70)	-0.01 * (-1.78)	-0.01 * (-1.67)
Relation	0.16 ** (2.26)	0.16 *** (2.61)	0.10 ** (2.50)	0.18 ** (2.01)	0.14 *** (2.64)	0.17 *** (3.01)	0.16 *** (4.16)	0.27 *** (3.16)	0.22 *** (2.62)	0.25 *** (2.97)
η	0.06 (1.34)	-0.07 *** (-2.58)	-0.06 ** (-2.15)	0.04 * (1.70)	0.05 ** (2.07)	0.08 *** (2.88)	-0.11 *** (-3.86)	-0.03 * (-1.93)	0.06 * (1.87)	0.07 ** (2.16)
FDI× *Relation*	0.05 ** (2.07)	0.06 ** (2.52)	0.05 ** (2.30)	0.04 * (1.83)	0.06 ** (2.43)	0.03 *** (3.11)	0.04 *** (4.26)	0.03 *** (3.20)	0.03 *** (2.80)	0.03 *** (3.05)
Relation× η	0.02 (1.07)	0.07 * (1.85)	0.08 ** (2.08)	0.08 ** (2.01)	0.05 * (1.75)	0.04 ** (2.30)	0.11 *** (3.67)	0.19 *** (2.98)	0.22 ** (2.04)	0.17 ** (2.37)
FDI× *Relation*× η	0.01 (0.10)	-0.04 ** (-2.17)	-0.04 (-1.03)	0.05 ** (1.98)	0.05 ** (2.08)	0.01 (1.33)	-0.06 *** (-3.86)	-0.01 (-0.72)	0.03 * (1.80)	0.01 ** (2.33)
控制变量	Yes	Yes	Yes	Yes	Yes	Yes	Yes	Yes	Yes	Yes
ρ	-0.12 *** (-4.29)	-0.11 *** (-3.87)	-0.12 *** (-4.14)	-0.12 *** (-4.27)	-0.12 *** (-4.25)	0.31 *** (15.16)	0.30 *** (14.80)	0.32 *** (15.48)	0.32 *** (15.60)	0.31 *** (15.40)
R^2	0.40	0.40	0.40	0.40	0.39	0.21	0.22	0.22	0.22	0.22
Obs	1344	1344	1344	1344	1344	2506	2506	2506	2506	2506

注:模型(1)和模型(6)中的 η 是中国共产党代表大会召开前 2 年的虚拟变量;模型(2)和模型(7)中的 η 是中国共产党代表大会召开前 1 年的虚拟变量;模型(3)和模型(8)中的 η 是中国共产党代表大会召开当年的虚拟变量;模型(4)和模型(9)中的 η 是中国共产党代表大会召开后第 1 年的虚拟变量;模型(5)和模型(10)中的 η 是中国共产党代表大会召开后第 2 年的虚拟变量。

　　分区域样本估计结果同样显示 FDI 的流入量每增加 1%,将导致东部地区 SO_2 排放量平均降低 0.08%左右,这一估计结果比中西部地区样本的估计系数值高出约 0.06%,因而 FDI 对东部地区环境污染的改善作用明显高于中西部地区。与此同时, *Kf* × *Relation* 的估计系数为正且通过了 10%的显著性水平检验,意味着 FDI 竞争引致的政企关系明显加剧了区域环境污染,且其影响效应也呈现地区差异,表现为东部地区的环境负效应明显高于中西部地区。这可能是由于东部地区的资源禀赋条件明显优于中西部地区,以经济增长为核心的官员考核体系促使地方政府加大生产性投资而忽略环境污染问题,从而导致部分高污染高耗能外资的进入并导致区域排污水平上升。

进一步考察政治周期对污染排放的影响,可以发现东部地区的地方官员在中国共产党代表大会召开前 1 年和后 1 年实施减排策略,而交叉项 $Kf \times Relation \times \eta$ 的估计系数仅在中国共产党代表大会召开前 1 年显著为负,这一估计结果与全国样本估计结果保持一致。与之相比,中国共产党代表大会召开前 1 年,中西部地区的 SO_2 排放强度在中国共产党代表大会召开前一年下降了 0.06%,而在中国共产党代表大会召开后 1 年则上升了 0.03%。这一结果表明落后地区的政府官员更注重任期内的短期政绩,并利用自身的政治权利和个人影响开展招商引资竞争,这在很大程度上是以牺牲环境为代价的。另外,中国共产党代表大会召开当期,引资竞争下的政企关系对区域排污影响并不显著。而在中国共产党代表大会召开后,引资竞争下的政企关系明显加剧了中西部地区的环境恶化。这可能是由于任期初期,地方官员将不断退出有利于吸引外资的经济增长,以保证在任期内政绩最大化。同时任期初期地方政府的环保考核压力将促使其提高外资的进入门槛,这将极大地减少污染型 FDI 的寻租激励。而在任期后期,民众压力的减轻使得中央政府对地方官员的治理和监督力度下降,并采用各种手段吸引外资,同时将更多的财政用于投资建设,对环境监管的放松将加大污染排放。

第三节　官员治理、外商直接投资与策略性减排

一、官员治理与环境污染的理论阐释

(一)官员更替与环境污染

官员更替源自干部交流制度。自改革开放以来,中央政府进一步加快了干部交流制度的建设。早在 1982 年,中央制定了老干部离休、退休

和退居二线制度,并废除领导干部职务终身制。之后,1990 年中共中央颁布了《关于实行党和国家机关领导干部交流制度的决定》,要求各个地区认真推行领导干部交流制度。2006 年 8 月颁布的《党政领导干部交流工作规定》进一步强调要处理好官员任期与官员交流的关系,从制度上对官员任期和交流进行了细化和规范。上述政策的推行使得我国地方官员更替成为一种常态。在现行的地方政府主导的经济模式下,随着中央权力下放、地方分权化以及市场化进程的加快,地方政府管理经济的自主权逐渐扩大。作为中国政治体系的"第三层级",市级政府在执行国家宏观政策、干预微观经济活动领域具有巨大而灵活的自由裁量权。由于不同官员的个人能力、偏好、激励约束等存在显著差异,从而使得更替官员未来的政策制定、地区内部人事调动、监管责任划分等存在较大的不确定性。这种不确定性不仅显著影响到一国的宏观经济发展,而且影响到微观企业的经营决策(胡里奥和陆,2012)。具体到环境污染问题,笔者认为官员更替可能从以下两个方面显著影响到企业的排污行为。

一方面,官员更替强化了地方政府官员发展地区经济的积极性,进而可能降低企业的减排激励。《关于实行党和国家机关领导干部交流制度的决定》指出,县级以上地方党委、政府领导成员在同一职位上任职满 10 年的,必须交流。同时,官员在同一层次职务的任期不能超过 15 年。这意味着如果地方官员在平行交流后任期满 5 年后还未从原来的职位选拔到更高的职位,就必须退居二线或退休。因而在 GDP 导向的政绩考核体系下,新任官员的政绩诉求可能导致地方政府忽略环境保护问题,这主要体现在以下几个方面:更替后的新任官员需要在任期内作出更为突出的政绩,这种与前任官员之间的纵向竞争和同级官员之间的横向竞争无形中进一步强化了地方官员展开 GDP 竞争的政治激励。在此情况下,地方官员将有限的资源配置于能够短期内促进地区经济快速增长的领域。同时,在环境资源有限的情况下,对 GDP 增长的过度关注也使得地方政府往往采取放松环境规制、降低企业环境治理支出等手段来争夺更多的流动性要素,使得环保部门对企业排污监管和约束能力大大弱化。对于那些经济发展水平相对落后的地区而言,由于本身无法吸收技术水平较高的"清洁型"企业,新任官员的政绩诉求可能促使地方政府承接更多的污染密集型产业,进而引发"向(环境标准)底线赛跑"现象。因此,既有的制度安排扭曲了更替管员的行为,并致使其对企业污染行为采取默许或者纵容的态度,从而为污染企业大开各种方便与优惠之门(贾瑞雪,2013)。

另一方面,频繁交流助长了地方官员无视环境污染的短视行为以及企业的投机排污行为。为了尽快和尽可能突出任期内作出的成绩,更替官员倾向于以"短平快"的方式来实现经济增长目标,并采取诸如高投资或过度借贷等短视性政策对经济增长形成较强的短期刺激作用,导致财政支出结构呈现"重基础设施建设、轻公共服务"的明显扭曲。部分地方官员甚至以本地资源的过渡耗竭和环境污染来换取任期中的经济增长,促使地方政府的"援助之手"转变为"攫取之手"。另外,对于处在不确定性流动机制下的地方官员来说,环境污染治理是一项长期投入才能见效的系统性工程且具有明显的外溢性,一般而言不可能在官员任期内得到有效解决,因此地方官员自然会对这种"为他人作嫁衣裳"的工作避重就轻。因此,官员的频繁交流使得其在污染治理方面存在明显的短视和策略性特征。且一旦这一策略成功,邻近地区的最优反应势必是纷纷效仿,从而导致了环境政策"逐底竞争"。最后,官员更替形成的责任"空档期"同样会导致企业排污水平上升。官员更替意味着企业之间原有政治关系将被重新洗牌。由于核心政府官员发生更替,之前形成的较为稳定的"政商生态"遭到破坏,新任官员带来的"游戏规则"尚未形成且难以发挥有效作用。这种官员更替形成的责任"空档期"削弱了企业进行减排技术引进和创新的动力,并诱发了部分企业违法排污的投机行为。同时,由于更替后的地方官员需要一定的时间来适应新的岗位和工作环境,导致其在上任之初对环境监管力度不足。因此,当地方官员发生更替时,企业排污水平将由于环保投资减少或环境监管力度下降而显著上升。

(二)官员更替、政企关系重建与环境污染

对于一个处于转型阶段的新兴市场国家,中国的各级政府控制着土

地、信贷、政策等大多数稀缺资源的配置权。在此背景下，与地方政府建立密切的联系并据此获得所需的资源就成为诸多企业的选择。通过寻租等非生产性活动与前任政府建立良好关系、拥有政治资本的企业，其政治优势会随着新任官员的上任而被削弱甚至消失，因而官员更替难免会导致企业的投资策略、生产经营活动等带来不利的影响。但官员更替也意味着地方政治资源的重新配置。为了维持原有的利益联盟或者构建新的利益关系，地方企业都将积极寻求与新任官员之间重构或者更新政企关系，并据此获得政策变动的相关信息以及获取更多的经济资源。具体来说，关联企业可以充分利用与前任官员的特殊关系获得官员更替以及政策变动的相关信息，从而有效规避政策不确定可能产生的风险，实现自我保护。

企业高管的政治身份是其是否拥有政企关系的显著标志。现有研究表明，高管具有政府背景或者是人大代表、政协委员、党员的企业更容易与政府官员之间建立一种正式的或非正式的紧密关系（法乔，2010；蔡和塞维里尔，2012）。同时，企业高管和地方官员之间诸如同乡、校友之间的私人关系也有利于形成利益关系型网络。然而，一旦地方官员发生更替，企业很难在短时间内利用政治背景或私人关系重新建立新的政企关系。这是由于政企关系重建是以合作和交换为基础而联系起来的，但随着双方经济活动的增加以及信任的加深，一种特殊的政企关系才会形成。董斌和托格勒（Dong Bin和Torgler，2013）曾指出，如果这种特殊的私人关系嵌入到政治治理结构中，则私人权力与公共权力的结合就会产生腐败与不公平。基于上述分析可知，官员更替打破了原有的合谋关系，新任官员上任初期辖区内排污水平将会发生显著变化。

二、计量模型构建与指标说明

（一）模型设定

基于上述理论分析，本章节构建了如下计量模型：

$$P_{it} = \alpha_0 + \alpha_1 Kf_{it} + \alpha_2 Turnover_{it} + \alpha_3 X_{it} + \mu_i + \eta_t + \varepsilon_{it} \quad (4-23)$$

式中，i和t分别表示第i个地区第t年的数据，P为环境污染水平。

Kf 为外商直接投资，$Turnover$ 为官员更替的度量指标，X 为影响环境污染的其他控制变量。μ_i 为地区固定效应，θ_t 为时间固定效应。

FDI 的引入本身将对我国的环境产生一定的影响，而官员更替则会进一步强化 FDI 的环境效应，在具体实证模型建立过程中，本章节将纳入外资与官员更替的交叉项来探讨两者的交互作用对环境质量的影响，计量模型设定如下：

$$P_{it} = \alpha_0 + \alpha_1 Kf_{it} + \alpha_2 Turnover_{it} + \alpha_3 Kf_{it} \cdot Turnover_{it}$$
$$+ \alpha_4 X_{it} + \mu_i + \eta_t + \varepsilon_{it} \tag{4-24}$$

同样，考虑到环境污染具有明显的空间相关性，本章节进一步构建空间误差模型（SEM）和空间滞后模型（SLM）来识别污染外溢的根据，其中空间误差的计量模型可表述为：

$$P_{it} = \alpha_0 + \alpha_1 Kf_{it} + \alpha_2 Turnover_{it} + \alpha_3 Kf_{it} \cdot Turnover_{it}$$
$$+ \alpha_4 X_{it} + \mu_i + \eta_t + \varepsilon_{it}$$
$$\varepsilon_{it} = \lambda W \varepsilon_j + \theta_i \quad \varepsilon_i \sim N(0, \sigma_i^2) \tag{4-25}$$

式中，W 为 $n \times n$ 的空间权重矩阵。参数 λ 为空间误差系数；ε 则为误差项。

空间滞后计量模型可设定为：

$$P_{it} = \rho W P_{it} + \alpha_0 + \alpha_1 Kf_{it} + \alpha_2 Turnover_{it} + \alpha_3 Kf_{it} \cdot Turnover_{it}$$
$$+ \alpha_4 X_{it} + \mu_i + \eta_t + \varepsilon_{it} \tag{4-26}$$

式中，ρ 为空间回归系数并反映了邻近地区的环境污染对本地区观测值的影响方向和程度；ε 为服从正态分布的随机误差项向量。

（二）指标选取及数据说明

本章节选取 2003—2016 年全国 275 个地级城市作为样本。相关指标选取如下：

环境污染（P）。国内外学者关于环境污染的测度尚无统一的标准，绝大部分学者采用 SO_2、CO_2、COD 等污染物的排放量（如迪恩等，2009；比斯瓦斯，2012）来衡量环境污染水平。鉴于当前以煤炭为主的能源消费结构决定了 SO_2 是大气污染的主要形式，且我国的公开统计数据中提供了较为详尽与可靠的统计数据，可以保证研究数据的连贯性与完整性，

本章节采用 SO_2 排放强度作为环境污染的度量指标。

本章节的核心解释变量是官员更替(*Turnover*)。官员更替将会显著影响到企业的排污行为,这是因为官员更替会形成一种政治敏感期,可以在短期内遏制排污企业对地方官员的寻租行为,从而有助于改善环境质量(郭峰和石庆玲,2017)。但另一方面,官员更替将会强化地方官员之间为了政绩而展开的 GDP 增长竞争,并助长地方官员无视环境污染的短视行为(贾瑞雪,2013)。本章节采用地区当年市长是否发生更替来衡量官员更替,即如果当年市长发生更替,则 *Turnover* 取值为 1,否则为 0。之所以考察市长更替对企业排污的影响,是因为在政府"一把手"中,一个地区的市委书记主要考核辖区内党组织和干部绩效,市长则主要负责地方各个职能部门的日常管理工作,因而市长更容易与企业存在交集。需要说明的是,本章节对市长更替的定义以当年 6 月为准,即如果官员更替发生在 6 月份之前,则当年 *Turnover* 取值为 1;如果官员更替发生在 6 月份之后,则下一年 *Turnover* 取值为 1,当年 *Turnover* 取值为 0。这一变量定义与李宏斌和周黎安(2005)以及徐业坤等(2013)对官员更替的定义相一致。

外资(*Kf*)。本章节选取各城市实际利用外资额来衡量各个地区的引资水平,并依据当年人民币兑美元的年平均汇率将单位转化为人民币并进行 GDP 平减。

为了尽量减少变量遗漏所造成的估计偏差,本章节在模型设定中同样添加了人均 GDP (*pgdp*)、平方项($pgdp^2$)及其三次方项($pgdp^3$)、产业结构(*S*)与环境规制(*ER*)等控制变量。基于佩尔松和祖拉夫斯卡(2012)、贾瑞雪(2013)的研究,本章节还控制了以下官员个体特征因素:

官员年龄(*Age*)。根据领导干部退休制度可知,地级市官员晋升的最大年龄 55 周岁,直辖市官员晋升的最大年龄为 60 周岁。因而年龄越长的官员面临更强的晋升压力,需要更强的经济增长表现。在此情况下,以 GDP 为核心的官员考核体系导致了"环境竞次"效应,企业排污水平明显上升。本章节采用官员任职时的实际年龄来反映官员年龄因素对企业排污决策的影响。

　　官员任期（*Tenure*）。地方官员在任时间越长，与当地企业建立政治关系的可能性越大，从而非法排污行为也将更加严重。本章节采用在任时间作为官员任期的衡量标准。具体计算过程中参考李宏斌和周黎安（2005）的计算方法，即若市长在一年中的 1—6 月上任，则该年记为该市长任期的初始年。若市长在一年的 7—12 月上任，则该年不计入其任期，而从该年的下一年计算其任期长短。

　　官员教育程度（*Education*）。官员的受教育程度将会显著地影响其对环境保护的认知程度。一般而言，高学历的官员在长期学习和历练过程中不断接受和践行道德价值观培养，对环境污染的敏感性较高并更愿意采取积极措施来提高地区环境质量，从而在一定程度上遏制了企业的非法排污行为。相对而言，低学历的官员对环境污染问题的认知程度相对较低，较强的晋升激励导致地方政府的短期化行为，即一味追求片面的经济增长，而忽视环境污染治理和环境规制，从而导致污染控制的低效率。对于受教育水平，本章节设定高中及以下学历赋值为 2，本科学历赋值为 3，硕士学历赋值为 4，博士学历赋值为 5。

　　空间权重（W）。度量了不同地区社会经济联系的紧密程度，本章节采用邻近地理权重 W_d。即如果城市 i 与城市 j 在地理上相邻，则空间权重 $w_{ij}=1$，否则为 0。具体计算过程中根据各个城市的经纬度数据计算两个城市之间的欧式距离并进行"归一化"处理。

　　以上所有涉及价值形态的数据均按 2000 年的同比价格进行换算。地方官员更替指标、官员任期及教育程度、产业结构以及环境规制指标在估算过程中采用原始数据，其余各主要变量均采取对数值，数据的统计性描述见表 4-7。从表 4-7 可以看出，样本期内，平均有 30% 的企业经历过市长更替，说明地方官员更替是一种常态。从地区层面的控制变量统计结果来看，人均 GDP 平均值为 10.05，产业结构平均值为 48.60%，环境规制平均值为 32%。从官员层面的控制变量统计结果来看，市长的平均任期为 3.71，上任年龄介于 36—60 周岁之间，平均年龄约为 50 岁。

表 4-7　样本数据变量的统计描述

变量	单位	均值	标准偏差	最小值	最大值
SO_2	吨/万元	-5.39	1.18	-14.51	-1.82
Kf	万元	9.36	2.11	0.89	14.15
$Turnover$	1	0.30	0.46	0	1
$pgdp$	万元	10.05	0.83	4.60	13.06
S	%	48.60	10.46	14.95	85.92
ER	%	32.21	5.22	17.92	69.72
Age	1	3.89	0.09	3.58	4.09
$Tenure$	1	3.71	1.56	1	10
$Education$	1	3.92	0.74	2	5

三、实证结果及分析

(一)总体样本回归分析

为了检验官员更替对区域排污的影响,本章节对回归模型进行计量估计。Hausman 检验拒绝了随机效应原假设,故采用固定效应模型进行计量回归。为此,本章节设定了时间固定效应、截面固定效应及双向固定效应三种不同的空间计量模型,并发现时空双向固定的空间模型 R^2 值及 Log Likelihoood 明显大于其他模型相应的统计值,且空间和时间固定效应联合显著性检验中的 LR 统计结果显示截面固定效应和时间固定效应确实是存在的。同时双向固定效应模型的 LMlag 统计值大于 LMerr,且 Robust-LMlag 值大于 Robust-LMerr 值。因此,根据安瑟林等(1996)提出的模型判别准则可知,空间滞后模型中的双向固定效应分析对样本的解释力度更强。表 4-8 中列(1)的估计结果显示,在控制地区效应和时间效应的情况下,官员更替变量($Turnover$)的估计系数显著为正且通过了5%的显著性水平检验,表明官员更替明显提高了区域的排污水平。之后在加入区域特征、官员个体特征控制变量后,官员更替的估计系数仍然为正且通过 5%的显著性水平检验,因而官员更替不利于区域减排。

另外,外商直接投资(FDI)的系数显著为负,表明 FDI 的引入有利于降低区域排放水平,因而"污染天堂"假说在中国并不成立,究其原因有以下两点:一方面,FDI 倾向于使用较为先进的生产技术和污染排放系统,在实际生产过程中对资源环境的损耗相对较少,从而降低了我国的环境污染水平(王华和金彦宏,2007;许和连和邓玉萍,2012)。目前在我国已通过 ISO14001 环境管理体系认证的企业中,有 2/3 以上是外商投资企业;而获得中国环境标志认证的企业中一半以上是外资企业。因而,FDI 在我国环境保护方面起到了模范带头作用,对中国经济、环境的可持续发展作出了有利贡献。另一方面,目前 FDI 的引资结构已引起政府部门的高度重视,地方政府加强对非清洁型 FDI 引入的政策审批力度,而清洁型 FDI 的流入在一定程度上推动了区域产业结构优化与升级,提高了资源的分配及使用效率,进而降低了单位产出的资源消耗量和污染排放量。

同时,FDI 与官员更替的交叉项估计系数为正值且通过了 1% 的显著性水平检验,表明地方官员更替当年,外商直接投资的引入在一定程度上加剧了区域环境污染。可能的解释是:地方官员发生更替后,新任官员需要在任期内作出更为突出的政绩,这种与前任官员之间的纵向竞争和同级官员之间的横向竞争无形中进一步强化了地方官员展开 GDP 竞争的政治激励。因此,既有的制度安排扭曲了地方官员的行为,并致使其通过主动降低环保门槛、引进污染型外资等方式对其污染行为采取默许或者纵容的态度,从而导致外资企业的排污量大幅上升。

进一步考察控制变量对环境污染的影响。从估计结果来看,人均 GDP 的一次项回归系数显著为正,二次项估计系数显著为负,三次项估计系数为正却未通过 10% 的显著性水平检验,因而人均产出与环境污染之间呈倒 U 型曲线关系,环境污染随着产出水平的提高呈现出恶化——得到改善的发展趋势。产业结构的估计系数在 10% 的显著性水平下显著为正,表明产业结构对环境污染有负的影响,也就是说随着第二产业占地区生产总值的比重不断上升,环境污染将更为严重。这可能是由于第二产业中更多的行业其制成品还没有完成从粗加工向精加工、污染产品向清洁产品的转变,工业内部结构还没有调整到合适水平。另外,环境规制(ER)的估计系数显著为负,表明环境规制水平的提高显著降低了区域排污水平。随着经济发展水平的提高,人们对环境质量的要求越来越高,并且管制水平越高,资源消耗和污染排放物越少。与此同时,较高的环境规制水平将会倒逼企业进行技术改进或节能减排,一些污染严重的企业将被淘汰或者加强污染监管,从而导致企业环境质量有所改善。

　　从官员个体控制变量来看,在任官员年龄的估计系数虽然为正但未通过 10% 的显著性水平检验,因而企业的排污水平并未受到官员年龄的显著影响。究其原因可能是随着地方官员年龄的增长,其从政经验日渐丰富且获得升迁的概率相对较低(李宏斌和周黎安,2005),能够较好地处理地方经济发展与环境保护之间的关系,从而可以在一定程度上避免环境污染事故的发生。同时官员任期的估计系数显著为正,因而较长的任期对企业排污的负面影响更为显著。可能的解释是,较长的官员任期将会固化和拓展"利益型关系网络",这种关系网络的持续将会导致污染企业获得污染庇护和纵容(佩尔松和祖拉夫斯卡,2012)。另外,官员教育水平的估计系数为负且通过了 1% 的显著性水平检验,表明官员受教育程度的提高有利于降低其辖区内 SO_2 排放强度。这可能是由于高学历的官员在长期学习和历练过程中不断接受和践行道德价值观培养,对环境污染的敏感性较高并更愿意采取积极措施来提高地区环境质量,从而在一定程度遏制了企业的非法排污行为。

表 4-8　官员更替对 SO_2 排放影响的空间计量检验结果

变量	被解释变量:SO_2				
	(1)	(2)	(3)	(4)	(5)
Kf	-0.02** (-2.24)	-0.06*** (-2.57)	-0.02** (-2.26)	-0.04*** (-4.63)	-0.02** (-2.35)
Turnover	0.05** (2.29)	0.05** (2.22)	0.06** (2.49)	0.06** (2.45)	0.05** (2.13)
Kf × Turnover		0.02** (2.32)	0.01** (2.19)	0.02** (2.28)	0.02** (1.98)
pgdp			1.47*** (4.72)		1.46*** (4.53)

续表

变量	被解释变量:SO_2				
	(1)	(2)	(3)	(4)	(5)
$pgdp^2$			−0.16*** (−2.76)		−0.16*** (−2.59)
$pgdp^3$			0.06 (1.26)		0.06 (1.13)
S			0.05* (1.82)		0.02* (1.74)
ER			−0.62*** (8.55)		−0.62*** (8.63)
Age				0.01 (0.74)	0.01 (0.74)
Tenure				0.02*** (2.67)	0.02*** (2.75)
Education				−0.02** (−2.04)	−0.02* (−1.83)
ρ	0.30*** (85.77)	0.30*** (85.79)	0.30*** (61.74)	0.30*** (79.64)	0.30*** (61.66)
R^2	0.40	0.40	0.44	0.38	0.48
Moran	0.03***	0.03***	0.03***	0.03***	0.02***
Lmlag	35.87***	38.92***	35.37***	39.15***	35.77***
Robust−Lmlag	5.61**	6.03**	5.09***	6.54**	5.46**
Lmerr	30.99***	31.83***	30.87***	38.65***	30.98***
Robust−Lmerr	0.73	0.64	0.59	0.37	0.68
Obs	3850	3850	3850	3850	3850

注:表中括号内的数值表示相应估计系数的 t 统计值,*** 、** 、* 分别表示通过 1%、5%、10%的显著性水平检验,以下相同。

(二)不同更替类型样本回归分析

尽管以上结果证实了地方官员的更替确实会显著影响到区域排污水平,但不同类型的更替将会显著影响到相应的政策倾向,从而对企业行为产生不同的作用。为此,本章节进一步从官员的来源、去向出发,考察异地调任、非正常换届、频繁更替如何影响区域排污水平。在实证过程中,考虑到各个城市内每年官员更替类型存在显著差异,为了不人为割裂空间效应,本章节通过引入虚拟变量来刻画官员更替类型对区域排污的影响差异。具体来说,对于本地调任的官员来说,在实证分析过程中,官员更替的回归数据即为原有的统计数据,而异地调任的 *Turnover* 回归数据为 0,在这种情况下,全国 275 个城市之间的欧式地理权重仍然适用于该模型,但是 FDI 与 *Turnover* 交叉项将会由于更替类型不同而发生相应的改变。其他更替类型样本处理亦采用上述方法。表 4-9 中的列(1)和列(2)对比分析了本地调任和外地调任两种不同来源的官员更替对企业排污的影响差异。具体来说,当官员来自本地调任时,*Turnover* 取值为 1,否则为 0。根据表 4-9 中第(1)—(2)列的估计结果可知,基于新任官员更替类型的样本估计结果显示,本地晋升、本地晋升与 *FDI* 的交叉项估计系数均为正值且通过了 5% 的显著性水平检验,而外地晋升、外地晋升与 FDI 的交叉项系数虽然为正却未通过 10% 的显著性水平检验,表明外本地调任引起的官员交流对环境的负面影响明显高于外地调任。产生这种现象的原因主要是本市调任的官员有地方精英集团的支持,极易出现"政治垄断"以及利益联盟现象(佩尔松和祖拉夫斯卡,2012),因而容易受限于当地排污企业的寻租行为而削弱环境监管。而异地调任异地交流制度可以有效破解前任官员与企业之间长期形成的"人情网"和"关系网",以进行更有效的资源分配及更严格的环境监管,从而在一定程度上遏制了企业投机排污行为。

表 4-9 不同官员更替类型回归结果

解释变量	被解释变量:SO_2				
	(1)	(2)	(3)	(4)	(5)
Kf	−0.02** (−2.31)	−0.07*** (−2.85)	−0.04** (−2.46)	−0.01* (−1.86)	−0.05*** (−2.66)
Turnover	0.06*** (2.59)	0.02 (0.12)	0.04** (2.09)	−0.07** (−2.04)	0.03** (2.18)
Kf × Turnover	0.02** (2.22)	0.01 (0.58)	0.03* (1.89)	0.04 (1.16)	0.02** (2.34)

续表

解释变量	被解释变量：SO$_2$				
	（1）	（2）	（3）	（4）	（5）
是否加入控制变量	Yes	Yes	Yes	Yes	Yes
ρ	0.31 *** （23.32）	0.30 *** （17.37）	0.30 *** （17.37）	0.30 *** （17.35）	0.30 *** （17.39）
R^2	0.35	0.30	0.32	0.31	0.33
Obs	3850	3850	3850	3850	3850

注：①这里只报告了 R^2 统计结果，Moran、LM 及 Robust-LM 检验结果省略，以下相同；②表中括号内的数值表示相应估计系数的 t 统计值，***、**、* 分别表示通过 1%、5%、10% 的显著性水平检验，以下相同。

　　官员更替是否正常将会显著影响到企业的排污决策。对于正常换届而言，企业能够较为准确地预期到这种变化并提前作出反应。而官员的非正常更替在一定程度上可以形成一种政治敏感期。在这种情况下主要官员的非预期更替会对企业非法排污形成一种震慑效应，使其排污水平在当年显著降低。据此，本章节将根据前任官员卸任去向来判断其是否为正常。其中正常更替是指前任官员升职、平调或退居二线，非正常更替是指前任官员由于犯罪、渎职等被撤职或因死亡而任期终止。据此，如果该官员属于非正常更替，则 *Turnover* 取值为 1，否则为 0。表 4-9 中列（3）—（4）的估计结果显示，官员正常更替下外商直接投资对环境污染的负面影响明显高于非正常更替，具体表现为正常更替与外商直接投资的交互项显著为正，而非正常更替与外商直接投资的交互项并不显著。因此当官员发生正常更替时，新任官员很难在短期内在政策和责任两个方面进行大幅调整，这种政策和责任双重"空档期"也为企业超额甚至非法排污提供了庇护。

　　另外，更替频率在一定程度上反映了官员任期的长短以及政治激励的差异。样本期间各个城市的官员更替次数存在显著差异，具体表现为 9.09% 城市的官员变更 3 次，36.73% 的城市变更 4 次，38.18% 的城市变更 5 次，13.09% 的城市变更 6 次，2.91% 的城市变更 7 次。本章节在计量模型中分别纳入更替频率以及 FDI 与更替频率的交叉项来实证检验官员更替频率是否会显著影响到区域排污变化。表 4-9 中第(5)列的估计结果显示,官员更替频率变量均为正值且通过了 5% 的显著性水平检验,说明地方政府更替频率越高,外商直接投资对环境污染的负面影响越大。这一估计结果进一步说明频繁的官员交流进一步强化了地方官员的短期化偏好。对于调动频繁的官员而言,环境污染治理是一项长期投入才能见效的系统性工程,一般而言不可能在官员任期内得到有效解决,因此地方官员自然会对污染监管治理这种工作避重就轻。为了追求地区 GDP 的"短平快"增长,地方官员甚至不惜降低环保标准来吸引更多的企业落户,从而降低了企业减排的积极性。

(三)稳健性检验

为了保证检验结果的稳健可靠,本章节从以下三个方面进行稳健性检验:一是采用市委书记是否发生更替来衡量官员更替,即如果当年市委书记发生更替,则 *Turnover_secretary* 取值为 1,否则为 0。同时,进一步比较分析市委书记和市长同时更替(*Turnover_both*)对区域排污的影响,据此验证核心官员同时更替引致的责任"空档期"是否会加剧企业的排污投机行为。二是对可能出现的异常值做了进一步处理,即对所有连续变量进行了 1% 水平的双边缩尾处理。三是对官员更替时间进行前置和后置处理,据此厘清新任官员更替后企业的排污行为如何变化。考虑到 2007—2015 年间市长任期的平均值为 3.71,本章节选取 4 年作为期限,并在模型中分别纳入官员更替的前置一期项、后置一期项、后置二项。对于前置一期项来说,即如果 2008 年某一城市的市长发生了更替,则 2007 年该城市 *Turnover_pre*1 赋值为 1,否则为 0。其余变量同上处理。

表 4-10　稳健性检验结果

变量	被解释变量:SO_2					
	(1)	(2)	(3)	(4)	(5)	(6)
Kf	-0.05 *** (-2.65)	-0.03 ** (-2.15)	-0.05 *** (-2.65)	-0.06 ** (-2.44)	-0.03 *** (-2.56)	-0.07 *** (-2.85)

续表

变量	被解释变量:SO$_2$					
	（1）	（2）	（3）	（4）	（5）	（6）
Turnover	0.02* （1.89）	0.09*** （2.89）	0.03*** （2.62）	0.01 （0.67）	0.03 （0.26）	0.05 （0.87）
Kf × *Turnover*	0.02** （1.98）	0.02** （2.30）	0.02** （2.17）	0.02* （1.94）	-0.01 （-0.87）	0.03** （2.32）
是否加入 控制变量	Yes	Yes	Yes	Yes	Yes	Yes
ρ	0.30*** （17.22）	0.29*** （17.06）	0.30*** （17.20）	0.30*** （17.17）	0.30*** （17.33）	0.30*** （17.26）
R^2	0.30	0.32	0.30	0.30	0.29	0.30
Obs	3850	3850	3850	3850	3850	3850

注:列(1)中的官员更替指标采用市委书记更替(Turnover_secretary),列(2)中的官员更替指标同时
　考虑市长和市委书记更替(Turnover_both);列(3)对所有联系变量进行了1%水平的双边缩尾处
　理;列(4)中官员更替变量前置一年;列(5)中官员更替变量后置一年;列(6)中官员更替变量后
　置两年。

　　表4-10的稳健性检验结果显示,不同更替指标回归方程中各个变量的回归系数与表4-8中相应变量的系数符号保持一致,模型的回归结果与表4-8的结论保持一致。比较市长更替与市委书记更替对企业排污的影响差异,可以明显发现市委书记更替的估计系数虽然显著为正,但明显低于市长更替的估计系数,表明市委书记更替引致的排污效应明显小于市长更替引致的排污效应。与此同时,市长和市委书记同时更替引致的排污效应明显高于单个地方官员更替引致的排污效应。因而市长和市委书记同时更替形成的责任"空档期"起到叠加作用,进一步强化了环境政策的不确定性并弱化了企业的排污监管。在对所有连续变量进行1%水平的双边缩尾处理后,列(3)的估计结果仍然显示官员更替将导致区域排污水平明显上升。同时,表4-10中第(4)—(6)列的估计结果显示,不管是前置还是后置,官员更替变量的估计系数均不显著,表明官员更替导致企业排污水平上升的结论只存在于更替当年,以此反向论证了官员更替期间责任"空档期"的合理性,也强调了官员更替只会在短期内

影响企业的排污决策。官员更替与外商直接投资的交叉项在官员更替前一年将会导致企业排污量显著上升,在官员更替后一年对企业的排污水平影响并不显著,而在官员更替后两年再次显著提高区域的排污水平。可能的解释是,在新任官员上任前一年,外资企业已经跟前任官员之间建立了相对稳定的政治关系,企业可以通过寻求政治资源和政府帮助来获得污染庇护。然而,一旦地方官员发生更替,围绕前任官员建立起来的"利益型关系网络"已经断裂,外资企业很难在短时间内利用政治背景或私人关系重新建立新的关系网络,此时企业排污水平就可能因为旧的"利益型关系网络"的断裂和新的"利益型关系网络"尚未形成而相对下降。但是,随着更替官员任期的延长以及新的"利益型关系网络"的形成和壮大,区域排污水平随之提高。

第五章　外商直接投资、产业集聚与策略性减排

第一节　产业集聚与环境污染的研究回顾

　　以市场化为取向的经济体制改革极大地推进了特色产业集群式发展,产业集聚正成为优化资源配置、提升区域创新能力的有效途径。与此同时,伴随着产业结构变迁、市场发育的逐渐完善以及区域之间竞争合作需求的日益增长,产业集群开始成为推动区域经济发展的重要组织形式。产业集聚通过规模效应、集聚效应、关联效应和扩散效应的发挥,在各个产业之间分工协作,形成区别于其他区域的联系紧密的产业体系。跨国公司在产业集聚中也扮演着日益重要的角色,依靠外商直接投资(FDI)来培育本土产业集群,并进一步推动本土技术创新的发展模式也取得了一定的成就。然而,产业集群在生产要素的流动性、产业结构的优化升级等方面仍存在诸多问题。部分地方政府为了在短期内获得较大的税收或者追求较快的经济增长速度,人为引入一些产业层次较低或环境污染较为严重的产业集聚,从而导致产业集群成为环境污染的重灾区。近年来,随着产业集群地生态环境问题的日益突出和环境对产业集群地刚性约束的日益明显,产业集聚的生态环境效应逐渐受到人们的关注。着力培育发展一批科技含量高、经济效益好、资源消耗低、环境污染少的产业集群,构建绿色产业体系,走生态环保之路也成为产业集群的重点发展方向。当前,尽管跨区域联合治理的呼声越来越高,但很少有人关注跨行业、跨部门协作治理。那么,如何有效利用外资引致的产业集群的正外部性来降低区域或行业间的污染排放差距? 如何利用产业集聚的关联性来释放

集聚经济效应,通过资源最大化和废物排放最小化来解决产业集群出现的资源浪费、环境污染问题? 如何构建合理有效的区域—行业利益共同体,如何发挥市场在跨区域、跨行业污染治理中的作用,形成市场—政府—企业"三位一体"的污染治理格局,已成为经济新常态下亟待解决的理论和现实问题。因此,重新审视节能减排约束下的外资引进与产业集聚之间的关系,促进工业经济增长动力由要素扩张驱动向技术创新驱动转换,对于实现我国工业区域协调发展和可持续发展具有重要的意义。

从产业集聚的视角研究 FDI 与环境污染的关系进一步丰富了"污染避难所"假说理论,也使得污染问题的根源和治理机制更加明晰。产业集聚对环境的影响主要取决于集聚的负外部性和正外部性两种效应的合力大小。产业集聚对环境的负外部性主要表现为:一方面,产业集聚的一个重要特征是产业规模的扩张,产出规模是导致环境污染的主要原因。范霍夫和尼茨坎普(Verhoef 和 Nijkampa,2002)采用单一中心城市空间均衡模型对此进行研究,发现产业集聚导致居住环境质量恶化从而产生空间结构分化,对环境目标的追求可能会降低产业集聚水平。另一方面,产业的过度集中将导致土地、劳动力等要素成本上升和资源过度消耗,由此引致的拥挤效应同样会加大污染排放规模,这类文献可参考马丁和汉斯(Martin 和 Hans,2011)。产业集聚的发展也有可能降低环境污染,这主要归因于产业集聚可以带来技术进步、技术溢出以及竞争效应(细江和内藤,2006;曾道治和赵来讯,2009),从而获得聚集的正外部性。森木和小林(Moriki 和 Tohru,2006)将环境污染因素引入垄断竞争模型分析经济活动的空间分布与污染外部性的关系,发现产业集聚引致的产业规模扩大和技术溢出效应显著提高了区域污染排放水平。部分学者也从产业集聚所带来的专业化分工角度,考察了产业集聚与环境正向外部性之间的关系。曾道治和赵来讯(2009)的研究表明,集聚区内的污染治理成本将随着产业集聚规模的扩大而递减,产业集聚引致的治污成本下降有助于降低环境污染。

纵观已有文献可以发现,国内外学者已经开始尝试在 EKC 曲线的分析框架下研究产业集聚与环境污染。然而由于研究对象、思路和方法的差异,大量的实证研究并没有得到一致性的结论,且存在以下几点不足:

首先,在产业集聚指标测算中,大多采用空间基尼系数、区位熵及埃利森-格莱泽(EG)产业集聚指数,基于非企业层面的中国产业集聚研究主要采用省级和二位数行业数据,较少考虑到企业规模差异和地区差异对产业集群的影响。有些文献虽然将地区层面细分到地市级,但行业层面仅以制造业整体或服务业整体为基础。由于企业层面的指标在地理单元和行业划分选择上更为细致,因此从企业层面衡量产业集聚水平将更贴近现实。与此同时,现有文献更多地关注了产业集聚带来的环境负外部性,对集聚带来的减排正外部性研究相对有限。专业化集聚和多样化集聚是产业集聚的两种不同模式,这两种集聚模式下污染外部性的产生机理和溢出效应也将存在差异。因此,分别对专业化和多样化集聚引致的环境外部性(即马歇尔外部性和雅各布斯外部性)进行考察就显得尤为重要。其次,囿于技术方面的限制,绝大多数研究往往将区域视为独立的发展个体,忽略了地理距离因素与区域主体之间复杂的交互影响。由于运输成本和贸易成本的存在,集聚经济的作用范围通常局限在有限的地理空间之内,不同空间范围里的集聚外部性对环境污染的影响也将存在显著的差异。另外,不同行业之间的污染排放水平也存在一定的关联性,究其原因主要是行业间的生产率水平存在明显差异,资本、技术等要素的自发流动将会影响到该行业的环境质量,并通过投入产出关联、溢出效应等最终影响到其他行业的污染排放水平。投入产出方法常被用来计算隐含污染排放量,但该方法只计算了某一行业的产出变动对其他行业或整个行业的污染排放影响,很难计算多个行业经济联动造成的间接排放。最后,现有研究中比较分析内资与外资环境效应的文献较少。外资与内资都是国民经济发展不可或缺的资本因素,两者对环境监管的讨价还价能力存在显著差异。因此,将外资和内资放在同一个分析框架来,对比考察不同属性的资本流入对环境污染的影响可以更准确地揭示污染问题的根源和治理机制。

有鉴于此,本章将从新经济地理学和空间集聚理论角度,分别利用中国制造业36个细分行业数据以及275个地级市城市的统计数据构建空间计量模型,据此分析外商直接投资与产业集聚的交互作用对区域环境污染的影响,并深入探讨相邻行业及区域策略性减排的成因。

第二节　FDI 与环境污染的行业现状分析

一、FDI 的行业分布状况

图 5-1 描绘了我国三大产业实际利用外资额及比重变化。从整体来看,FDI 在我国三大产业间的分布严重不平衡,但其产业结构正在逐步优化。具体表现为,第二产业利用外资比重正在逐步下降,第三产业外资比重逐步上升。具体分析来看,2004—2010 年间,第二产业实际利用外资额及比重明显高于第三产业。究其原因是,长期的工业化发展导致我国第二产业内部的产业配套水平较高,市场发育机制较为完善,从而对跨国公司参与工业竞争形成了较强的吸引力。以 2005 年为分界点,第三产业利用外资情况发生了明显变化。2004—2005 年间,第二产业吸收的FDI 占 75%左右,第一产业和第三产业占比分别约为 2%、23%。之后几年随着引资政策的逐步调整,第三产业利用外资额大幅上升,其所占比重也由原来的不足 25%上升至 40%左右。2010 年,第三产业实际利用外资额达到 4996292 万美元,比第二产业少 389745 万美元;所占比重为47.25%,比第二产业低 3.69%。之后几年,第三产业实际利用外资额明显高于第二产业。截至 2017 年,第三产业实际利用外资额 8898075 万美元,比第二产业高出 4803186 万美元;所占比重为 67.92%,比第二产业高出 36.66%。而第一产业的 FDI 则由 2006 年的 49945 万美元增至 2010年的 191195 万美元,所占比重也由原来的 0.95%上升至 1.81%。2010年后,第一产业利用外资比重依然没有超过 2%。截至 2017 年年底,第一产业实际利用外资额为 107492 万美元,所占比重为 0.82%。因而,随着国民经济持续平稳增长,国内投资环境不断完善,产业配套能力也在逐渐增长,中国吸收外资的长期优势正在形成。

从各行业实际利用外资情况来看(见表 5-1),制造业一直是利用外资的重点领域。这主要是由于制造业对外开放时间较长且开放程度高,

（单位：%）

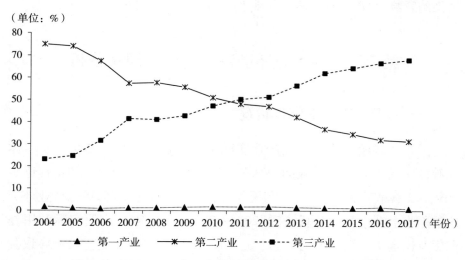

图 5-1　2004—2017 年三大产业实际利用外资比重变化趋势图

对外资进入方式和股权比例限制较少,宽松的引资环境更利用 FDI 进入。总体来看,制造业内部利用外资额呈现先下降—后上升—再下降的波状趋势。2004 年制造业实际利用外资额为 4301724 万美元,占比 70.93%。之后由于中央政府加大了对外资回流的审核监督,制造业利用外资有所下降。2006 年制造业实际利用外资额降至 4007672 万美元,所占比重也降至 63.58%。金融危机爆发以来,随着我国产业结构调整及经济增长方式的逐步转变,劳动力成本的不断上升进一步缩减了 FDI 的利润空间,跨国公司向其他领域开展多元化的投资,制造业 FDI 增速有所放缓,所占比重持续下降。2013 年,制造业实际利用外资额 4555498 万美元,比 2007 年多了 469016 万美元;所占比重为 38.74%,比 2007 年下降 15.91%。截至 2017 年年底,制造业实际利用外资额为 3350619 万美元,所占比重为 25.58%。

表 5-1　2004—2017 年各行业实际利用外资额　（单位:万美元）

年份	2004	2007	2010	2013	2016	2017
农林牧渔业	111434	92407	191195	180003	189770	107492
采矿业	53800	48944	68440	36495	9634	130198

续表

年份	2004	2007	2010	2013	2016	2017
制造业	4301724	4086482	4959058	4555498	3549230	3350619
电力、燃气及水的生产和供应业	113624	107255	212477	242910	214677	352132
建筑业	77158	43424	146062	121983	247744	261940
交通运输、仓储和邮政业	127285	200676	224373	421738	508944	558803
信息传输、计算机服务和软件业	91609	148524	248667	288056	844249	2091861
批发和零售业	73959	267652	659566	1151099	1587016	1147808
住宿和餐饮业	84094	104165	93494	77181	36512	41914
金融业	25248	25729	112347	233046	1028901	792119
房地产业	595015	1708873	2398556	2879807	1965528	1685559
租赁和商务服务业	282423	401881	713023	1036158	1613171	1673855
科学研究、技术服务和地质勘查	29384	91668	196692	275026	651989	684373
水利、环境和公共设施管理业	22911	27283	90859	103586	42159	56951
居民服务和其他服务业	15795	72270	205268	65693	49038	56723
教育	3841	3246	818	1822	9437	7747
卫生、社会保障和社会福利业	8738	1157	9017	6435	25411	30516
文化、体育和娱乐业	44776	45109	43612	82079	26732	69846

资料来源:根据历年《中国统计年鉴》的统计数据整理得出。

加入 WTO 后,我国对外开放的重点领域开始由制造业逐步转向服务业,第三产业的开放程度大大提高,外资企业对服务业的投资表现出了更高的热情和良好的预期。房地产业是第三产业内部利用外资规模最大的行业,其实际利用外资额由 2004 年的 595015 万美元增至 2013 年的 2879807 万美元,年均增长率为 21.79%;其实际利用外资比重也由 2004 年的 9.81%增至 2013 年的 24.29%。当前房地产市场正处于改革和发展的加速期,宏观经济的稳定高速增长和房地产业的高额回报率对外商投资者形成了巨大的吸引力。大规模的 FDI 涌入房地产业势必会加剧房地产业的投机性和波动性。2014 年后,随着国家对房地产行业宏观调控的不断增强,房地产业利用外资规模和速度明显下降,2017 年其实际利用外资额为 1685559 万美元,占比 12.87%。租赁和商务服务业实际利用外资规模仅次于房地产市场,外资所占比例则有明显的上升趋势。2004 年租赁和商务服务业实际利用外资额为 282423 万美元,占比 4.66%,之后几年该行业外资规模持续扩大。截至 2017 年年底,我国租赁与商务服务业实际利用外资额 1673855 万美元,占比 12.781%。传统产业如住宿和餐饮业,交通运输、仓储和邮政业这大行业的外资比重一直维持在 1%—3%之间,而批发和零售业的外资占比则大幅提升。2017 年,批发和零售业实际利用外资额 1147808 万美元,占第三产业 FDI 的比重为 12.90%。随着中国加入世界贸易组织后对商品零售投资领域外资进入的开放,批发和零售业的 FDI 将会持续增长。除此之外,科学研究、技术服务和地质勘查,信息传输、计算机服务和软件业等高科技行业在 2015 年前实际利用外资水平较低,其实际利用外资额占比不足 3%。之后几年,随着服务业对外开放水平的不断提高,高技术服务业利用外资大幅增长。2017 年,科学研究、技术服务和地质勘查实际利用外资比重为 5.22%,信息传输、计算机服务和软件业实际利用外资比重为 15.97%。而教育,卫生、社会保障和社会福利业利用外资比重在 0.01%—0.23%之间,一些现代企业如仓储、装卸、加工、包装、配送、信息处理以及进出口等诸多环节和功能一体的外商投资物流企业尚未有外资投入。这些行业引资规模偏小与我国服务业外资准入限制较多、行业垄断现象严重密切相关。

鉴于工业行业的实证研究以制造业内部 35 个细分行业为研究对象,有必要对其实际利用外资情况进行分析。但国内目前尚未统计制造业细分行业的 FDI 数据,为此,本章节采用各行业实收资本中三资企业(含港澳台资本)的资本总额来衡量其实际利用外资水平。从图 5-2 可以看出,通信设备、计算机及其他电子设备制造业是利用外资规模最大的行业,其每年利用外资额由 2001 年的 116.53 亿元增至 2016 年的 4377.45

亿元,年均增长率为 9.54%;所占比重则由 2001 年的 13.07% 增至 2016 年的 19.10%,在 13 年间上升了 6.03 个百分点。作为国民经济中的朝阳产业,通信设备和计算机行业在国内具有巨大的市场潜力和广阔的发展前景,且在国际分工中处于中高端地位,因而外资的投资热情较高。交通运输设备制造业利用外资规模在整个制造业中排名第二,该行业 FDI 的吸收总量逐年增加,2016 年三资企业实收资本额更是高达 3967.81 亿元,占比 17.31%,其吸收的 FDI 每年以比较明显的比例增加。排名第三的化学原料及化学制品制造业,该行业 FDI 的吸收总量逐年增加,2016 年三资企业实收资本额更是高达 2494.25 亿元,占比 10.88%。化学工业良好的市场前景为外资企业提供了充裕的发展空间,而国内化工行业一直面临下游需求疲软、市场信心不足的困境,且化工产品的国际竞争力明显较低,这为外资企业创造了良好的投资机会。此外还有电气机械及器材制造业、通用设备制造业、专用设备制造业等行业利用外资成效也比较显著,三资企业实收资本额占比均在 4% 以上。另外还有 13 个行业三资企业实收资本比重不足 1%,因而 FDI 在制造业内部的分布存在严重不均。

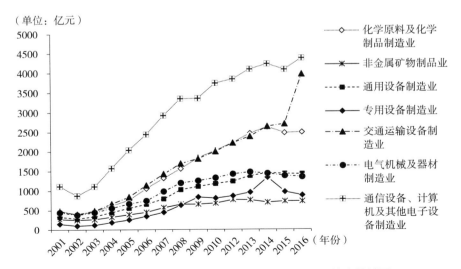

（单位：亿元）

化学原料及化学制品制造业

非金属矿物制品业

通用设备制造业

专用设备制造业

交通运输设备制造业

电气机械及器材制造业

通信设备、计算机及其他电子设备制造业

图 5-2　2001—2016 年制造业部分行业实际利用外资统计图

二、污染排放的行业分布状况及策略性减排的典型事实

对制造业 35 个细分行业在 2001—2013 年污染排放情况分析可以发现,样本期内所有行业的单位产值污染排放量明显下降。由表 5-2 可知,工业 SO_2 的排放强度下降幅度较大的行业有黑色金属矿采选业、有色金属矿采选业、造纸及纸制品业以及电力、热力的生产和供应业。其中黑色金属矿采选业的工业 SO_2 的排放强度由 2001 年的 725.76 吨/亿元降至 2013 年的 2.43 吨/亿元,年均降幅为 55.04%;与此同时,有色金属矿采选业的工业 SO_2 的排放强度也由 2001 年的 151.01 吨/亿元降至 2013 年的 2.25 吨/亿元,年均降幅为 38.20%。上述两个行业的 SO_2 排放强度同时也位居前 2 位,这两类行业均属于能源采掘业,相关行业能耗增加是我国工业二氧化硫排放绝对量增加的重要来源。

表 5-2　制造业细分行业污染排放强度变化　（单位:吨/亿元）

工业行业	SO_2			CO_2			COD		
	2001 年	2007 年	2013 年	2001 年	2007 年	2013 年	2001 年	2007 年	2013 年
煤炭开采和洗选业	234.26	43.44	2.02	22.73	8.43	0.86	94.91	20.24	1.98
石油和天然气开采业	23.40	8.35	1.84	9.26	1.47	0.41	19.06	5.87	1.11
黑色金属矿采选业	725.76	57.48	2.43	3.39	0.78	0.10	85.95	11.29	1.11
有色金属矿采选业	151.01	181.83	2.25	1.35	0.33	0.06	108.11	47.34	7.30
非金属矿采选业	263.00	109.88	7.33	6.04	2.64	0.33	46.65	15.13	1.29
农副食品加工业	57.48	22.20	3.96	1.45	0.42	0.06	241.86	75.39	7.90
食品制造业	89.59	44.02	8.29	1.64	0.81	0.15	233.47	45.01	6.16
饮料制造业	204.24	55.46	8.63	1.40	0.79	0.09	398.53	102.17	13.24

续表

工业行业	SO_2			CO_2			COD		
	2001 年	2007 年	2013 年	2001 年	2007 年	2013 年	2001 年	2007 年	2013 年
烟草制品业	22.89	8.21	1.28	0.43	0.16	0.01	8.47	2.36	0.27
纺织业	94.30	33.59	7.19	1.08	0.70	0.10	87.63	41.98	7.17
纺织服装、鞋、帽制造业	8.18	3.72	0.86	0.27	0.20	0.03	4.11	5.40	0.90
皮革、毛皮、羽毛及其制品业	18.18	7.74	2.07	0.27	0.14	0.02	86.96	31.36	4.38
木材加工及木竹藤棕草制品业	80.66	27.46	3.51	1.21	0.61	0.07	47.82	10.31	12.62
家具制造业	19.76	3.20	0.46	0.49	0.10	0.02	61.89	4.16	0.11
造纸及纸制品业	476.86	177.23	34.59	3.92	2.69	0.83	2274.57	567.32	41.08
印刷业和记录媒介的复制	17.22	2.58	0.70	0.45	0.15	0.02	7.71	2.39	0.43
文教体育用品制造业	9.20	1.09	0.16	0.29	0.13	0.01	3.05	1.33	0.14
石油加工、炼焦及核燃料加工	151.52	83.60	19.74	29.58	17.98	5.26	25.30	10.49	1.83
化学原料及化学制品制造业	251.80	94.98	16.92	7.96	3.62	1.14	151.37	39.81	4.25
医药制造业	64.60	28.03	5.26	1.01	0.51	2.39	154.44	44.61	4.83
化学纤维制造业	251.96	67.40	12.32	7.58	1.13	0.25	308.28	54.42	22.54
橡胶制品业	101.17	29.57	9.68	1.34	0.65	0.17	14.38	4.74	1.69

续表

工业行业	SO$_2$			CO$_2$			COD		
	2001 年	2007 年	2013 年	2001 年	2007 年	2013 年	2001 年	2007 年	2013 年
塑料制品业	12.44	6.96	4.45	0.46	0.22	0.14	2.44	3.33	0.73
非金属矿物制品业	789.13	267.65	37.52	11.76	6.19	0.98	24.55	6.60	0.64
黑色金属冶炼及压延加工业	259.15	109.93	32.57	16.34	7.75	2.18	50.49	9.06	0.95
有色金属冶炼及压延加工业	521.82	86.45	28.67	3.12	0.93	0.34	40.11	3.99	0.66
金属制品业	20.19	10.34	2.43	0.73	0.24	0.04	7.08	5.59	1.04
通用设备制造业	24.15	4.98	0.49	0.82	0.34	0.06	9.90	1.97	0.25
专用设备制造业	22.88	5.38	0.50	0.80	0.32	0.02	11.75	1.92	0.22
交通运输设备制造业	15.74	3.44	0.35	0.55	0.20	0.03	7.29	2.27	0.17
电气机械及器材制造业	11.35	1.17	0.18	0.20	0.06	0.02	4.79	1.01	0.14
通信设备、计算机及其他	3.44	0.94	0.09	0.07	0.03	0.01	3.09	1.55	0.45
仪器仪表及文化、办公用制造	6.39	0.95	0.08	0.23	0.06	0.02	5.48	3.55	0.20
电力、热力的生产和供应业	2879.18	988.52	128.82	46.85	22.15	6.05	42.30	5.23	0.60
燃气生产和供应业	291.01	59.74	3.94	22.59	7.13	0.56	68.72	35.45	0.30
水的生产和供应业	15.43	0.86	0.01	0.54	0.26	0.12	59.88	43.90	0.01

注:数据来源于《中国能源统计年鉴》《中国环境统计年鉴》和《中国工业经济统计年鉴》相关年份,并经作者整理测算所得。

从工业 CO_2 的排放强度大小来看,目前污染排放强度较高的行业有石油和天然气开采业、石油加工、炼焦及核燃料加工业、电力、热力的生产和供应业、非金属矿物制品业以及燃气生产和供应业,这四个行业的 CO_2 排放绝对量占全国的 59.71%—67.42%。通信设备、计算机及其他电子设备制造业、仪器仪表及文化、办公用机械制造业 以及电气机械及器材制造业这类技术含量较高的行业 CO_2 排放强度相对较低。另外,燃气生产和供应业的 CO_2 排放强度下降幅度最大,由 2001 年的 22.59 吨/亿元降至 2013 年的 0.56 吨/亿元,年均降幅为 32.82%。随着能源消费结构的逐步改善,燃气生产和供应业对煤炭消费的依赖程度有所降低,从而明显降低了行业 CO_2 污染。

从工业 COD 的排放强度大小来看,造纸及纸制品业、化学纤维制造业、饮料制造业、农副食品加工业、食品制造业的平均污染排放强度位居前五位。作为"COD 排放俱乐部"头号会员,造纸行业一直承担着巨大的减排压力,其 COD 排放量占整个行业的 35% 左右。近十年来,造纸行业普遍采用了国内外先进、成熟的纸浆造纸技术及装备,淘汰了大批落后工艺技术及设备,从而使得其污染排放强度由 2001 年的 2274.57 吨/亿元降至 2013 年的 41.08 吨/亿元。化学纤维制造业是工业废水的重要排放源之一,该行业有机污染物含量高、悬浮物含量且碱性大。为此,环保部专门针对该行业制定了清洁生产技术要求,这一举措有效降低了其 COD 排放量及排放强度。与之相比,文教体育用品制造业、电气机械及器材制造业、通信设备、计算机及其他电子设备制造业的 COD 排放强度较低,共计占全国的 4.86%—6.72%。

第三节　FDI、产业集聚与策略性减排

立足于行业污染集聚及策略性减排现象,本节利用 2001—2010 年中国制造业 36 个细分行业的面板数据,将反映行业相似性的技术距离矩阵及经济距离矩阵引入空间杜宾模型,实证检验了外商直接投资与产业集聚互动对本行业及相邻行业的环境影响,据此探讨相邻行业间策略性减

排的成因,并为理解"行业间污染差异逐渐扩大,行业内污染差异逐渐缩小"提供了一个更为细致的研究视角。同时,本节综合利用了空间滞后模型和空间误差模型的空间杜宾模型,考察了 FDI 与产业集聚的交互作用对环境污染的影响,并借助直接效应和间接效应分解方法检验行业间污染排放是否存在溢出效应,据此对策略性减排的成因进行科学识别。笔者认为,产业集聚带来的规模扩张和产业关联效应在强化 FDI 减排效应的同时,也通过技术溢出效应诱发了经济属性相似的行业主动采取清洁环境政策的动机。同时,为了强化集聚产业在本行业的领导地位,技术结构相似的行业将主动采取环境标尺竞争来吸引更多的 FDI,最终产生了"减排竞争"和"排污攀比竞争"两种不同的策略性减排行为。

一、理论分析框架

本章节通过构建一个包含产业集聚和污染治理因素在内的一般均衡模型来分析 FDI、产业集聚对污染排放的影响。假设经济增长取决于劳动力、资本投入以及技术进步,厂商的生产函数满足:

$$Q = A \, L^{\alpha} \, K^{\beta} \tag{5-1}$$

其中,Q 表示厂商的产出水平,A 为全要素生产率,L 为劳动力投入,K 为资本投入,劳动、资本的产出弹性均满足 $\alpha \in (0,1)$ 和 $\beta \in (0,1)$。在开放经济条件下,资本投入由非同质的内资 K_d 和外资 K_f 共同组成,并且厂商在生产过程中不可避免地产生一定的污染排放,对污染排放只能加以控制以减少负外部效应,因而环境污染 P 是生产过程中的一种"坏"的投入,此时厂商的生产函数为:

$$Q = A \, L^{\alpha} \, K_f^{\beta_1} \, K_d^{\beta_2} \, P^{r} \tag{5-2}$$

此时 K_f 和 K_d 分别为国外资本投入和国内资本投入,P 为环境污染。β_1、β_2、r 分别为国外投资 K_f、国内投资 K_d 和污染 P 的产出弹性,且 $\beta_1 \in (0,1)$,$\beta_2 \in (0,1)$,$r \in (0,1)$。进一步假设每种产品的生产都具有不变的固定成本,厂商按照迪克西特-斯蒂格利茨模型(D-S 模型)中的垄断竞争方式生产,则代表性厂商的总成本函数为:

$$TC = \omega^{\delta_1} \, \gamma^{\delta_2} \, f^{4 - \delta_1 - \delta_2} (cQ) + F \tag{5-3}$$

　　式中，TC 为总成本，ω 为劳动力的工资水平，γ 为利率，f 为治污成本。δ_1、δ_2、$1-\delta_1-\delta_2$ 分别是劳动力、资本和治污成本在投入成本中所占的比重，F 和 c 分别为厂商总的固定投入和边际投入。根据集聚经济理论，厂商集聚将有利于先进技术外溢，本土企业可以通过学习先进环保技术或引进发达治污设施来降低单位治污成本，即获得集聚的正外部性（细江和内藤，2006）。同时，外资的技术溢出效应可以明显提升当地企业的生产效率，实现资源投入的节约和治污成本的下降（艾斯克兰德和哈里森，2003；王华和金彦宏，2007）。因此，假定厂商的治污成本函数满足：

$$f = h^{\varphi} K_f^{1-\varphi} f_0 \tag{5-4}$$

　　其中，h 为厂商集聚水平，φ 表示厂商集聚对治污成本的影响效应，$(1-\varphi)$ 表示外资对治污成本的影响，f_0 表示初始污染成本。

　　为了弥补治污成本，厂商将按照最终产品价格 P_r 的比率 Φ 征收治污费用，那么单位产品价格可表示为 $P_r(1+\Phi)$，且治污费用越高，Φ 值就越大，产品的价格也就越高。根据新经济地理学的"冰山贸易成本"可知，厂商将产品销往目标市场时会产生一定的运输成本，我们用 τ 表示单位产品的冰山运输成本。在此情况下，如果产品的出厂价为 $P_r(1+\Phi)$，那么该产品的最终交货价格为 $P_r(1+\Phi)(1+\tau)$。

　　消费者对每种产品的消费满足不变替代弹性函数（CES），即：

$$C = \left(\sum_{I=1}^{N} c_i^{\rho} \right)^{\frac{1}{\rho}} \quad \rho \in (0,1) \tag{5-5}$$

　　其中，参数 ρ 表示消费者对产品多样性的偏好程度，ρ 值越小表示消费者对差异化产品的需求更高。令 $\sigma = \dfrac{1}{1-\rho}$，则 σ 表示两种产品之间的替代弹性。σ 越小，产品之间的差异性越大，每个厂商将会具有更强的垄断性，从而促进厂商更为集聚。因而，消费者的需求和厂商集聚水平共同决定市场需求规模。另外，自然环境与居民的消费需求密切相关，这主要表现为人类对环境的保护程度决定了消费对象的可持续提供，环境质量将从消费需要、消费结构、消费水平、消费方式等方面影响消费行为。为此,本章节将环境污染指标引入到消费者需求函数中。

$$D = P^{\theta}\left(h\sum_{i=1}^{n} c_i^{\frac{\sigma-1}{\sigma}}\right)^{\frac{\sigma}{\sigma-1}} \tag{5-6}$$

代表性厂商的利润函数为:

$$\pi = P_r(1+\Phi)(1+\tau)P^{\theta}\left(h\sum_{i=1}^{n} c_i^{\frac{\sigma-1}{\sigma}}\right)^{\frac{\sigma}{\sigma-1}} - \omega^{\delta_1}\gamma^{\delta_2}f^{1-\delta_1-\delta_2}(cQ) - F \tag{5-7}$$

令 $\left(\sum_{i=1}^{n} c_i^{\frac{\sigma-1}{\sigma}}\right)^{\frac{\sigma}{\sigma-1}} = \Theta$ 函数,则均衡条件下最优环境污染值可以通过对上式求导得到,即:

$$\frac{d\pi}{dh} = 0 \tag{5-8}$$

由此可以得到关于环境污染 P 的表达式:

$$P = \zeta_0 h^{\frac{\varphi(\sigma-1)(1-\delta_1-\delta_2)-\sigma}{(\sigma-1)(\theta-\gamma)}} K_f^{\frac{(1-\varphi)(1-\delta_1-\delta_2)+\beta_1}{\theta-\gamma}} K_d^{\frac{\beta_2}{\theta-\gamma}} \omega^{\frac{\delta_1}{\theta-\gamma}} \gamma^{\frac{\delta_2}{\theta-\gamma}} f_0^{\frac{1-\delta_1-\delta_2}{\theta-\gamma}} L^{\frac{\alpha}{\theta-\gamma}} \tag{5-9}$$

其中,ζ_0 是复合参数,且 $\zeta_0 = \left[\dfrac{cA\varphi(\sigma-1)(1-\delta_1-\delta_2)}{\sigma P_r(1+\Phi)(1+\tau)\Theta}\right]^{\frac{1}{\theta-\gamma}}$。由于利率 γ 是由中央银行决定,因而我们可以将各个行业的资本价格水平视为外生给定的常数。根据(5-9)式可知,环境污染 E 主要受 6 个因素的影响,它们分别为:产业集聚水平(h)、外资(K_f)、内资(K_d)、工资水平(ω)、治污成本(f_0)及劳动力投入(L)。

根据已有研究可知,处于核心地位的外资企业可以通过一般参与者与其他外资企业共同形成产业集聚并促进本行业企业的孵化与成长(张宇和蒋殿春,2014),并在规模效应和拥挤效应的作用下对行业污染排放产生显著的影响(马丁和汉斯,2011)。与此同时,产业集聚中的跨国公司可以通过劳动力流动、产业关联、示范以及外溢效应提高本行业的环保技术水平,从而降低行业污染排放(阿尔博诺兹,2009)。因而,为了进一步考察外资引致的产业集群对环境污染的影响,(5-9)式可进一步调整为:

$$P = \zeta_0 h^{\frac{\sigma}{(1-\sigma)(\theta-\gamma)}} K_f^{\frac{(1-2\varphi)(1-\delta_1-\delta_2)+\beta_1}{\theta-\gamma}}$$

$$(h \cdot K_f)^{\frac{\varphi(1-\delta_1-\delta_2)}{\theta-\gamma}} K_d^{\frac{\beta_2}{\theta-\gamma}} \omega^{\frac{\delta_1}{\theta-\gamma}} \gamma^{\frac{\delta_2}{\theta-\gamma}} f_0^{\frac{1-\delta_1-\delta_2}{\theta-\gamma}} L^{\frac{\alpha}{\theta-\gamma}} \qquad (5-10)$$

(5-10)式中，$h \cdot K_f$ 即表示产业集聚与 FDI 的交互项，用来反映两者的交互作用对环境污染的影响。其他变量解释如上。

二、计量模型设定

基于上述理论分析框架和一般均衡模型分析结果，本章节的计量方程对数形式可设置为：

$$\ln P_{it} = \alpha_0 + \alpha_1 \ln h_{it} + \alpha_2 \ln K_{fit} + \alpha_3 \ln K_{dit} + \alpha_4 \ln \omega_{it} + \alpha_5 \ln f_{it} + \alpha_6 \ln$$
$$L_{it} + \mu_i + \theta_t + \varepsilon_{it} \qquad (5-11)$$

式中，i 和 t 分别表示第 i 个行业第 t 年的数据，P 为环境污染水平。μ_i 为行业固定效应，θ_t 为时间固定效应。为了进一步考察外资引致的产业集群对环境污染的影响，根据(5-10)式的理论推导机制，本章节在模型(5-11)的基础上进一步引入外资与产业集聚的交叉项，此时计量模型可调整为：

$$\ln P_{it} = \alpha_0 + \alpha_1 \ln h_{it} + \alpha_2 \ln K_{fit} + \alpha_3 \ln h_{it} \cdot \ln K_{fit} + \alpha_4 \ln K_{dit} + \alpha_5 \ln$$
$$\omega_{it} + \alpha_6 \ln f_{it} + \alpha_7 \ln L_{it} + \mu_i + \theta_t + \varepsilon_{it} \qquad (5-12)$$

资本、技术的跨部门流动以及从业人员的交流与合作使得行业间的排污活动具有明显的集聚性和攀比性，这意味着行业污染之间尤其是相邻行业之间的污染排放并不是相互独立的，而是存在一定的依赖性。为此，有必要将行业间的交互依赖关系纳入空间计量分析框架中。

行业间的交互依赖关系可以通过 Moran 指数来检验。Moran 指数是观测值与它的空间滞后变量的相关系数，其取值范围在-1—1 之间。若各行业观测值呈空间正相关，则 Moran 值在 0—1 之间，否则为负相关，通过 Moran 统计分析确定空间相关性存在后即可建立空间计量模型。根据观测值空间相关性的不同冲击方式，常用的空间计量模型可以划分为空间误差模型(SEM)和空间滞后模型(SLM)两种。

在本章节的研究中，SEM 假设空间相关性来源于邻近行业关于因变量的误差冲击，度量了邻近行业由于被解释变量的误差引起的溢出效应

对本行业观测值的影响,其计量方程为:

$$\ln P_{it} = \alpha_0 + \alpha_1 \ln h_{it} + \alpha_2 \ln K_{fit} + \alpha_3 \ln h_{it} \cdot \ln K_{fit} + \alpha_4 \ln K_{dit} + \alpha_5 \ln \omega_{it} + \alpha_6 \ln f_{it} + \alpha_7 \ln L_{it} + \mu_i + \theta_t + \varepsilon_{it}$$

$$\varepsilon_{it} = \lambda W \varepsilon_j + \theta_i \qquad \varepsilon_i \sim N(0, \sigma_i^2) \tag{5-13}$$

式中,W 是度量行业间生产活动相似度的邻接矩阵;λ 为空间误差系数,衡量了相邻行业关于因变量的误差冲击对本行业观察值的影响程度,该系数大小在一定程度上反映了污染排放的间接攀比程度;ε 则为误差项。

SLM 假设模型中的空间相关性来源于被解释变量,度量了邻近行业的环境质量对本行业污染排放的影响。其计量模型可设定为:

$$\ln P_{it} = \rho W P_{it} + \alpha_1 \ln h_{it} + \alpha_2 \ln K_{fit} + \alpha_3 \ln h_{it} \cdot \ln K_{fit} + \alpha_4 \ln K_{dit} + \alpha_5 \ln \omega_{it} + \alpha_6 \ln f_{it} + \alpha_7 \ln L_{it} + \mu_i + \theta_t + \vartheta_{it} \tag{5-14}$$

式中,ρ 为空间回归系数并反映了邻近行业的环境污染对本行业观测值的影响方向和程度,该系数大小直接反映了行业间污染攀比的程度;ϑ 为服从正态分布的随机误差项向量。

根据 SEM 和 SLM 的设定原则可知,SEM 能够度量因误差项之间的交互作用而产生的间接攀比影响,SLM 可以控制不同行业污染之间的直接攀比影响。由于产业集聚的外部性可能不仅仅局限于行业内,相邻行业也可能受到影响。为此本章节在上述空间计量模型基础上引入空间邻接项,进一步构建了包含解释变量和被解释变量滞后项的空间杜宾模型(SDM),以此捕捉不同来源所产生的外部性和溢出效应。空间杜宾模型的具体形式为:

$$\ln P_{it} = \rho W \ln P_{it} + \alpha_1 \ln h_{it} + \alpha_2 \ln K_{fit} + \alpha_3 \ln h_{it} \cdot \ln K_{fit} + \alpha_4 \ln K_{dit} + \alpha_5 \ln \omega_{it} + \alpha_6 \ln f_{it} + \alpha_7 \ln L_{it} + \beta_1 W \ln h_{it} + \beta_2 W \ln K_{fit} + \beta_3 W (\ln h_{it} \cdot \ln K_{fit}) + \beta_4 W \ln K_{dit} + + \beta_5 W \ln \omega_{it} + \beta_6 W \ln f_{it} + \beta_7 W \ln L_{it} + \mu_i + \theta_t + \vartheta_{it}$$

$$\varepsilon_i = \lambda W \varepsilon_j + \theta_i \qquad \varepsilon_i \sim N(0, \sigma_i^2) \tag{5-15}$$

三、变量选取与估计方法

鉴于 2002 年后部分行业的统计口径发生变化,为保证样本的一致性及统计数据的可得性,其他采矿业、工艺品及其他制造业、废弃资源和废旧材料回收加工业这三个行业不列入考察范围。在采用的基础数据中,SO_2、COD 排放数据及治污成本指标来源于《中国环境统计年鉴》;CO_2 估算中的能源消费数据来源于《中国能源统计年鉴》;产业集群指标的相关统计数据来源于中国工业企业数据库;工资水平指标来源于《中国劳动统计年鉴》;其他未做特别说明的指标均来源于《中国工业经济统计年鉴》中规模以上工业企业的年度统计数据。考虑到 2011 年之后中国工业企业数据库的统计口径是销售额 2000 万元以上,2011 年之前的统计口径是 500 万元以上,两套数据具有不同的取样标准,因而不能直接将两个时间段的数据进行合并研究。最终本章节选取 2001—2010 年全国制造业 36 个细分行业作为样本。相关变量指标选取如下:

环境污染(P)。国内外学者关于环境污染的测度尚无统一的标准,绝大部分学者采用 SO_2、CO_2 等污染物的排放量(如迪恩等,2009;比斯瓦斯,2012)来衡量环境污染水平。本章节采用 SO_2 排放强度作为环境污染的度量指标,并分别选取 CO_2 及 COD 排放强度作为环境污染的替代指标来进行稳健性检验。其中 CO_2 排放数据主要参考 IPCC(2006)提供的化石燃料燃烧的 CO_2 排放测度方法,具体选取原煤、焦炭、原油、汽油、煤油、柴油、燃料油、天然气等 8 种化石燃料。对污染排放强度主要采用单位工业产值的污染排放量衡量。

空间权重(W)。空间计量分析需要构建合适的空间权重。鉴于本章节的统计指标为制造业二位数细分行业数据,无法直接采用地理距离来构建权重矩阵。为此,本章节采用以下两种不同的方式构建空间权重,以准确度量两个行业的"远近"程度(即相似度)。

技术距离权重:采用各产业部门直接消耗系数结构来考察技术相似度对双方环境污染的影响。投入产出表准确地反映了某一行业对其他行业的依赖关系,且如果两个行业中间投入品的技术结构相似,那么这两个行业间也会更容易产生技术溢出。为此,本章节采用各产业部门直接消耗系数的结构来测算行业之间的"远近"程度,即:

$$W_{ij} = \frac{\sum_k \alpha_{ki}\, \alpha_{kj}}{\sqrt{\sum_k \alpha_{ki}^2 \sum_k \alpha_{kj}^2}}$$

其中，α_{ki}、α_{kj} 分别第 i 产业部门与第 j 产业部门直接消耗系数结构列向量的第 k 个位置的元素。由投入产出表每 5 年编制一次，2001—2004 年的直接消耗系数均来自 2002 年投入产出表，2005—2010 年的直接消耗系数均来自 2007 年投入产出表，最终取各产业部门直接消耗系数的结构平均值作为权重元素。在实际应用中，W 矩阵主对角线上的元素取值为 0。

经济距离权重：根据经济活动的同质性原则，按照行业代码的同一性构建经济距离权重。鉴于行业代码可以间接描述两个行业的相似性，行业划分越细，同一大类或行业内部的子行业间的生产活动越相似。为此，本章节根据行业是否属于同一位数行业构建空间权重。即如果行业 i 和行业 j 属于同一个一位数行业，则 $W_{ij}=1$，否则为 0。具体估算过程中，采用每一行业的年平均就业人数作为标准化的权重对矩阵 W 中的元素进行标准化，使其每一行之和为 1。

产业集聚（h）。产业集聚通过产出规模、结构以及效率等渠道作用于环境污染（范霍夫和尼茨坎普，2002；细江和内藤，2006；曾道治和赵来讯，2009）。考虑到企业规模、地区差异对产业集聚的影响，本章节采用 2001—2010 年中国工业企业数据库提供的微观企业统计数据，分别采用行业代码转换表和地区代码转换表对企业所在地理位置、企业所属国民经济行业分类以及企业从业人员数量 3 个信息进行匹配，并从县级、地市级两个层面构建 EG 指数，以此测度二位数制造业产业集聚水平。利用行业代码转化表进行转化后，最终得到 36 个两位数制造业细分行业；利用地区代码转换表进行转换后，最终得到 2816 个县、325 个地市级的统计数据。

外资（K_f）。本章节选取各行业实收资本中三资企业（含港澳台资本）的资本总额（即外商直接投资）来衡量。

内资（K_d）。本章节采用实收资本总额与三资企业资本的差值来衡量。

工资水平（ω）。工资性收入是我国居民最主要的收入来源，且随着收入水平的不断提高，人们对环境质量的要求越来越高。本章节采用城镇单位就业人员平均工资来衡量。

治污成本（f）。环境污染治理成本将深刻影响企业的减排动力和减排能力。较高的治污成本可以诱使企业进行技术创新并采用清洁型生产技术。本章节采用工业废气治理设施本年运行费用来衡量治污成本并进行价格指数平减修正。在以 COD 为被解释变量的稳健性检验中，治污成本采用工业废水治理设施本年运行费用衡量。

劳动力投入（L）。根据雷布津斯基定理可知，劳动力要素的增加将导致劳动密集型产业的扩张，由此引致的结构效应将减少污染排放。本章节采用行业年末从业人员数来衡量。

以上所有涉及价值形态的数据均按 1990 年的同比价格进行换算，数据的统计性描述见表 5-3。

表 5-3　样本数据变量的统计描述

变量	单位	均值	标准偏差	最小值	最大值
$\ln SO_2$	吨/亿元	3.30	1.78	−1.22	7.97
$\ln CO_2$	吨/亿元	−1.71	1.68	−3.46	3.86
$\ln COD$	吨/亿元	2.67	1.62	−3.21	7.73
$\ln h\_county$	1	−5.78	1.14	−12.20	−2.57
$\ln h\_city$	1	−4.93	0.96	−8.44	−1.95
$\ln Kf$	亿元	4.52	1.75	−1.17	7.72
$\ln h\_county \times \ln Kf$	亿元	−26.02	10.92	−46.23	6.09
$\ln h\_city \times \ln Kf$	亿元	−22.15	9.44	−39.56	5.29
$\ln Kd$	亿元	5.86	1.06	2.58	8.57
$\ln w$	元	8.99	0.41	8.12	10.41
$\ln f$	万元	9.04	1.91	3.94	14.47
$\ln L$	万人	4.75	1.08	0.34	6.65

在计量模型估计之前,首先根据 Lmlag、Lmerr、Robust-Lmlag 和 Robust-Lmerr 检验判断 SEM 或 SLM 为合适的计量模型。如果 LM 统计检验结果支持 SLM 或 SEM 模型,或者两者同时成立,则需设定更加广义的 SDM 模型,并据此寻求空间面板模型的具体形式(埃尔霍斯特,2010)。由于 SEM、SLM、SDM 都是从全域计算空间相关性,因而模型中变量可能存在内生性问题,并且经济行为的共同冲击将会导致模型中的扰动项具有较强的空间相关性,为此本章节参考埃尔霍斯特(2010)的研究,采用极大似然法(MLE)估计模型中的相关参数。

四、基于工业行业总体样本的空间计量估计

首先采用传统面板模型对 FDI、产业集群与环境污染之间的关系进行估计和残差检验,据此判断空间计量模型是否优于 OLS 估计。表 5-4 列出了传统面板模型参数估计值、空间自相关性 Moran、LM 检验以及 Wald 和 LR 检验的相关统计结果。在模型(1)—(4)中,产业集聚的估计系数均未通过 10% 的显著性检验。在没有考虑 FDI 与产业集聚的交互影响前,FDI 的估计系数显著为负,表明 FDI 具有明显的减排作用。加入交叉项后,变量 FDI 的估计系数值及相应的 t 统计值明显下降,交叉项的估计系数为负。空间自相关 Moran 检验值为正且通过了 1% 的显著性水平检验,说明对环境污染的影响因素分析中需引入空间相关性来反映行业之间的交互作用。Hausman 检验结果显示固定效应优于随机效应的选择,而且通常情况下,当回归分析局限于一些特定的个体时,固定效应模型是更好的选择(巴尔特格和埃格,2007)。为此,本章节设定了时间固定效应、截面固定效应及双向固定效应三种不同的空间计量模型,并发现时空双向固定的空间模型 R^2 值及 Log Likelihoood 明显大于其他模型相应的统计值,且 LR 统计结果显示截面固定效应和时间固定效应确实是存在的。进一步观察空间自相关 LM 检验以及空间杜宾模型简化为空间滞后模型(或空间误差模型)的 Wald 及 LR 检验。可以看出,双向固定效应模型的 LM 检验及 Robust-LM 检验大多通过了 1% 的显著性水平检验,且 Wald(SLM)和 LR(SLM)的统计量均通过了 1% 的显著性水平检验,从而

拒绝将模型设置为空间滞后形式的原假设。而 Wald(SEM)和 LR(SEM)同样通过 1% 的显著性水平检验,拒绝将模型设置为空间误差模型的原假设,根据埃尔霍斯特(2010)提出的空间模型判别准则可知,双向固定效应的空间杜宾模型(SDM)为最优选择。

表 5-4　传统面板模型估计结果及空间自相关检验

变量	被解释变量:$lnSO_2$			
	(1)	(2)	(3)	(4)
lnh_county	0.03 (1.26)	−0.02 (−0.38)		
lnh_city			0.02 (0.66)	−0.09 (−1.23)
$lnKf$	−0.30*** (−5.05)	−0.20** (−2.02)	−0.30*** (−5.01)	−0.15 (−1.43)
$lnh\_county \times lnKf$		−0.01 (−1.07)		
$lnh\_city \times lnKf$				−0.03* (−1.79)
$lnKd$	−0.23* (−1.94)	−0.24** (−1.97)	−0.27** (−2.24)	−0.30** (−2.52)
lnw	−1.11*** (−7.35)	−1.10*** (−7.34)	−1.08*** (−7.26)	−1.05*** (−7.05)
lnf	0.06** (2.35)	0.05** (2.14)	0.06** (2.43)	0.06** (2.33)
lnL	−0.37*** (−5.47)	−0.37*** (−5.53)	−0.36*** (−5.37)	−0.36*** (−5.42)
$constant$	17.39*** (19.21)	17.10*** (18.25)	17.17*** (19.04)	16.55*** (17.22)
R^2	0.77	0.77	0.77	0.77
Hausman	418.71***	616.54***	387.14***	363.66***
Moran	0.53***	0.54***	0.52***	0.53***
LM−err	104.07***	120.83***	113.01***	112.46***
Robust LM−err	26.69***	90.21***	81.19***	84.85***
LM−lag	77.46***	43.93***	43.70***	40.80***

续表

变量	被解释变量：lnSO$_2$			
	（1）	（2）	（3）	（4）
Robust LM-lag	0.07	13.31***	11.88***	13.19***
Wald(SEM)	46.97***	45.72***	39.88***	42.13***
Wald(SLM)	84.89***	80.63***	65.68***	70.53***
LR(SEM)	79.57**	80.62***	68.72***	78.75***
LR(SLM)	70.15***	67.71***	39.88***	62.96***
observations	360	360	360	360

注：表中括号内的数值表示相应估计系数的 t 统计值，***、**、* 分别表示在 1%、5%、10% 的显著性水平。

　　表5-5列出了技术距离权重下的双向固定空间杜宾检验结果。在模型（1）和模型（3）的解释变量中引入产业集聚（lnh）这一指标并使用 SDM 估计后，该变量的系数估计值分别为-0.45 和-0.43，且均具有较高的显著性水平，说明产业集聚是影响环境污染的重要因素之一。在模型（1）和模型（3）中进一步引入产业集聚的平方项，以检验产业集聚与环境污染之间是否存在非线性关系。结果显示产业集聚（lnh）及其平方项的估计值虽然为正，但无法通过 10% 的显著性水平检验。造成这一结果的可能原因是当前行业集聚水平仍然处于较低水平，产业集聚对环境的正面影响抵消了高集聚行业的负面影响。在上述实证基础上，引入 FDI 与产业集聚的交叉项后发现其估计系数显著为负，但产业集聚平方项的估计系数仍未通过 10% 的显著性水平检验。因而最终的估计方程为模型（2）和模型（4）。

表5-5　策略性减排的空间杜宾检验结果

变量	被解释变量：lnSO$_2$			
	（1）	（2）	（3）	（4）
lnh_county	-0.45*** (-4.66)	0.43*** (2.91)		

续表

变量	被解释变量:lnSO₂			
	（1）	（2）	（3）	（4）
ln*h_city*			−0.43 *** （−3.31）	1.11 *** （3.17）
ln*Kf*	−0.42 *** （−5.82）	−1.64 *** （−5.34）	−0.53 *** （−6.72）	−2.10 *** （−6.00）
ln*h_county* × ln*Kf*		−0.19 *** （−4.10）		
ln*h_city* × ln*Kf*				−0.31 *** （−4.61）
ln*Kd*	1.36 *** （6.00）	1.25 *** （5.51）	1.42 *** （5.77）	1.28 *** （5.15）
ln*w*	−1.50 *** （−3.08）	−1.18 ** （−2.43）	−1.52 *** （−2.87）	−0.81 * （−1.67）
ln*f*	0.56 *** （10.24）	0.58 *** （10.66）	0.55 *** （9.01）	0.55 *** （9.40）
ln*L*	−1.20 *** （−6.87）	−0.92 *** （−4.91）	−1.05 *** （−5.54）	−0.80 *** （−4.04）
*W*ln*h_county*	0.15 （0.83）	−0.73 * （−1.78）		
*W*ln*h_city*			0.12 （0.44）	−1.93 *** （−3.27）
*W*ln*Kf*	−0.12 （−0.63）	−1.15 * （−1.71）	−0.07 （−0.32）	−2.37 *** （−3.29）
W(ln*h_county* × ln*Kf*)		−0.16 * （−1.65）		
W(ln*h_city* × ln*Kf*)				−0.40 *** （−3.11）
*W*ln*Kd*	−0.93 *** （−2.40）	−0.94 ** （−2.34）	−0.76 * （−1.80）	−0.69 * （−1.70）
*W*ln*w*	−2.72 ** （−2.20）	−2.27 * （−1.84）	−3.52 *** （−2.58）	−3.50 ** （−2.43）
*W*ln*f*	−0.04 （−0.35）	−0.06 （−0.46）	0.07 （0.47）	0.05 （0.36）

续表

变量	被解释变量：lnSO$_2$			
	（1）	（2）	（3）	（4）
$W\ln L$	-1.00^{***} (-2.76)	-0.60 (-1.56)	-0.45 (-1.18)	0.09 (0.21)
ρ	-0.06 (-0.53)	-0.11 (-0.93)	-0.22 (-1.65)	-0.24^{*} (-1.78)
R^2	0.76	0.76	0.70	0.72
observations	360	360	360	360

注：①模型（1）—（4）均采用技术距离权重进行计量回归；②模型（1）—（2）的产业集聚指数基于县级层面的统计指标计算，模型（3）—（4）的产业集聚指数基于地市级层面的统计指标计算；③表中括号内的数值表示相应估计系数的 t 统计值，***、**、* 分别表示在 1%、5%、10% 的显著性水平。

　　双向固定效应下的空间杜宾模型估计结果显示，在技术距离权重下，空间滞后系数 ρ 为负值，但仅仅在地市级层面的产业集聚模型中通过了 10% 的显著性水平检验，而 $\ln f$、$\ln h$ 等空间滞后项的估计系数则显著为负。这一结果说明，尽管行业间没有出现明显的直接减排竞争，但是邻近行业的经济活动对行业污染具有明显的溢出效应，进而引起行业间的策略性减排竞争。

　　在不考虑 FDI 与产业集聚的交互影响时，FDI 会显著降低各行业的污染排放，同时产业集聚对环境污染的影响显著为负。在对 FDI 和产业集聚的交互影响加以控制后，FDI 对环境污染的影响依然显著为负，产业集聚的估计系数却由负值变为正值。这一估计结果表明产业集聚与 FDI 交叉项的加入确实发挥了作用，但其对环境污染的影响程度需要进一步计算。为了计算加入交叉项后 FDI 对环境污染的综合影响，本章节采用交互项中变量的偏效应有效性检验方法，并以表 5-5 中模型（2）和模型（4）的估计结果为基准回归系数重新检验偏效应。具体来说，在保持模型（14）中其他变量不变的前提下，行业内 FDI 对环境污染的偏效应为：

$$\partial\ln P / \partial\ln K_f = \alpha_2 + \alpha_3\ln h \qquad (5-16)$$

　　将表 5-5 中模型（2）的估计结果及产业集聚 $\ln h$ 的实际平均值

-5.78 代入方程(5-15),可得到 FDI 对环境污染的偏效应估计值-0.54。为了检验该偏效应估计值的显著性,进一步用 $[\ln h - (-0.58)] \times \ln K_f$ 代替模型(5-15)中的交互项重新回归,结果发现 FDI 偏效应估计值(-0.54)对应的 t 统计值为-6.94,其他变量的估计值及相应的 t 统计值均未发生变化。同理,根据模型(4)的估计结果计算可知,基于地市级层面的产业集聚回归模型中,FDI 对环境污染的偏效应估计值-0.57,相应的 t 统计值为-7.56,即通过 1% 的显著性水平检验。由此可知,FDI 的引入明显降低了行业的环境污染水平,产业集聚加强了 FDI 的减排作用。可能的解释是产业集聚促进了本土企业与跨国公司之间的信息与技术交流,进而通过人员流动、示范效应增强内资企业对外资环保技术的吸收能力,从而降低该行业的污染水平。

内资($\ln K_d$)、治污成本($\ln f$)对环境具有明显的负面影响,估计结果显示国内资本投入、治污成本的估计系数均在 1% 的显著性水平上为正。可能的解释是当前我国的环保处罚力度远远低于环境污染治理成本,导致许多内资企业宁愿选择污染惩罚而不愿采取环保措施,且随着内资企业经济规模的不断扩大,污染减排成效不明显。同时,排污费的征收也会因为引起企业生产成本上升导致其产量下降,因而在促进减排时要考虑更多的政策手段。工资水平($\ln \omega$)对环境污染的影响同样非常显著,并且工资水平越高,污染排放越低,意味着人均可支配收入的提高明显提高了居民的环保意识进而降低了环境污染。劳动力投入($\ln L$)对环境污染的影响为负且通过了 1% 的显著性水平检验,表明劳动力的投入显著降低了环境污染。丰富的劳动力尤其是高素质的人力资本投入可以提高东道国对清洁型技术的吸收能力和扩散能力,从而减少环境污染。

进一步分析空间滞后变量的估计系数及显著性水平,考察邻近行业的经济活动引起的策略性减排效应。表 5-4 的实证结果显示外资($\ln K_f$)、产业集聚($\ln h$)、内资($\ln K_d$)、工资水平($\ln \omega$)等变量的空间滞后项显著为负,结合空间杜宾模型中各解释变量的间接效应分解分析结果(见表 5-6)可知,上述经济变量存在显著的行业间溢出效应。具体表现为:

$W\ln K_f$ 的系数显著为负,意味着邻近行业 FDI 的流入将显著降低本行业的污染水平,究其原因可能源于以下两点:一是技术结构的相似性加大了行业间员工流动频率,经过培训的外资员工流动将加大环保技术的外溢效应;二是行业内的竞争加剧可能促使 FDI 通过与其他企业建立前向或后向联系,从而加大了垂直型技术溢出效应,且内外资企业间的技术结构越相似,两者建立经济联系的难度越小。

邻近行业的产业集聚($W\ln h$)对环境污染的影响则显著为负,表明产业集群水平的提高对相邻行业的环境质量有改善作用。产业集聚水平的提高可以通过知识和信息外溢、共享基础设施和要素资源以及拓展前后向联系等渠道来促进行业间技术外溢,从而降低相邻行业的污染排放水平。同时,交叉项的空间滞后因子 $W(\ln h \times \ln K_f)$ 的估计系数为负且通过 1% 的显著性水平检验,进一步验证了 FDI 与产业集聚的交互影响存在显著的溢出效应,且这种溢出效应体现在不同的行业之间。

邻近行业的内资投入($W\ln K_d$)也显著降低了本行业的污染排放。随着内资规模的不断扩大与积累,资本深化对劳动生产率的提升作用逐渐凸显,资本的环境溢出效应也将日益明显。$W\ln\omega$ 的估计系数在 10% 的显著性水平检验下为负,表明邻近行业收入的外溢效应可能会影响到本行业的环境质量。收入的增长使得居民对环境质量有了较高的要求,这也为相邻行业的环保工作起到良好的示范效应。治污成本、劳动力投入在行业间的溢出效应并不明显,结合表 5-4 的估计结果可知 $W\ln f$ 的估计系数并未通过 10% 的显著性水平检验,这一现象与地方政府对环境保护的供给较低及污染治理积极性不高密切相关。$W\ln L$ 对环境污染的影响同样并不显著,可能的解释是目前我国劳动力市场存在多重的二元结构,行业之间的劳动力竞争并不充分。

由于空间杜宾模型中同时包含了自变量和因变量的空间滞后项,这就使得溢出效应的显著性检验较为复杂。为此,莱萨基和佩斯(2009)提出采用偏微分方法对空间杜宾模型的回归系数进行合理解释,并据此测算出由于空间依赖而产生的直接效应和间接效应。其中直接效应捕捉了解释变量对本行业被解释变量的影响,间接效应则可以解读为行业间的溢出效应。表5-6给出了空间杜宾模型的直接效应、间接效应和总效应分解结果。可以发现,各解释变量的直接效应的估计系数与表5-4空间杜宾模型估计系数的方向相同,估计系数大小和显著性水平也非常接近,且诸多经济活动确实存在显著的溢出效应。

根据表5-6的估计结果可知,FDI对环境污染的直接效应、间接效应及总效应均为负值且通过了10%的显著性水平检验。从分解结果(1)—(3)可以看出,直接效应的回归系数为-1.55,间接效应的回归系数为-0.73,总效应的回归系数为-2.28,这表明外商直接投资每增加1%,将导致污染排放降低2.28%。其中本行业的FDI减排效应为1.55%,而邻近行业的FDI减排效应为0.73%,因而FDI明显推动了行业间的减排竞争。这一估计结果进一步表明FDI可以通过示范与模仿效应、竞争效应和从业人员流动等途径降低相邻行业的环境污染。

对产业集聚的考察结果表明,产业集聚$\ln h$的直接效应显著为正,溢出效应显著为负,表明产业集聚对环境污染的影响具有"双刃剑"特征,即产业集聚对本行业的环境有显著的负面影响,而其溢出效应可以有效降低邻近行业的污染水平。对比直接效应与间接效应的估计系数可以发现,产业集聚的溢出效应明显大于直接的规模效应,因而产业集聚对环境污染的正外部性超过负外部性。根据不同层面的产业集聚回归系数可知,市级层面的产业集聚直接效应和间接效应的回归系数、显著性水平均明显高于县级层面,表明产业集群在城市范围内的溢出效应更为明显。这可能是由于相比县域而言,城市的基础设施和配套设施更为完善,更容易形成多样化的产业集聚并有利于集聚效应和溢出效应的发挥。对交叉项的考察结果则显示$\ln h \times \ln K_f$的直接效应及间接效应的估计系数均显著为负,反映出FDI与产业集聚的交互作用不仅仅局限于本行业,还通过溢出效应显著降低了相邻行业的环境污染。

对比国内资本($\ln K_d$)和外商直接投资($\ln K_f$)的回归结果可知,内资对环境造成了直接的负面影响,且其环境溢出效应明显低于国外投资。以表5-6中的列(5)的估计结果为例,邻近行业的内资每增加1%,将导致SO_2排放强度降低0.51%,这一估计系数比FDI低了0.93%,进一步说明了外资相较于内资具有清洁技术优势。上述分解结果也证实了资本外溢效应中内资与外资异质性的存在,从而为有针对性地制定引资政策提供依据。内资的环境效应分解结果同时显示,内资对环境污染的溢出效应很大程度上抵消了其直接效应,从而使得内资对环境污染的总效应估计值远远小于其直接效应。

治污成本 $\ln f$ 的直接效应显著为正,溢出效应未通过显著性检验,表明环境污染受本行业治污成本的正向影响较强,受相邻行业治污投入的影响并不显著。而劳动力投入 $\ln L$ 虽然在总体上明显降低了行业的环境污染,但行业间的溢出效应估计系数并不显著,因而有待于进一步调整劳动力结构,充分发挥劳动力的空间溢出效应。

基于以上分析可知,从 FDI 的减排效应来看,FDI 的引入明显降低了行业污染排放强度,产业集聚进一步强化了 FDI 的减排溢出效应,溢出范围则体现在"行业内""行业间"两个不同维度。因此,FDI 与产业集聚的交互影响不仅显著降低了整体行业的污染水平,而且带动了邻近行业间的策略性减排竞争。另外,众多经济活动对环境污染有着错综复杂的直接和间接影响,并推动了行业间的策略性减排竞争。因而面对经济发展与环境保护的冲突与矛盾,如何在维系经济的可持续发展并实现增长与环境相协调,成为决定当前中国经济转型的最大动力。

表5-6　双向固定效应空间杜宾模型直接效应、间接效应和总效应分解

	直接效应 (1)	间接效应 (2)	总效应 (3)	直接效应 (4)	间接效应 (5)	总效应 (6)
$\ln h\_county$	0.40* (1.85)	−0.42* (−1.73)	−0.02 (−0.21)			
$\ln h\_city$				1.01*** (3.14)	−1.10*** (−3.24)	−0.09 (−0.83)
$\ln Kf$	−1.55*** (−5.33)	−0.73* (−1.86)	−2.28*** (−4.07)	−1.93*** (−6.10)	−1.44*** (−5.38)	−3.37*** (−2.86)
$\ln h\_county$ ×$\ln Kf$	−0.18*** (−4.10)	−0.10* (−1.74)	−0.28** (−2.47)			

续表

	直接效应 （1）	间接效应 （2）	总效应 （3）	直接效应 （4）	间接效应 （5）	总效应 （6）
$\ln h\_city \times$ $\ln Kf$				-0.28*** （-4.68）	-0.24*** （-3.30）	-0.52 （-1.39）
$\ln Kd$	1.21*** （5.57）	-0.61*** （-2.56）	0.60*** （4.94）	1.19*** （5.17）	-0.51** （-1.94）	0.69*** （5.63）
$\ln w$	-1.14** （-2.34）	-1.22* （-1.73）	-2.36*** （-5.90）	-0.81* （-1.71）	-1.71* （-2.23）	-2.52*** （-6.21）
$\ln f$	0.57*** （9.30）	-0.07 （-1.05）	0.49*** （10.89）	0.51*** （8.28）	-0.03 （-0.51）	0.48*** （10.74）
$\ln L$	-0.90*** （-4.91）	0.41 （1.80）	-0.49*** （-4.59）	-0.75*** （-4.00）	0.15 （0.65）	-0.60*** （-6.06）

注:模型（1）—（3）的产业集聚指数采用县级层面的统计指标计算,模型（4）—（6）的产业集聚指数采用地市级层面的统计指标计算。

　　为保证检验结果的稳健可靠,本章节从以下两个方面进行稳健性检验:一是采用经济距离权重计算空间滞后项,并以 SO_2 作为被解释变量进行计量回归,以此对比分析不同权重设计对估计结果的影响差异;二是分别采用技术距离权重、经济距离权重计算空间滞后项,并分别以 CO_2、COD 作为环境污染的衡量指标进行空间计量回归（估计结果见表5-7和表5-8）。表5-7和表5-8的估计结果显示,各个变量的回归系数与表5-5模型中相应变量的系数符号保持一致,模型的回归结果与表5-5结论基本一致。比较两种权重的估计结果,可以发现 FDI、产业集聚以及交叉项的空间滞后变量在技术距离权重中的估计结果更为显著,这与行业权重构建密切相关。以直接消耗系数为基础的空间权重更倾向于反映行业间技术结构的相似度,而以行业属性为基础的经济距离权重更倾向于反映行业的属性相似度。在这种情况下,溢出效应更容易发生在技术结构相似的行业间。

表 5-7　基于技术距离权重的空间杜宾稳健性检验结果

变量	CO$_2$		COD	
	（1）	（2）	（3）	（4）
lnh_county	0.09 （0.46）		0.59 ** （2.06）	
lnh_city		0.78 *** （2.61）		2.74 *** （7.10）
lnKf	−0.95 *** （−3.42）	−1.49 *** （−4.99）	−1.42 *** （−3.61）	−3.23 *** （−8.33）
lnh_county × lnKf	−0.07 （−1.60）		−0.15 ** （−2.54）	
lnh_city × lnKf		−0.17 *** （−2.98）		−0.55 *** （−7.46）
lnKd	1.25 *** （6.11）	1.41 *** （6.60）	1.83 *** （6.26）	1.28 *** （4.81）
ln$w$	−1.40 *** （−3.11）	−1.42 *** （−2.92）	−3.86 *** （−6.18）	−2.31 *** （−3.85）
ln$f$	0.43 *** （8.76）	0.39 *** （7.68）	0.08 （1.13）	0.13 ** （2.01）
ln$L$	−0.22 （−1.29）	−0.12 （−0.69）	−1.27 *** （−5.27）	−0.66 *** （−3.12）
lnW$ln h\_county$	−0.08 （−0.22）		−1.35 *** （−2.57）	
W$ln h\_city$		−1.26 ** （−2.51）		−5.09 *** （−7.64）
W$ln Kf$	−0.14 （−0.22）	−0.90 * （−1.74）	−1.90 ** （−2.21）	−6.37 *** （−7.83）
W（lnh_county × lnKf)	−0.10 （−1.13）		−0.18 （−1.41）	
W（lnh_city × lnKf)		0.01 （0.13）		−1.05 *** （−7.29）
W$ln Kd$	−1.32 *** （−3.61）	−1.67 *** （−4.23）	−1.89 *** （−3.68）	−0.53 （−1.07）
W$ln w$	−4.57 *** （−4.14）	−4.47 *** （−3.74）	−3.11 ** （−2.04）	−0.29 （−0.19）
W$ln f$	−0.13 （−1.19）	0.03 （0.30）	−0.08 （−0.60）	−0.15 （−1.13）

续表

变量	CO$_2$		COD	
	（1）	（2）	（3）	（4）
$W\ln L$	−0.38 （−1.08）	−0.74** （−2.07）	−1.42*** （−2.89）	−0.07 （−0.15）
ρ	0.15* （1.83）	0.07 （0.85）	0.04 （0.33）	0.20** （1.99）
R^2	0.78	0.77	0.53	0.62
Obs	360	360	360	360

注：①模型（1）—（2）的被解释变量为 CO$_2$，模型（3）—（4）的被解释变量为 COD；②表中括号内的数值表示相应估计系数的 t 统计值，***、**、* 分别表示在 1%、5%、10% 的显著性水平；③这里只报告了 R^2 统计结果，Moran、LM、Robust-LM 检验以及 Wald 和 LR 检验结果省略，以下相同。

空间滞后系数 ρ 的估计值在经济距离权重模型中显著为负，而在技术距离权重模型中为正值且在模型（1）和模型（4）中通过了 10% 的显著性水平检验，这表明经济属性越近的行业间可能存在减排竞争效应，即某一行业较高的环境污染可能会导致相邻行业较低的污染排放，而在技术结构相似的行业间却体现出一定程度的"攀比竞争效应"，即本行业较高的污染排放意味着相邻行业的污染排放也可能更高。显然，技术结构邻近与行业属性邻近显示了两种不同的策略性减排竞争。可能的解释是具有较强关联的行业之间不仅可以模仿对方的减排技术，而且当某一行业释放出消极的环境政策后，与之关联的行业也可能会主动调整环境策略以降低环境管理成本。因此，污染攀比在具有较高技术相似度的行业之间更容易发生。与之相比，随着劳动力在行业之间流动更加频繁，原有的攀比机制可能被弱化甚至被新的减排竞争机制所替代。

表 5-8　基于经济距离权重的空间杜宾稳健性检验结果

变量	SO$_2$		CO$_2$		COD	
	（1）	（2）	（3）	（4）	（5）	（6）
$\ln h\_county$	0.21** （2.17）		0.02 （0.15）		−0.02 （−0.16）	

续表

变量	SO_2		CO_2		COD	
	(1)	(2)	(3)	(4)	(5)	(6)
$\ln h\_city$		0.17 (1.44)		0.19* (1.67)		0.01 (0.09)
$\ln Kf$	-0.90*** (-6.36)	-0.74*** (-4.99)	-0.50*** (-3.10)	-0.68*** (-4.07)	-0.43** (-2.14)	-0.25* (-1.82)
$\ln h\_county$ × $\ln Kf$	-0.10*** (-4.48)		-0.06** (-2.38)		-0.05* (-1.66)	
$\ln h\_city$ × $\ln Kf$		-0.08*** (-3.12)		-0.09*** (-3.31)		-0.01 (-0.36)
$\ln Kd$	0.54*** (4.54)	0.60*** (5.13)	0.67*** (4.93)	0.72*** (5.47)	0.74*** (4.35)	0.94*** (5.66)
$\ln w$	-2.36*** (-9.22)	-2.50*** (-9.48)	-1.20*** (-4.10)	-1.27*** (-4.30)	-3.17*** (-8.60)	-3.53*** (-9.40)
$\ln f$	0.57*** (14.64)	0.57*** (14.10)	0.42*** (9.50)	0.41*** (9.10)	0.21*** (3.86)	0.20*** (3.50)
$\ln L$	-0.52*** (-6.72)	-0.56*** (-6.85)	-0.43*** (-4.76)	-0.39*** (-4.25)	-0.72*** (-6.43)	-0.78*** (-6.68)
$W\ln h\_county$	-0.78*** (-3.07)		-0.20 (-0.70)		-0.29 (-0.79)	
$W\ln h\_city$		-0.75** (-2.12)		0.13 (0.33)		-0.20 (-0.41)
$W\ln Kf$	-1.04** (-2.13)	-0.52 (-0.78)	0.23 (0.40)	-0.89* (-1.84)	0.32 (0.16)	0.02 (0.03)
$W(\ln h\_county × \ln Kf)$	-0.21** (-2.47)		-0.09 (-0.97)		-0.08 (-0.65)	
$W(\ln h\_city × \ln Kf)$		-0.14 (-1.03)		-0.12 (-0.81)		0.02 (0.10)
$W\ln Kd$	0.20 (0.36)	-0.05 (-0.08)	-2.28*** (-3.47)	1.98*** (2.99)	0.78 (0.96)	1.01 (1.21)
$W\ln w$	-2.32 (-1.54)	-2.78* (-1.79)	-3.85** (-2.21)	-3.55** (-2.04)	-0.24 (-0.11)	-0.12 (-0.15)
$W\ln f$	-0.39*** (-2.94)	-0.38*** (-2.69)	-0.21 (-1.41)	-0.22 (-1.38)	0.40** (2.42)	0.37** (2.10)

续表

变量	SO$_2$		CO$_2$		COD	
	（1）	（2）	（3）	（4）	（5）	（6）
$W\ln L$	-0.26 （-0.60）	-0.01 （-0.03）	-1.75*** （-3.40）	-1.22** （-2.16）	-0.85 （-1.35）	-0.80 （-1.14）
ρ	-0.24** （-2.11）	-0.24** （-2.08）	-0.24** （-1.99）	-0.24** （-1.99）	-0.24* （-1.87）	-0.24* （-1.86）
R^2	0.79	0.78	0.69	0.69	0.48	0.46
Obs	360	360	360	360	360	360

注：①模型（1）—（2）的被解释变量为 SO$_2$，模型（3）—（4）的被解释变量为 CO$_2$，模型（5）—（6）的被解释变量为 COD；②表中括号内的数值表示相应估计系数的 t 统计值，***、**、* 分别表示在 1%、5%、10%的显著性水平。

五、基于工业行业细分样本的空间计量估计

已有文献表明，行业要素密集度与环境污染程度密切相关。究其原因是资本相对丰裕的发达国家在资本密集型产品生产上具有比较优势，但该生产活动往往将造成更多的资源消耗和污染，因此要素禀赋效应将加速资本丰裕国的环境恶化（科尔和埃里奥特，2005）。为此，本章节将按照行业属性对样本进行细分，据此研究和比较细分样本下 FDI、产业集聚对策略性减排的影响。

（一）按照要素密集程度划分

本章节按照要素密集程度将行业划分为资源密集型、资本密集型行业、劳动密集型行业和技术密集型行业，据此研究和比较细分样本下 FDI、产业集聚对策略性减排的影响。空间自相关 LM 检验以及空间杜宾模型简化为空间滞后模型（或空间误差模型）的 Wald 及 LR 检验结果均表明样本拒绝空间杜宾模型可以简化的假设，双向固定效应的空间杜宾模型（SDM）同样为最优选择，不同样本的估计结果见表 5-9。

表 5-9 的估计结果显示，两种权重下的空间滞后系数 ρ 为负值，且均通过了 10%的显著性水平检验，说明行业间污染排放总体上呈现出一定的竞争关系。比较不同行业间的 ρ 值大小，可以发现基于资本密集型行

业的样本估计值略高于其他行业,说明资本密集型行业内部的直接减排竞争效应较强。

不同行业内 FDI 与产业集聚的交互作用对环境污染的影响同样存在显著的差异。加入交叉项后,FDI 的估计系数在劳动密集型和技术密集型样本中显著为负,而在资源密集型样本中显著为正。与此同时,产业集聚的估计系数有正有负,且在 3 个模型中未通过 10% 的显著性水平检验。根据 FDI 与产业集聚交叉项的回归系数,通过计算可得技术距离权重下 FDI 对环境污染的偏效应估计值分别为 -0.05、-0.31、-0.25、-0.23、-0.13,对应的 p 值基本通过 10% 的显著性水平检验。同理可得,经济距离权重下 FDI 在四类行业中的偏效应估计值分别为 -0.07、-0.26、-0.23、-0.05,对应的 p 值均通过 10% 的显著性水平检验。由此可知,FDI 流入显著降低了行业内污染排放强度,产业集聚加强了 FDI 的减排作用,且劳动密集型内 FDI 的减排效应明显高于其他行业。可能的解释是:当前我国劳动密集型行业的产业集聚水平明显高于技术密集型行业,更容易得到产业发展的正外部性效应。而资本密集型和资源密集型行业的高度集中将会导致行业内部不恰当地利用要素禀赋优势来过度发展资本密集型或污染密集型产业,并导致其在全球价值链分工体系被锁定于生产资本密集型产品或污染密集型产业,从而加大行业减排压力。

表 5-9 的估计结果同样显示邻近行业的外资引入对不同行业的污染排放强度影响存在明显的差异。总体来讲,FDI 在技术距离权重下的溢出效应明显高于经济距离权重,进一步证实了溢出效应更容易发生在技术结构相似的行业间。不同行业间 $W\ln K_f$ 的估计结果显示 FDI 在技术密集型行业和劳动密集型行业的溢出效应更为明显。以技术距离权重的估计结果为例,结合细分行业策略性减排效应分解结果可知,技术密集型和劳动密集型行业 FDI 的间接溢出效应回归系数分别为 -7.22 和 -3.42,两者均通过了 1% 的显著性水平检验。而资本密集型和资源密集型行业 FDI 的间接溢出效应回归系数分别为 -0.89 和 -0.09,前者在 5% 的显著性水平下显著,后者则未通过显著性检验。这一估计结果说明,FDI 的溢出效应存在显著的行业差异,且 FDI 在技术密集型和劳动密集型行业间

的溢出效应明显高于资本密集型行业。这主要是由于技术密集型行业在生产过程中对先进技术的依赖程度远远超过对其他生产要素依赖的行业,其对绿色技术溢出的敏感程度相对较高;劳动密集型行业的技术相对成熟,且进入的外资以市场导向型为主,更容易与本土企业融合;而资本密集型行业中的内外资企业产业关联度相对较低且技术差距过大,影响了技术溢出的效果。

产业集聚的溢出效应同样主要体现技术距离相似的技术密集型行业和劳动密集型行业之间,具体表现为:产业集聚的空间滞后项 $Wlnh$ 在技术密集型行业的回归显著为负,且策略性减排效应分解结果显示邻近行业的产业集聚水平每提高1%,技术密集型行业和劳动密集型行业的污染排放强度分别降低5.28%和1.48%。可能的解释是以直接消耗系数为基础的技术距离权重可以有效识别产业链间的上下游关系,上游或下游行业集聚程度的提高有利于提高该行业的技术水平进而加大技术外溢效应。同时,空间滞后因子 $W(lnh \times lnK_f)$ 的估计系数在技术距离权重下同样为负且通过1%的显著性水平检验,进一步验证FDI与产业集聚的交互影响在上述两个行业间存在显著的溢出效应。

表5-9　不同要素属性细分样本的空间杜宾检验结果

变量	被解释变量:$lnSO_2$							
	资本密集型		劳动密集型		技术密集型		资源密集型	
	(1)	(2)	(3)	(4)	(5)	(6)	(7)	(8)
lnh_county	0.07 (0.52)	0.26 (1.30)	−1.07*** (−2.92)	−1.73** (−2.14)	−0.66** (−2.08)	−0.54** (−2.52)	0.38** (2.22)	0.20 (0.86)
$lnKf$	−0.02 (−0.06)	−0.36 (−1.01)	−2.39*** (−2.59)	−2.47** (−2.33)	−3.26*** (−5.23)	−3.46*** (−4.98)	0.56** (2.07)	0.24* (1.75)
$lnh\_county \times lnKf$	−0.02 (−0.64)	−1.55** (−2.17)	−0.46*** (−2.96)	−1.00* (−1.70)	−0.24** (−2.45)	−0.39*** (−2.93)	−0.05 (−1.35)	−0.01 (−0.19)
$Wlnh\_county$	−0.61* (−1.94)	−0.04 (−0.20)	−2.62*** (−3.00)	−2.34** (−2.43)	−1.32* (−1.65)	−0.79** (−2.20)	−0.37 (−1.35)	−1.68*** (−5.38)
$WlnKf$	−1.56* (−1.87)	−1.13* (−1.68)	−5.82*** (−2.60)	−3.88*** (−2.68)	−6.01*** (−3.61)	−5.35*** (−4.60)	−1.40*** (−2.68)	−1.12*** (−3.72)

续表

变量	被解释变量：$\ln SO_2$							
	资本密集型		劳动密集型		技术密集型		资源密集型	
	（1）	（2）	（3）	（4）	（5）	（6）	（7）	（8）
$W(\ln h\_county \times \ln Kf)$	−0.29 ** (−2.24)	−0.14 (−1.06)	−3.26 *** (−2.98)	−2.09 ** (−2.00)	−5.28 ** (−2.03)	−3.81 *** (−2.68)	−0.32 ** (−1.96)	−0.43 (−0.93)
是否添加控制变量	Yes	Yes	Yes	Yes	Yes	Yes	Yes	Yes
控制变量的空间滞后项	Yes	Yes	Yes	Yes	Yes	Yes	Yes	Yes
$W\ln f$	0.46 (1.61)	0.68 (1.20)	1.33 *** (3.83)	4.62 (1.23)	−1.58 *** (−2.84)	−0.81 ** (−2.02)	−1.65 *** (−4.32)	−0.53 *** (−3.39)
$W\ln L$	2.57 ** (2.28)	1.37 (1.03)	−1.68 (−1.20)	−4.34 *** (−2.69)	−0.19 (−0.49)	−0.43 *** (−3.54)	1.50 (1.25)	0.01 (0.01)
ρ	−0.49 *** (−5.15)	−0.24 * (−1.94)	−0.45 *** (−3.43)	−0.24 ** (−2.18)	−0.22 ** (−2.25)	−0.23 *** (−3.07)	−0.42 *** (−8.68)	−0.23 *** (−6.36)
R^2	076	0.71	0.78	0.87	0.71	0.72	0.72	0.73
observations	110	110	100	100	70	70	80	80

注：①模型（1）、（3）、（5）、（7）在空间计量回归中采用技术距离权重进行回归，模型（2）、（4）、（6）、（8）在空间计量回归中采用经济距离权重进行回归；②受篇幅所限，这里只报告了县级层面的产业集聚指标计量回归结果。基于地级市层面的产业集聚指标计量回归结论与其基本一致，以下相同。

　　本章节进一步考察了CO_2、COD两种污染物在不同行业间的策略性减排行为，实证结果（见表5-10）显示在以CO_2排放强度为因变量的空间计量回归结果中，空间滞后系数ρ的估计值显著为负，且基于资本密集型行业的样本估计值略高于其他行业，这一估计结果与表5-8的结论一致。与之相比，以COD排放强度为污染指标的空间计量回归结果表明，空间滞后系数ρ在不同行业的样本估计值存在一定的差异，主要表现为：资本密集型和资源密集型行业样本中的空间滞后系数ρ在技术距离权重模型中的估计值显著为正，邻近行业的COD排放强度每增加1%，本行业的环境污染水平将分别提高0.43%、0.39%；而ρ在经济距离权重模型中的估计值则显著为负，邻近行业的COD排放强度每增加1%，本行业的环境污染水平将分别降低0.24%、0.23%。这表明资本密集型和资源密集型行业间同时存在"减排竞争"和"污染攀比"两种不同的策略性排污活动,且技术结构相似的行业间存在明显的排污"攀比竞争效应",经济距离相近的行业间却表现出明显的减排竞争效应。与之相比,劳动密集型和技术密集型行业样本中的空间滞后系数ρ在两种不同权重模型中的估计值均显著为负,表明这两个行业COD排放存在明显的策略性减排竞争。

表5-10　不同要素属性细分样本中污染指标的空间滞后系数回归结果

变量	因变量:lnSO_2							
	资本密集型		劳动密集型		技术密集型		资源密集型	
	（1）	（2）	（3）	（4）	（5）	（6）	（7）	（8）
CO_2	-0.32*** (-5.63)	-0.23* (-1.89)	-0.45** (-2.18)	-0.24 (-1.28)	-0.40*** (-5.14)	-0.49*** (-3.26)	-0.28*** (-4.68)	-0.38*** (-9.12)
COD	0.43*** (4.53)	-0.24* (-1.94)	-0.43*** (-4.83)	-0.24** (-1.99)	-0.53*** (-6.07)	-0.24*** (-2.99)	0.39*** (2.75)	-0.23*** (-3.72)

注:模型（1）、（3）、（5）、（7）在空间计量回归中采用技术距离权重进行回归,模型（2）、（4）、（6）、（8）在空间计量回归中采用经济距离权重进行回归。

（二）按照工业结构划分

本章节将全国36个两位数工业行业按照样本考察期间人均资本存量均值的高低划分为重工业和轻工业,据此研究和比较不同工业结构下FDI、产业集聚对策略性减排的影响。空间自相关LM检验以及空间杜宾模型简化为空间滞后模型(或空间误差模型)的Wald及LR检验结果均表明样本拒绝了空间杜宾模型可以简化的假设,双向固定效应的空间杜宾模型(SDM)同样为最优选择,不同样本的估计结果见表5-11。

表5-11的估计结果显示,两种权重下的空间滞后系数ρ为负值,且均通过了10%的显著性水平检验,说明行业间污染排放总体上呈现出一定的竞争关系。比较不同行业间的ρ值大小,可以发现基于重工业行业的样本估计值略高于轻工业行业,说明重工业内部的直接减排竞争效应较强。

　　不同行业内 FDI 与产业集聚的交互作用对环境污染的影响同样存在显著的差异。加入交叉项后,FDI 的估计系数显著为负。产业集聚的估计系数有正有负,且在绝大多数模型中未通过 10% 的显著性水平检验。根据 FDI 与产业集聚交叉项的回归系数,通过计算可得模型(1)—(4)中 FDI 对环境污染的偏效应估计值分别为-0.22、-0.20、-0.26、-0.23,对应的 p 值均通过 10% 的显著性水平检验。同理可得,模型(5)—(8)中 FDI 的偏效应估计值分别为-0.67、-0.63、-0.26、-0.25,对应的 p 值均通过 5% 的显著性水平检验。由此可知,无论是重工业还是轻工业,FDI 流入显著降低了行业内污染排放强度,产业集聚加强了 FDI 的减排作用,且重工业内 FDI 的减排效应低于轻工业。这一估计结果与科尔和埃里奥特(2005)的研究结论略有差异。可能的解释是:尽管人均资本存量的提高将导致资本密集型因产出规模扩大而带来更多的污染,但较高的资本劳动比意味着较高的技术效率,从而能够加快该行业的技术进步速度并提高减污技术能力(许和连和邓玉萍,2012)。正的技术溢出效应在一定程度上抵消了负的规模效应,从而导致 FDI 的环境总效应为正。

　　表 5-11 的估计结果同样显示邻近行业的外资引入对不同行业的污染排放强度影响存在明显的差异。总体来讲,FDI 在技术距离权重下的溢出效应明显高于经济距离权重,进一步证实了溢出效应更容易发生在技术结构相似的行业间。不同行业间 $W\ln K_f$ 的估计结果显示 FDI 在轻工业间的溢出效应更为明显。以表 5-10 中模型(1)和模型(5)的估计结果为例,结合细分行业策略性减排效应分解结果可知,重工业及轻工业 FDI 的间接溢出效应回归系数分别为-1.63、-1.99,两者均通过了 1% 的显著性水平检验。这一估计结果说明 FDI 的溢出效应存在显著的行业差异,且 FDI 在轻工业间的溢出效应明显高于重工业。这主要是由于以劳动密集型为主的轻工业行业技术相对成熟,进入的外资以市场导向型为主,更容易与本土企业融合;而重工业行业中的内外资企业产业关联度相对较低且技术差距过大,影响了技术溢出的效果。产业集聚的溢出效应主要体现技术距离相似的轻工业之间,具体表现为:产业集聚的空间滞后项 $W\ln h$ 在轻工业行业的回归显著为负,且策略性减排效应分解结果显示邻

近行业的产业集聚水平每提高 1%,本行业的污染排放强度降低 0.45%—0.57%。可能的解释是以直接消耗系数为基础的技术距离权重可以有效识别产业链间的上下游关系,上游或下游行业集聚程度的提高有利于提高该行业的技术水平,进而加大技术外溢效应。同时,空间滞后因子 $W(\ln h \times \ln K_f)$ 的估计系数在技术距离权重下同样为负且通过 1% 的显著性水平检验,进一步验证 FDI 与产业集聚的交互影响在轻工业行业间存在显著的溢出效应。

表 5-11 不同工业结构细分样本的空间杜宾检验结果

变量	被解释变量:lnSO$_2$			
	重工业		轻工业	
	技术距离权重	经济距离权重	技术距离权重	经济距离权重
	(1)	(2)	(3)	(4)
lnh_county	−0.05 (−0.46)	0.04 (0.36)	0.26* (1.80)	0.18 (0.96)
lnKf	−0.46** (−2.38)	−0.32* (−1.66)	−1.28*** (−6.99)	−0.70*** (−3.01)
lnh_county × lnKf	−0.04* (−1.79)	−0.01 (−0.29)	−0.11*** (−3.70)	−0.08** (−2.42)
Wlnh_county	−0.03 (−0.05)	−0.66*** (−2.97)	−0.83* (−1.95)	−0.01 (−0.02)
WlnKf	−3.01*** (−3.11)	−1.31*** (−3.30)	−3.59*** (−4.24)	−0.50 (−0.70)
W(lnh_county × lnKf)	−0.12 (−0.85)	−0.23*** (−3.31)	−0.31** (−2.05)	0.01 (0.06)
是否添加控制变量	Yes	Yes	Yes	Yes
控制变量的空间滞后项	Yes	Yes	Yes	Yes
ρ	−0.73*** (−5.86)	−0.24** (−2.13)	−0.55*** (−5.57)	−0.24* (−1.87)
R^2	0.83	0.83	0.86	0.80
observations	180	180	180	180

注:受篇幅所限,这里只报告了县级层面的产业集聚指标计量回归结果。基于地级市层面的产业集聚指标计量回归结论与其基本一致,以下相同。

本章节进一步考察了 CO_2、COD 两种污染物在不同行业间的策略性减排行为,实证结果(见表 5-12)显示在以 CO_2 排放强度为因变量的空间计量回归结果中,空间滞后系数 ρ 的估计值显著为负,且基于重工业行业的样本估计值略高于轻工业行业,这一估计结果与表 5-10 的结论一致。与之相比,以 COD 排放强度为污染指标的空间计量回归结果表明,空间滞后系数 ρ 在重工业样本和轻工业样本中的估计值存在一定的差异,主要表现为:重工业样本中的空间滞后系数 ρ 在技术距离权重模型中的估计值显著为正,邻近行业的 COD 排放强度每增加 1%,本行业的环境污染水平将提高 0.12%—0.20%;而 ρ 在经济距离权重模型中的估计值则显著为负,邻近行业的 COD 排放强度每增加 1%,本行业的环境污染水平将降低 0.23%—0.24%。这表明重工业行业间同时存在"减排竞争"和"污染攀比"两种不同的策略性排污活动,且技术结构相似的行业间存在明显的排污"攀比竞争"效应,经济距离相近的行业间却表现出明显的减排竞争效应。与之相比,轻工业样本中的空间滞后系数 ρ 在两种不同权重模型中的估计值均显著为负,表明轻工业行业 COD 排放存在明显的策略性减排竞争。究其原因可能是由于 2015 年以前未提出明确的水污染防治目标,相关的水污染防治规划对水质的要求也较为宽松,从而导致行业间 COD 策略性排污模式略有差异。

表 5-12　不同工业结构细分样本中污染指标的空间滞后系数 ρ 回归结果

被解释变量	被解释变量:$lnSO_2$							
	重工业				轻工业			
	技术距离权重		经济距离权重		技术距离权重		经济距离权重	
	(1)	(2)	(3)	(4)	(5)	(6)	(7)	(8)
CO_2	-0.19* (-1.77)	-0.26** (-2.06)	-0.24** (-1.96)	-0.24** (-2.05)	-0.16** (-2.21)	-0.04 (-0.64)	-0.24** (-1.96)	-0.24** (-1.97)
COD	0.12* (1.85)	0.20** (2.11)	-0.24* (-1.93)	-0.23* (-1.92)	-0.05 (-0.51)	-0.27** (-2.22)	-0.24* (-1.88)	-0.24* (-1.89)

注:模型(1)、(3)、(5)、(7)中的产业集聚指数基于县级层面的统计指标计算,模型(2)、(4)、(6)、(8)中的产业集聚指数基于地市级层面的统计指标计算。

第四节　FDI、集聚外部性与策略性减排

立足于集聚外部性,本节将在新经济地理和集聚外部性的综合理论框架下,利用 2003—2016 年中国 275 个地级市面板数据对外商直接投资、集聚外部性与环境污染之间的关系进行实证研究,据此考察"专业化"与"多样化"两个维度的集聚外部性影响环境质量的内在机理和减排效应。囿于技术方面的限制,绝大多数研究往往将区域视为独立的发展个体,忽略了地理距离因素与区域主体之间复杂的交互影响。由于运输成本和贸易成本的存在,集聚经济的作用范围通常局限在有限的地理空间之内,不同空间范围里的集聚外部性对环境污染的影响也将存在显著的差异。为此,本节进一步利用空间权重矩阵按照地理距离的大小进行分段连续回归,判断 FDI 的环境溢出效应在多大范围内随地理距离的增加而减弱。

一、理论分析框架

本节通过将柯布-道格拉斯生产函数拓展为一个引入污染排放水平的内生经济增长模型,并在此基础上引入集聚函数,据此探究 FDI、集聚外部性与环境污染之间的关系。假设代表性厂商的生产函数满足:

$$F(L,K) = A\,L^{\alpha}\,K^{\beta} \tag{5-17}$$

其中,Q 表示厂商的产出水平,L 为劳动力投入,K 为资本投入,劳动、资本的产出弹性均满足 $\alpha \in (0,1)$、$\beta \in (0,1)$。在开放经济条件下,资本投入由非同质的内资 K_d 和外资 K_f 共同组成。当大量厂商在同一区域集聚时,借鉴李莜乐(2014)的研究将集聚函数引入代表性厂商的生产函数,此时:

$$F(L,K) = f\Big(\sum_j L_{ij}\Big) \cdot g\Big(\sum_j L_{1j},\dots,\sum_j L_{ij}\Big) \cdot L^{\alpha}\,K_f^{\beta_1}\,K_d^{\beta_2} \tag{5-18}$$

其中,i 和 j 分别表示城市 i 中的厂商 j。$Mar = f\Big(\sum_j L_{ij}\Big)$ 为专业化集聚引起的 Mar 外部性,$Jac = g\Big(\sum_j L_{1j},\dots,\sum_j L_{ij}\Big)$ 为多样化集聚引起的

Jacobs 外部性。

假设代表性厂商只生产资本密集型产品 X，生产 X 的同时将产生一定的污染排放物 E。E 的产生将导致厂商分配一定的资源用于减少污染，在此假设厂商将投入 ζ 比例的资源进行污染控制，根据科普兰德和泰勒（1994）的分析框架可知，X 产品的净产量为：

$$X = (1 - \theta) F(L,K) \tag{5-19}$$

此时代表性厂商的排污量为：

$$P = \varphi(\zeta) F(L,K) \tag{5-20}$$

其中排污函数 $\varphi(\zeta) = A^{-1} (1 - \theta)^{1-b}$，$A$ 为技术水平，参数 $b \in (0,1)$。由（5-19）式和（5-20）式可得：

$$X = (AP)^b \left[F(L,K) \right]^{1-b} \tag{5-21}$$

由（5-21）式可得：

$$P = A^{-b} F(L,K) (1 - \zeta)^{1/b} \tag{5-22}$$

假设技术进步 A 主要通过自主研发（RD）、外资技术外溢（K_f）以及集聚函数 Mar、Jac 这四种方式获得，则技术进步函数可表述为：

$$A = Te(RD, K_f, Mar, Jac) \tag{5-23}$$

进而（5-22）式可拓展为：

$$P = Te^{-b}(RD, K_f, Mar, Jac) f(\sum_j L_{ij}) \cdot g(\sum_j L_{1j},\dots,\sum_j L_{ij}) \cdot L^{\alpha} K_f^{\beta_1}$$
$$K_d^{\beta_2}(1 - \zeta)^{1/b} \tag{5-24}$$

根据（5-24）式可知，环境污染 P 主要受 6 个因素的影响，它们分别为：马歇尔外部性（Mar）、雅各布斯外部性（Jac）、外资（K_f）、内资（K_d）、劳动力（L）、研发水平（RD）及治污投入（ζ）。

二、计量模型设定

基于上述理论分析框架和一般均衡模型分析结果，本章节的计量方程对数形式可设置为：

$$\ln P_{it} = \alpha_0 + \alpha_1 \ln Mar_{it} + \alpha_2 \ln Jac_{it} + \alpha_3 \ln K_{fit} + \alpha_4 \ln K_{dit} + \alpha_5 \ln L_{it} + \alpha_6 \ln$$
$$RD_{it} + \alpha_7 \ln \zeta_{it} + \alpha_8 \ln Z_{it} + \mu_i + \theta_t + \varepsilon_{it} \tag{5-25}$$

式中,i 和 t 分别表示第 i 个城市第 t 年的数据,P 为环境污染水平。Z 为影响环境污染的其他控制变量,μ_i 为地区固定效应,θ_t 为时间固定效应。

根据已有研究可知,处于核心地位的外资企业可以通过一般参与者与其他外资企业共同形成产业集聚并促进本行业企业的孵化与成长(张宇和蒋殿春,2014),并在规模效应、拥挤效应和技术效应的作用下对行业污染排放产生显著的影响。因而,为了进一步考察外资引致的产业集群对环境污染的影响,本章节在模型(5-25)的基础上进一步引入外资与集聚外部性的交叉项,此时计量模型可调整为:

$$
\begin{aligned}
\ln P_{it} = {} & \alpha_0 + \alpha_1 \ln Mar_{it} + \alpha_2 \ln Jac_{it} + \alpha_3 \ln K_{fit} + \alpha_4 \ln K_{fit} \cdot \ln Mar_{it} + \\
& \alpha_5 \ln K_{fit} \cdot \ln Jac_{it} + \alpha_6 \ln K_{dit} + \alpha_7 \ln L_{it} + \alpha_8 \ln RD_{it} + \alpha_9 \ln \zeta_{it} + \\
& \alpha_{10} \ln Z_{it} + \mu_i + \theta_t + \varepsilon_{it}
\end{aligned}
\tag{5-26}
$$

考虑到产业转移产生的跨境污染以及环境投入、公共政策的外溢性产生的"搭便车"行为等进一步增强了区域环境质量与经济发展的空间联动性(麦迪逊,2007),本章节通过构建空间计量模型来反映环境污染的空间溢出效应。根据观测值空间相关性的不同冲击方式,空间计量模型可以划分为空间误差模型和空间滞后模型两种。

空间误差模型(SEM)的计量方程可表述为:

$$
\begin{aligned}
\ln P_{it} = {} & \alpha_0 + \alpha_1 \ln Mar_{it} + \alpha_2 \ln Jac_{it} + \alpha_3 \ln K_{fit} + \alpha_4 \ln K_{fit} \cdot \ln Mar_{it} + \\
& \alpha_5 \ln K_{fit} \cdot \ln Jac_{it} + \alpha_6 \ln K_{dit} + \alpha_7 \ln L_{it} + \alpha_8 \ln RD_{it} + \alpha_9 \ln \zeta_{it} + \\
& \alpha_{10} \ln Z_{it} + \mu_i + \theta_t + \varepsilon_{it}
\end{aligned}
$$

$$
\varepsilon_{it} = \lambda W \varepsilon_j + \theta_i \qquad \varepsilon_i \sim N(0, \sigma_i^2)
\tag{5-27}
$$

式中,W 为 $n \times n$ 的空间权重矩阵。参数 λ 为空间误差系数,ε 则为误差项。

空间滞后模型(SLM)的计量模型可设定为:

$$
\begin{aligned}
\ln P_{it} = {} & \rho W \ln P_{it} + \alpha_1 \ln Mar_{it} + \alpha_2 \ln Jac_{it} + \alpha_3 \ln K_{fit} + \alpha_4 \ln K_{fit} \cdot \\
& \ln Mar_{it} + \alpha_5 \ln K_{fit} \cdot \ln Jac_{it} + \alpha_6 \ln K_{dit} + \alpha_7 \ln L_{it} + \\
& \alpha_8 \ln RD_{it} + \alpha_9 \ln \zeta_{it} + \alpha_{10} \ln Z_{it} + \mu_i + \theta_t + \varepsilon_{it}
\end{aligned}
\tag{5-28}
$$

式中,ρ 为空间回归系数,ε 为服从正态分布的随机误差项向量。

　　为了检验集聚外部性是否会影响到内资的环境效应,本章节在模型基础上进一步纳入内资与集聚外部性的交互项,此时空间误差模型可进一步调整为:

$$\ln P_{it} = \alpha_0 + \alpha_1 \ln Mar_{it} + \alpha_2 \ln Jac_{it} + \alpha_3 \ln K_{fit} + \alpha_4 \ln K_{fit} \cdot \ln Mar_{it}$$
$$+ \alpha_5 \ln K_{fit} \cdot \ln Jac_{it} + \alpha_6 \ln K_{dit} + \alpha_7 \ln K_{dit} \cdot \ln Mar_{it}$$
$$+ \alpha_8 \ln K_{dit} \cdot \ln Jac_{it} + \alpha_9 \ln L_{it} + \alpha_{10} \ln RD_{it} + \alpha_{11} \ln \zeta_{it}$$
$$+ \alpha_{12} \ln Z_{it} + \mu_i + \theta_t + \varepsilon_{it}$$
$$\varepsilon_{it} = \lambda W \varepsilon_j + \theta_i \quad \varepsilon_i \sim N(0, \sigma_i^2) \tag{5-29}$$

同理,空间滞后模型可进一步调整为:

$$\ln P_{it} = \rho W \ln P_{it} + \alpha_1 \ln Mar_{it} + \alpha_2 \ln Jac_{it} + \alpha_3 \ln K_{fit} + \alpha_4 \ln K_{fit} \cdot \ln Mar_{it}$$
$$+ \alpha_5 \ln K_{fit} \cdot \ln Jac_{it} + \alpha_6 \ln K_{dit} + \alpha_7 \ln K_{dit} \cdot \ln Mar_{it} + \alpha_8 \ln K_{dit} \cdot$$
$$\ln Jac_{it} + \alpha_9 \ln L_{it} + \alpha_{10} \ln RD_{it} + \alpha_{11} \ln \zeta_{it} + \alpha_{12} \ln Z_{it} + \mu_i + \theta_t$$
$$+ \varepsilon_{it} \tag{5-30}$$

三、变量选取与估计方法

　　鉴于各城市"按行业分组的单位从业人员"统计口径自 2003 年起由原来的 15 个行业调整为 19 个行业,为此选取 2003—2016 年全国 275 个地级城市作为样本。主要数据均来源于 EPS 数据库中的《中国城市数据库》和《中国区域经济数据库》。少数缺失数据利用均值或线形插值法加以填补。相关变量指标选取如下:

　　环境污染(P)。国内外学者关于环境污染的测度尚无统一的标准,绝大部分学者采用 SO_2、CO_2 等污染物的排放量或排放强度(如比斯瓦斯,2012;迪恩等,2009)来衡量环境污染水平。本章节采用各城市 SO_2 排放强度作为环境污染的度量指标。

　　外资(Kf)。本章节选取各城市实际利用外资额来衡量各个地区的引资水平,并依据当年人民币兑美元的年平均汇率将单位转化为人民币并进行 GDP 平减。

　　集聚外部性(Agg)。集聚外部性能够在地区间和地区内通过外部性达到节能减排的效果。集聚外部性表现为马歇尔外部性和雅各布斯环境外部性。其中马歇尔外部性（*Mar*）强调专业化生产使得治污成本和污染排放可能具有的规模经济外部性。雅各布斯外部性（*Jac*）来源于多种产业在同一区域集中所产生的外部性收益，强调跨产业的技术交流、环保设施共享对减排的作用。本章节采用如下方法来测算马歇尔外部性和雅各布斯外部性：

$$Mar_i = \frac{\max\limits_j S_{ij}}{S_j}$$，其中 S_{ij} 是 i 城市 j 产业就业人数占 i 城市总就业人数的比重，S_j 是 j 产业的就业人数占所有城市就业人数的比重。$Jac = \dfrac{1}{\sum\limits_j |S_{ij} - S_j|}$，该公式中 S_{ij} 和 S_j 的经济含义同上。可以看出，Jacobs 指数越大，城市的行业多样性程度越高，产业间的集聚效应越强。

根据理论模型分析结果可知，影响区域污染排放水平的控制变量包括：

内资（*Kd*）。本章节选用固定资本存量与实际利用外资的差值来衡量，其中城市固定资本存量估算采用永续盘存法的估算结果，并以 2000 年为基期进行 GDP 平减修正。

研发投入（*RD*）。研发投入的增加将显著刺激企业的环保技术创新动力，从而降低污染排放水平。基于数据的可得性，选取地方财政预算支出中科学技术支出的比重来衡量。

治污投入（*ζ*）。环境污染治理投入将深刻影响企业的减排动力和减排能力。较高的治污投入可以诱使企业进行技术创新并采用清洁型生产技术。本章节采用工业 SO_2 去除率来衡量。

劳动力投入（*L*）。根据雷布津斯基定理可知，劳动力要素的增加将导致劳动密集型产业的扩张，由此引致的结构效应将减少污染排放。本章节采用行业年末从业人员数来衡量。

人均 GDP（*pgdp*）。人均 GDP 与环境污染之间存在单调上升、倒 U 型关系或三次方型曲线关系（弗里德尔和盖茨纳，2003），为此在计量模型中分别纳入人均 GDP 的二次项和三次项来考察人均收入对污染排放的影响。

空间权重(W)。度量了不同地区社会经济联系的紧密程度,本章节构建了基于距离的空间权值矩阵 W_{ij},该距离矩阵满足:当 $i \neq j$ 时,$W_{ij} = 1/d_{ij}^2$;当 $i = j$ 时,$W_{ij} = 0$。其中 d_{ij} 为两个城市之间的地理距离。

以上所有涉及价值形态的数据均按2000年的同比价格进行换算,数据的统计性描述见表5-13。

表5-13　样本数据变量的统计描述

变量	单位	均值	标准偏差	最小值	最大值
$\ln SO_2$	吨/万元	-5.39	1.18	-14.51	-1.82
$\ln Kf$	万元	9.36	2.11	0.89	14.15
$\ln Mar$	1	2.03	3.14	1.01	4.06
$\ln Jac$	1	0.12	0.20	0.01	5.03
$\ln Kd$	万元	15.36	1.19	10.23	18.52
$\ln RD$	元	8.96	1.80	3.87	15.21
$\ln \zeta$	%	32.21	5.22	17.92	69.72
$\ln pgdp$	元	8.90	0.58	3.76	11.81
$\ln L$	万人	3.39	0.71	1.65	6.27

由于 SEM、SLM 模型都是从全域计算空间相关性,因而空间回归模型中变量可能存在内生性问题,并且经济行为的共同冲击将会导致模型中的扰动项具有较强的空间相关性,在这种情况下如果仍采用普通 OLS 估计则会导致估计结果有偏或者无效。为此本章节参考安瑟林等(1996)的研究,采用极大似然法(MLE)估计模型中的相关参数。这种方法一方面能够克服因内生性问题而产生的估计偏误,另一方面又可以通过似然值的比较对模型空间特征的真正源泉进行鉴别。

四、总体样本估计及回归结果分析

本章节采用极大似然法(MLE)对上述空间计量模型进行回归分析。空间面板 Moran 统计显示 Moran 值为正且通过了1%的显著性水平检验,说明模型中存在明显的空间相关性,因此对环境污染的影响因素分析中需引入空间相关性来反映区域之间的空间交互作用。Hausman 检验结果显示,固定效应优于随机效应的选择,且空间和时间固定效应联合显著性检验中的 LR 统计结果显示,截面固定效应和时间固定效应确实是存在的。进一步观察空间自相关 LM 检验以及 Robust-LM 检验。可以看出,双向固定效应模型的 LMlag 统计值大于 LMerr,且 Robust-LMlag 值大于 Robust-LMerr 值。因此,根据安瑟林等(1996)提出的模型判别准则可知,空间滞后模型中的双向固定效应分析对样本的解释力度更强。

表5-14　FDI、集聚外部性与环境污染的空间计量检验结果

变量	被解释变量:$\ln SO_2$					
	（1）	（2）	（3）	（4）	（5）	（6）
$\ln Kf$	-0.04^{*} (-1.88)	-0.04^{**} (-2.01)	-0.05^{**} (-2.37)	-0.09^{***} (-3.12)	-0.09^{***} (-3.16)	-0.06^{**} (-2.21)
$\ln Mar$		0.06^{*} (1.80)	0.01 (0.19)	0.02 (0.36)	0.06^{*} (1.85)	0.08^{**} (2.20)
$(\ln Mar)^2$			0.03 (1.25)	0.04 (1.36)		
$\ln Jac$		-0.08^{***} (-5.40)	-0.19^{***} (-3.88)	-0.30^{***} (-4.93)	-0.20^{***} (-4.89)	-1.35^{***} (-9.60)
$(\ln Jac)^2$			-0.01^{**} (-2.25)	-0.01^{**} (-2.26)		
$\ln Kd$	0.09^{***} (3.69)	0.11^{***} (4.42)	0.10^{***} (3.90)	0.10^{***} (3.97)	0.11^{***} (4.49)	0.18^{***} (6.34)
$\ln RD$	-0.03^{**} (-2.12)	-0.04^{***} (-2.97)	-0.03^{**} (-2.29)	-0.02^{*} (-1.70)	-0.03^{**} (-2.34)	-0.02^{*} (-1.82)
$\ln \zeta$	-0.30^{***} (-4.62)	-0.34^{***} (-5.17)	-0.33^{***} (-5.06)	-0.32^{***} (-4.94)	-0.33^{***} (-5.04)	-0.33^{***} (-5.04)
$\ln pgdp$	-4.70^{**} (-2.04)	-4.70^{**} (-2.03)	-5.11^{**} (-2.28)	-4.33^{*} (-1.86)	-4.07^{*} (-1.65)	-4.65^{*} (-1.94)
$(\ln pgdp)^2$	0.77^{***} (2.91)	0.75^{***} (2.65)	072^{***} (2.57)	0.70^{**} (2.51)	0.76^{***} (2.78)	0.72^{***} (2.57)
$(\ln pgdp)^3$	-0.02^{***} (-4.24)	-0.02^{***} (-2.99)	-0.01^{***} (-3.36)	-0.01^{**} (-2.10)	-0.01^{*} (-1.73)	-0.01^{**} (-2.01)
$\ln L$	-0.07^{*} (-1.79)	-0.07^{*} (-1.78)	-0.07 (-1.62)	-0.05 (-1.26)	-0.07^{*} (-1.78)	-0.09^{**} (-2.03)

续表

变量	被解释变量：lnSO$_2$					
	（1）	（2）	（3）	（4）	（5）	（6）
lnKf × lnMar				-0.03^* (-1.72)	-0.03^* (-1.76)	-0.05^{**} (-2.06)
lnKf × lnJac				-0.01^{***} (-3.06)	-0.01^{***} (-3.08)	-0.01^{**} (-2.32)
lnKd × lnMar						-0.07^{**} (-2.24)
lnKd × lnJac						-0.06^{***} (-8.55)
ρ	0.32^{***} (18.63)	0.31^{***} (18.33)	0.31^{***} (17.93)	0.31^{***} (17.92)	0.31^{***} (18.33)	0.28^{***} (16.07)
R^2	0.26	0.27	0.27	0.27	0.27	0.29
Moran	0.24^{***}	0.24^{***}	0.24^{***}	0.26^{***}	0.26^{***}	0.26^{***}
Observations	3850	3850	3850	3850	3850	3850

注：①表中括号内的数值表示相应估计系数的 t 统计值，***、**、* 分别表示在 1%、5%、10% 的显著
性水平。②本章节只报告了 R^2 和 Moran 结果，LM 及 Robust-LM 检验、Wald 和 LR 检验结果省略。

表 5-14 列出了欧式地理权重下的双向固定空间滞后检验结果。在模型（2）的解释变量中引入 Mar 外部性（lnMar）和 Jacobs 外部性（lnJac）两个指标并进行计量回归后，发现 lnMar 的估计系数通过了 10% 的显著性水平检验，lnJac 的估计系数却通过了 1% 的显著性水平检验。本章节进一步在模型（3）中引入集聚外部性的平方项，以检验集聚外部性与环境污染之间是否存在非线性关系。结果显示仅仅只有 lnJac 的一次项估计系数通过了 10% 的显著性水平检验。在上述实证基础上，进一步分别引入 FDI 与集聚外部性的交叉项、内资与集聚外部性的交叉项，因而最终的估计方程为模型（6）。

根据表 5-14 的估计结果可知，空间滞后系数 ρ 的估计值显著为正，也就是说，邻近城市的 SO$_2$ 排放强度越高，本地区的 SO$_2$ 排放强度也就越高，表明城市间的污染排放在空间上具有明显的趋同效应，因而环境污染具有很强的外溢性和攀比性。这一估计结果与麦迪逊（2007）的研究结

论相一致。地区经济竞争和相互模仿使得辖区间相互模仿周边的环境政策,而区域经济一体化和产业分工专业化则使城市周边形成密切的产业关联。当周边城市集聚大量的污染型工业时,本地的关联产业也会呈现出污染型。在这种情况下,污染产业转移、"搭便车"等消极的产业及环保政策可能会是当地政府的首要选择。

在对 FDI 和集聚外部性的交互影响加以控制后,FDI 的估计系数为负且通过了 5% 的显著性水平检验,这表明当其他变量处于观测样本期间的均值水平不变时,某一城市引资水平的提高将显著降低区域 SO_2 排放强度,这与之前大多数采用区域面板数据研究结论相一致(如王华和金彦宏,2007;何洁,2010),为 FDI 促进污染减排提供了来自中国的经验证据。

FDI 与 Mar 外部性的交叉项($\ln Kf \times \ln Mar$)估计系数显著为负,这意味着随着地区专业化水平的不断提高,FDI 的减排促进作用将显著提升。可能的解释是,专业化集聚有利于产业内部形成网络化生产结构,促进产业内生产效率和管理水平提高,从而使得单位产出的污染排放量降低。而 FDI 与 Jacobs 外部性的交叉项($\ln Kf \times \ln Jac$)估计系数同样为负且通过了 5% 的显著性水平检验,因而产业集聚特别是互补性和关联性强的产业集聚将有利于技术溢出效应的发挥,地理邻近有利于企业之间的知识交流和传播,集聚内企业之间的劳动力互补、上下游企业合作将有效提高环境技术效率。

为了进一步分析 Mar 外部性、Jacobs 外部性与外商直接投资对环境污染的总体影响,本章节对方程(5-30)中 $\ln Kf$ 变量求偏导,可得 FDI 对环境污染的综合影响程度为: $\partial \ln P / \partial \ln Kf = \alpha_3 + \alpha_4 \ln Mar + \alpha_5 \ln Jac$ 。将 $\ln Mar$ 和 $\ln Jac$ 的均值代入,可得集聚外部性作用下 FDI 对环境污染的综合影响为 -0.16。由此可知,在控制了 FDI 与集聚外部性的交互作用后,FDI 引入明显降低了区域污染排放强度,Mar 外部性和 Jacobs 外部性进一步增强了 FDI 的减排效应。

值得注意的是,在未考察内资的集聚效应时,$\ln Kd$ 的估计系数显著为正。一旦加入 $\ln Kd \times \ln Mar$ 和 $\ln Kd \times \ln Jac$,实证结果显示内资

（lnKd）的回归系数仍然显著为正,且交叉项的估计系数显著为负。从表5-14中第(6)列的回归结果可知,在其他变量不变的前提下,内资每增加1%,SO_2的排放强度将增加0.18%。同时,Mar外部性水平和Jacobs外部性水平每提高1%,内资对SO_2的排放强度的影响将分别降低0.07%和0.06%。通过对方程(5-30)中的内资lnKd求偏导,并将lnMar和lnJac的均值代入,可得集聚外部性作用下内资对环境污染的综合影响为0.03。因而在控制了内资与集聚外部性的交互作用后,内资规模的扩大加剧了区域环境污染,Mar外部性和Jacobs外部性在一定程度上弱化了内资对环境的负面影响。

另外,通过对比可以发现,在Mar外部性的作用下,内资每增长1%,区域污染排放量将降低0.07%,这一估计值比FDI高出0.02%;与此同时,在Jacobs外部性的作用下,内资每增长1%,区域污染排放量将降低0.0.06%,这一估计值比FDI高出0.05%,因而集聚外部性对内资的减排促进作用更为明显。这可能是由于当前我国产业集聚以外资嵌入型集聚为主,因而FDI嵌入对当地企业的环保技术溢出效应相对较小。

治污投入（lnζ）有效降低了污染排放强度,且估计结果显示lnζ每增加1%,当地污染排放降低0.33%。治污投入增加将倒逼污染企业进行技术改来实现节能减排。研发投入（lnRD）的估计系数为负且通过了10%的显著性水平检验,表明研发投入显著改善了区域环境质量。研发投入的增加可以显著提高清洁技术生产能力,并有效提高了企业生产效率和能源使用效率,从而降低了区域污染排放量。劳动力投入（lnL）对环境污染的影响为负且通过了5%的显著性水平检验,表明劳动力的投入显著降低了环境污染。丰富的劳动力尤其是高素质的人力资本投入可以提高东道国对清洁型技术的吸收能力和扩散能力,从而减少环境污染。人均GDP与环境污染之间呈现显著的倒N型曲线关系,因而环境污染会随着人均收入水平的不断提高而呈现出先改善—后恶化—进一步改善的发展趋势。

为保证检验结果的稳健可靠,本章节以工业废水（Water）作为环境污染的衡量指标进行空间计量回归,以此对比分析不同污染物选择对估计结果的影响差异。估计结果显示各个变量的回归系数与表 5-14 中相应变量的系数符号保持一致,模型的回归结果与以 SO_2 为被解释变量的模型检验结果基本一致。比较三种污染物的估计结果,SO_2 的空间滞后系数明显高于 $Water$,说明气体污染物的负外溢效应更强。这可能是由于 SO_2 属于双向外溢性污染物,某一区域增加双向外溢性污染物的排放可能导致其他区域模仿或报复性的排污攀比。而水污染则属于单向外溢性污染物,上游区域排放污染物将会单向导致下游其他区域环境福利损失,但下游的污染排放将不会对上游区域环境造成污染,因而其污染外溢性相对较小。

基于前文的分析可知,我国城市间的环境污染存在显著的溢出效应。事实上,集聚外部性对环境污染的影响与地理距离具有密切的关系,这突出地表现为:第一,我国要素流动受到地理距离和行政分割的制约,较短的地理距离有助于形成更加高效的劳动力和产品市场,从而提高了产业集聚水平。第二,企业通常在地理距离较近的地方寻求供应商和销售商,这种上下游企业之间的产业关联使得其产品供应商和销售商大多数集中在相同或邻近的区域内并形成强大的规模经济。第三,地理上的邻近加大了行业之间的员工流动频率,相似行业生产者之间信息传播和技术溢出的效率随地理距离的增加而迅速衰减,技术的溢出效应往往局限在有限的地理空间范围内。为了深入考察城市间环境污染的溢出效应如何随地理距离而发生变化,本章节基于双向固定空间滞后模型每隔 500 千米进行一次回归。鉴于距离阈值超过 3000 千米时,权重矩阵中存留的空间单位较小,且距离阈值较大时空间相关系数受异常值影响出现较多的噪音,因此本章节的距离阈值最大值设为 3000 千米。不同距离阈值下的空间计量估计结果见表 5-15。

从不同距离范围内各空间变量的估计结果来看,3000 千米范围以内,FDI 与集聚外部性的交互项对城市环境质量具有显著的改善作用,且这种交互影响在 500 千米以内作用程度最小,1000—1500 千米范围内最为显著,1500 千米之外开始呈逐渐减弱趋势。为了深入研究城市间 FDI 的环境溢出效应如何随地理距离发生变化,本章节根据估计值变化大小划分以下三种具体的距离阈值范围进行分析。

首先,在 0—500 千米范围内,FDI 与集聚外部性的交互项估计系数值与相应的 t 统计值相对较小,表明集聚外部性引致的 FDI 减排效应较弱。可能的解释是,受地级市之间的市场分割和集聚阴影效应的影响,过短的地理距离以及过细的行政分割导致城市之间在资源、政策等方面存在激烈的竞争,这都不利于 FDI 规模效应和溢出效应的发挥。

其次,在 500—1500 千米范围内,集聚外部性引致的 FDI 减排作用逐渐增强。具体来说,$\ln Kf \times \ln Mar$ 的估计系数绝对值由之前的 0.02 增至 0.04,相应的 t 统计值绝对数也由对应的 1.04 增至 2.13;与此同时,$\ln Kf \times \ln Jac$ 的估计系数绝对值由之前的 0.06 增至 0.07,相应的 t 统计值绝对数也由对应的 2.46 增至 2.53。因而,在此距离范围内,外资企业与当地企业的共同集聚发展使得城市间进行了有效的分工协作,内外资企业之间频繁的交流与合作极大地促进了 FDI 环保技术的外溢,从而有效降低了区域污染排放水平。

最后,在 1500—3000 千米范围内,集聚外部性引致的 FDI 减排作用由峰值逐渐开始减弱。$\ln Kf \times \ln Ma$ 和 $\ln Kf \times \ln Jac$ 的估计系数绝对值分别迅速下滑至 0.04、0.06。较远的地理距离将会影响企业间互动的成本和效率,从而限制了集聚外部性的发挥。

基于上述分析可知,集聚外部性引致的 FDI 减排效应随着地理距离的增加呈现出倒 U 型曲线变化趋势,其中 FDI 减排效应峰值出现在 1000—1500 千米范围内。

表 5-15　不同地理距离的集聚外部性对环境污染影响的空间估计结果

变量	被解释变量:$\ln SO_2$					
	0—500 千米	500—1000 千米	1000—1500 千米	1500—2000 千米	2000—2500 千米	2500—3000 千米
$\ln Kf$	−0.08 ** (−2.23)	−0.12 *** (−3.08)	−0.10 *** (−2.57)	−0.12 *** (−3.06)	−0.12 *** (−3.10)	−0.12 *** (−3.04)
$\ln Mar$	0.06 (1.02)	0.39 *** (3.36)	0.30 *** (3.03)	0.29 *** (3.53)	0.23 *** (3.37)	0.27 *** (3.45)

续表

变量	被解释变量：$lnSO_2$					
	0— 500 千米	500— 1000 千米	1000— 1500 千米	1500— 2000 千米	2000— 2500 千米	2500— 3000 千米
$lnJac$	0.06 (1.48)	0.11* (1.71)	0.53 (0.99)	0.37 (1.44)	0.26 (1.17)	0.26 (1.21)
$lnKd$	0.15** (2.09)	0.24*** (4.62)	0.16*** (3.16)	0.19*** (3.65)	0.17*** (3.32)	0.17*** (3.22)
$lnKf \times$ $lnMar$	−0.02 (−1.04)	−0.04** (−2.13)	−0.05** (−2.21)	−0.04** (−2.10)	−0.04** (−2.14)	−0.04** (−2.26)
$lnKf \times$ $lnJac$	−0.06** (−2.46)	−0.07** (−2.53)	−0.08*** (−2.65)	−0.06*** (−2.66)	−0.06*** (−2.78)	−0.06** (−2.66)
$lnKd \times$ $lnMar$	−0.03 (−1.33)	−0.08*** (−3.13)	−0.09*** (−3.42)	−0.10*** (−4.32)	−0.09*** (−4.16)	−0.10*** (−4.33)
$lnKd \times$ $lnJac$	−0.08** (−2.37)	−0.10*** (−2.66)	−0.11** (−2.05)	−0.12*** (−2.71)	−0.11*** (−2.57)	−0.11** (−2.53)
是否加入 控制变量	Yes	Yes	Yes	Yes	Yes	Yes
ρ	0.22*** (28.04)	0.26*** (24.38)	0.28*** (3.91)	0.27*** (3.35)	0.12*** (3.67)	−0.13*** (4.86)
R^2	0.28	0.30	0.31	0.33	0.33	0.32
Moran	0.26***	0.26***	0.25 ****	0.24***	0.24***	0.20***

注：①表中括号内的数值表示相应估计系数的 t 统计值，***、**、* 分别表示在 1%、5%、10% 的显著性水平。②受篇幅所限，这里只报告了 R2 和 Moran 结果，LM 及 Robust-LM 检验、Wald 和 LR 检验结果省略。

不同空间维度下的环境污染空间滞后系数都通过了 1% 的显著性水平检验，且基本上呈现出整体下降的趋势，因而随着距离的增加，污染外溢性将逐渐减弱。具体来看，在 0—1500 千米范围内，SO_2 的空间滞后系数均呈现明显的上升趋势。在 1500—2500 千米带宽之下，虽然 SO_2 的空间滞后系数明显较小，但都在 5% 的显著性水平下通过了 t 统计检验，说明气体污染物的排放强度除了受到本区域和相邻城市溢出效应的影响外，还受到远距离跨区域污染排放的微弱影响。与此同时，工业废水的空间滞后系数开始由之前的正值变为负值，且其 t 统计值的显著性水平不断提高。而在 2500—3000 千米范围内，三种污染的空间滞后系数均显著为负,表明在此区域范围内的城市之间存在明显的策略性减排竞争。根据中国城市之间的实际地理跨度可知,空间间隔达到 2500—3000 千米的城市都位于中国沿海城市及内陆沿边地区。据此可以推测,在经济增长和污染减排的双重约束下,沿海发达城市更注重加强环境规制和改善环境质量以获得长期的竞争优势,因而邻近城市之间存在减排倾向。另外,随着地理距离的增加和空间权重中存在经济联系的城市单元的减少,区域间的污染攀比效应也将逐渐弱化。

五、分样本估计及回归结果分析

考虑到城市样本的区域差异,本章节将按城市区位分布细分为东部和中西部两大组别,具体探讨不同区域内集聚外部性对环境污染的影响差异。在计量模型设定之间首先通过参数检验确定合适的模型设定形式,为此首先对不同区域样本分别进行空间相关性检验、个体固定效应和时间固定效应联合显著性检验,结果发现东部和中西部地区样本均适合建立双固定效应的空间滞后模型。

表 5-16 列出了不同区域样本分组检验结果。从估计结果中可以发现,FDI 对环境污染的影响存在显著的区域差异,其中东部地区 FDI 的引入显著降低了污染排放,而中西部地区 FDI 的引入则加剧了污染排放。究其原因可能是因为:东部地区的区域条件优越、人力资源充沛及工业配套能力强等优势使其成为外资青睐的核心区域,越来越多的跨国公司倾向于在东部的上海、北京等地区建立研发中心和运营总部,这些外资企业倾向于使用较为先进的生产技术和污染排放系统,在实际生产过程中对资源环境的损耗相对较少,从而降低了东部地区环境污染水平。与此同时,中西部地区较低的外资流入在一定程度上限制了 FDI 规模效应和环保效应的发挥,并且外资行业内竞争有限,FDI 可以根据自身资金优势获得垄断地位,降低了其引进清洁型生产技术的能力。

$\ln Kf \times \ln Mar$ 的估计系数为负且通过了 10% 的显著性水平检验,意味着马歇尔外部性引致的 FDI 集聚显著降低了区域污染水平,但其影响效应也存在显著的地区差异,表现为东部地区的环境正效应明显高于中西部地区。具体来说,在马歇尔外部性的作用下,FDI 每增加 1%,东部地区的 SO_2 排放强度将降低 0.17%,这一估计系数比中西部地区高出 0.13%—0.06%,说明马歇尔外部性集聚更有利于减轻东部地区的环保压力。与此同时,雅各布斯引致的 FDI 集聚在东部地区较为明显,而在中西部地区并不显著。这可能是由于东部地区 FDI 产业集聚发展较为成熟,自身已具备较为完善的供应链系统,跨国公司将通过上下游的产业链条强化其垄断优势,从而给集聚企业带来较强的技术外部性。

雅各布斯引致的内资集聚效应在东部和中西部地区均比较显著,估计结果显示, $\ln Kd \times \ln Jac$ 的估计系数均为负值且通过了 5% 的显著性水平检验。在雅各布斯外部性的作用下,内资每增加 1%,东部地区的污染排放强度将降低 0.22%,这一估计系数值比中西部地区低了 0.10%,表明雅各布斯引致的内资集聚更有利于降低中西部地区的污染水平。这可能是由于东部地区长期的产业政策扶持和产业规模的持续扩张使得产业集聚的"拥挤效应"开始凸显,企业数量的饱和和企业间的过度竞争使得集聚区内环保创新的速度和创新收益逐渐下降,从而导致其污染减排效应逐渐减弱甚至消失。而中西部地区处于产业集聚的高速发展时期,产业集聚对污染减排的边际效益处于递增阶段,因而集聚外部性引致的污染减排效应明显。

表 5-16　分区域样本的空间计量检验结果

变量	SO_2		Water	
	东部	中西部	东部	中西部
	(1)	(2)	(3)	(4)
$\ln Kf$	−0.55*** (−5.09)	0.08** (2.04)	−0.19*** (−2.60)	0.04** (2.15)
$\ln Mar$	1.76** (2.43)	0.54*** (2.82)	2.46*** (5.03)	0.20 (0.69)
$\ln Jac$	−1.89*** (−6.50)	−1.33*** (−8.12)	−1.01*** (−5.22)	−0.78*** (−5.10)

续表

变量	SO$_2$		Water	
	东部	中西部	东部	中西部
	(1)	(2)	(3)	(4)
lnKd	1.07 *** (6.15)	0.37 *** (4.87)	0.40 *** (3.48)	0.21 *** (2.91)
lnKf × lnMar	−0.17 *** (−4.70)	−0.04 *** (−2.84)	−0.11 *** −(4.36)	−0.02 * (−1.70)
lnkf × lnJac	−0.09 *** (−5.14)	−0.01 (−1.36)	−0.03 *** (−3.08)	−0.01 (−0.56)
lnKd × lnMar	−0.22 *** (−3.84)	−0.05 ** (−2.26)	−0.23 *** (−5.92)	−0.01 (−0.28)
lnKd × lnJac	−0.09 *** (−5.58)	−0.19 *** (−7.57)	−0.06 *** (−4.46)	−0.09 *** (−5.45)
是否添加控制变量	Yes	Yes	Yes	Yes
ρ	0.15 *** (15.16)	0.29 *** (13.98)	0.11 *** (25.86)	0.24 *** (10.39)
R^2	0.25	0.19	0.18	0.20
Moran	0.29 ***	0.21 ***	0.23 ***	0.17 ***
Observations	1344	2506	1344	2506

注:表中括号内的数值表示相应估计系数的 t 统计值,*** 、** 、* 分别表示在 1%、5%、10%的显著性水平。

本章节进一步以城市规模作为样本属性,将 275 个城市在样本考察期内按照城市规模划分为大城市、中等城市和小城市三个样本进行分组检验,据此考察不同城市规模下的 FDI、集聚外部性与环境污染之间的关系。在样本划分过程,采用年末总人口数作为城市规模的代理变量,并以 275 个城市的年末总人口数在考察期内的平均值大小作为分组标准。其中大城市平均人口数在 500 万以上,中等城市平均人口数在 270 万—500 万之间,小城市平均人口数在 270 万以下。通过极大似然法估计模型参数并进行检验后发现双固定效应的空间滞后模型仍适用于不同人口规模的城市样本数据,具体估计结果见表 5-17。

表 5-17　不同人口规模的城市样本估计结果

变量	SO₂			Water		
	大城市	中等城市	小城市	大城市	中等城市	小城市
	（1）	（2）	（3）	（4）	（5）	（6）
lnKf	−0.39 *** (−5.02)	−0.11 ** (−2.14)	−0.03 (−0.50)	−0.35 *** (−5.35)	−0.13 *** (−2.66)	0.01 (0.20)
lnMar	2.00 ** (2.20)	−3.43 *** (−4.84)	0.54 ** (2.32)	−0.75 (−0.99)	−1.74 *** (−3.13)	0.89 ** (2.45)
lnJac	−1.32 *** (−4.98)	−2.86 *** (−8.40)	−1.74 *** (−6.11)	−0.83 *** (−3.78)	−1.61 *** (−6.09)	−0.73 *** (−2.90)
lnKd	0.63 *** (5.11)	1.06 *** (6.22)	0.61 *** (3.84)	0.41 *** (4.05)	0.55 *** (4.14)	0.04 (0.29)
lnKf × lnMar	−0.02 (−0.24)	−0.01 (−0.20)	−0.05 ** (−2.31)	−0.03 (−0.38)	−0.02 (−0.76)	−0.06 ** (−2.37)
lnkf × lnJac	−0.07 *** (−5.52)	−0.02 ** (−2.48)	−0.02 (−0.83)	−0.05 *** (−5.03)	−0.01 (−1.06)	−0.04 (−1.03)
lnKd × lnMar	−0.21 ** (−2.40)	−0.22 *** (−4.87)	−0.05 * (−1.76)	−0.24 ** (−2.57)	−0.13 *** (−3.68)	−0.07 ** (−2.40)
lnKd × lnJac	−0.13 *** (−5.75)	−0.21 *** (−8.02)	−0.13 *** (−5.80)	−0.09 *** (−4.92)	−0.11 *** (−5.67)	−0.06 *** (−2.89)
是否加入控制变量	Yes	Yes	Yes	Yes	Yes	Yes
ρ	0.21 *** (8.82)	0.10 *** (3.87)	0.12 *** (3.74)	0.09 *** (3.70)	0.13 *** (5.95)	0.13 *** (3.98)
R^2	0.37	0.09	0.19	0.37	0.09	0.19
Moran	0.06 ***	0.03 *	0.04 **	0.03 *	0.10 ***	0.07 ***
Observations	1274	1358	1218	1274	1358	1218

注：表中括号内的数值表示相应估计系数的 t 统计值，*** 、** 、* 分别表示在 1%、5%、10% 的显著性水平。

　　表 5-17 的估计结果显示，FDI 的估计系数在大、中城市样本中显著为负，而在小城市样本中并未通过 10% 的显著性水平检验，因而大城市和中等城市的 FDI 流入明显降低了区域环境污染，小城市的 FDI 对区域环境质量并未产生显著的改善作用。

　　Mar 外部性的交叉项估计系数与检验结果显示，FDI 引致的 Mar 集聚对大城市和中等城市的环境污染影响并不显著,而对小城市则具有明显的减排效应且通过了 5% 的显著性水平检验。同时,Mar 外部性引致的内资集聚不仅显著降低了大城市的环境污染排放强度,而且显著了改善了小城市的环境质量。这说明当城市规模较小时,在人力、物质和科技资源受约束的条件下,小城市可以集中有限资源来发展特色产业,通过发挥专业化生产带来的 Mar 外部性来提高劳动生产率和专业化分工水平,进而降低单位产出的污染排放水平。

多样化集聚对不同城市规模的环境质量产生了截然不同的影响。在大型城市和中等城市样本中,交互项 $\ln Kf \times \ln Jac$ 和 $\ln Kd \times \ln Jac$ 的估计系数均为负且基本通过了 5% 的显著性水平检验,说明 Jacobs 集聚显著降低了该区域的环境污染排放强度。这可能是由于大中型城市丰富的产品和多样化的服务可以为内外资企业提供种类繁多的中间投入品,各行业劳动力的聚集有利于产业间互补知识的交换与创新成果的交流,这无疑将进一步促进环保型技术外溢。与之相比,在小型城市样本中,Jacobs 外部性的交互项估计系数虽然为负但不显著,这说明对于小城市而言,多样化的产业格局会加剧不同行业对有限资源的争夺,降低资源配置效率。

基于以上分析可知,小城市的环境质量改善得益于专业化集聚带来的 Mar 外部性,劳动力与中间产品共享、专业技术与知识扩散所产生的本地效应更容易在小城市获得。随着城市规模的扩大,专业化生产的外部效应逐步减弱,多样化集聚反而能够促进知识溢出与新技术出现,因而多样化集聚带来的 Jacobs 外部性更容易降低大中型城市环境污染排放水平。

第六章 利用外资与环境保护 协调发展的政策建议

基于上述研究,结合我国的实际情况,我们认为有必要从以下几个方面来展开工作,制定有针对性的政策措施来实现引进外资和环境保护的协调发展,具体政策建议如下。

一、谋求与自身投资网络地位相称的国际话语权,推进跨区域环保合作

在经济全球化和国际分工日益深化的背景下,发达国家与发展中国家之间隐藏着多维度的"环境不平等"问题,局部环境的改善在很大程度上只是"转移"了污染,而非"解决"了污染。发展中国家应充分利用在国际投资网络中"桥梁"和"枢纽"地位的优势,谋求与自身投资网络地位相匹配的国际话语权。发展中国家必须充分利用自身的比较优势和竞争优势以"外资嵌入、内资承接"的方式快速融入国际分工体系,通过提高本国在国际投资网络中的地位与影响力来逐步实现向高附加值、清洁型价值链生产环节转变。在此过程中,发展中国家应制定和实施与国际环保标准配套的法律法规,并将 ISO14000 标准纳入跨国公司的采购标准和供应商考核标准,通过设定严格的环境准入制度来控制污染设备和技术的引进及进口,从而给予高效益、清洁型、技术密集型 FDI 合理的政策导向和区域导向并实现引资—环保双赢的局面。与此同时,发达国家与发展中国应当充分利用投资关联度改进国际投资网络的整体功能,充分发挥全球范围内资源要素合理配置的有益功能,共同致力于改善全球环境治理问题。因而在今后的全球气候变化谈判中,各国应高度关注英国"新

经济基金会"报告指出的问题,讨论的焦点"从商品生产国转移到商品消费国"这一合理建议所蕴含的政策含义,促使西方发达国家在承诺减少碳排放及环境污染责任的同时,不得变相增加污染排放。作为消费者的发达国家在不断提高自身清洁生产技术的同时,应积极帮助产业链上下游的发展中国家提高清洁化生产能力,并通过财政补贴或技术援助的方式向欠发达地区的污染国购买污染排放权,以谋求国际合作的方式参与治理全球环境问题。另外,各个国家及地区在制定环境政策时必须充分认识到环境污染的空间相关性。随着跨境污染问题的日益严重,跨区域环境合作已成为区域环保治理的重要选择。各国及各级政府之间也应打破各自为阵的行政垄断,推进以排污权交易为核心的跨区域环保合作,具体合作过程中可以建立以区域协调联动为基础的环境治理长效机制,创新协同治理环境污染的新思路,以解决以往由于行政区划导致的环境保护相互协调工作中的缺陷,实现污染治理由"点"到"面"、由"局部"到"整体"的有效转变。

二、严格规范各级政府的短视行为,建立责权明晰、财权事权对等的环境管理体制

为了更好地发挥财政竞争机制的激励和约束作用、积极避免地区间的恶性引资竞争,必须严格规范各级政府的短视行为并明晰政府间的财权和事权划分。各级政府部门和企业在引资过程中要有选择、有针对性地引入高质量、高效益的外资,积极引导外商投资逐步从一般加工向研发、高端设计和高附加值制造业领域拓展,并加强调整 FDI "两头在外,污染在内"的畸形产业投资结构,并根据自身经济发展程度给予高效益、清洁型、技术密集型 FDI 合理的政策导向和地区导向,严格审核东部地区高污染外资向中西部地区转移。各级政府应充分利用当前经济转型的有利时机,全面分析自身所处的经济发展环境,在综合考虑邻近省域发展政策上可能存在的冲突基础上,充分利用辖区间产业结构、要素禀赋的互补性来增强 FDI 的扩散效应和回流效应,积极培育本土地区吸收外资溢出的环保技术承载能力。另外,各级政府须彻底改变"重经济发展,轻环境保

护"的发展观和政绩观,积极探索以单一的经济增长和单一委托人为基础的考核激励向绿色 GDP 主导下的多重委托人晋升激励转变的有效途径,并将循环经济和环保指标纳入干部政绩考核指标体系,引导地方政府利用手中的权力为辖区内居民谋福利。与此同时,必须打破对地方政府的单一垂直监督方式,通过加强网络、新闻媒体、社会组织、公众对地方政府的问责和监督机制来降低中央政府与地方政府间的信息不对称,从而降低当地企业向地方官员寻租的可能性。最后,为了更好地发挥财政竞争机制的激励和约束作用、积极避免地区间的恶性引资竞争行为,必须进一步规范地方政府间的财权和事权划分,加大地方公共服务的财政支出和转移支付力度。具体来说,一方面,各级政府应合理界定中央政府、地方政府、企业在环境保护上的财权事权,严格按照财权与事权相统一的原则制定环境保护公共财政支出制度,确保生态建设、环境保护资金的足额到位。另一方面,各级政府应充分利用当前经济转型的有利时机,通过建立内外联动、互利共赢、安全高效的开放型经济体系来加快资源要素的跨区域流动,积极引导本地财政资源向社会发展、环境保护和公共服务等方面流动,推进地区间基本公共服务均等化制度。

三、着力建立健康的新型政企关系,推进发展型政府向监管型政府职能转变

政企关系已经成为中国经济转型过程中的普遍现象。随着政府职能转变以及全面依法治国战略布局的深入推进。重塑透明、公平、公正的新型政商关系渐渐成为政府、社会和公众的基本共识。为了有效避免政府和企业合作过程中产生的污染庇护现象,地方政府应着力建立健康的新型政企关系。政府要做市场机制的建设者而非主导者,通过"清廉执政"的方式构建新型政商关系,营造有利于市场的经营机制和投资环境。要通过更加健全的排污收费和污染许可证交易制度来引导和规范企业的排污行为,加大对企业超标排污、违法排污的惩罚力度及对公众损害的赔偿额,实现政府治理从"全能型政府""管制型政府"转向"服务—监管型政府",从而有效避免环境政策执行异化。同时,中央政府应在官员激励制

度设计上应妥善处理经济增长与环境保护的关系,对官员的管理在强调知识化、年轻化建设的同时也要注重完善官员考核评价指标体系,据此激发地方官员治理辖区内污染、保护环境的主动性和积极性。对此,中央政府不能仅仅将"绿色 GDP"停留在概念层面,而应将污染治理及污染排放纳入考核激励范围并赋予适当权重,以进一步从激励源头上纠正当前的官员短视行为,强化减排政策的激励力度。对于地方官员的交流与升迁机制,应做到上任前尽力保证任期内的稳定,任期中有效监督约束,并在任期结束后实施环境保护离任审计,通过建立官员执政效果的动态追踪评估和生态环境损害责任终身追究制度来克服官员交流的短视行为。同时,地方官员应该积极敦促辖区内企业积极履行环保责任,及时准确披露主要污染物达标排放情况、企业环保设施的建设和运行情况、环境污染事故应急预案等,并以技术变革及专业的环境管理手段来提高企业的环境绩效,从而将污染总量控制在生态阈值范围内。

四、合理引导外资企业向主导优势产业集聚,充分发挥集聚正外部性

提高产业集群水平、充分发挥集聚外部性效应是提升我国利用外资效果并实现节能减排目标的一个重要途径。地方政府在积极吸引高质量、高效益外资项目的同时,应针对不同地区、不同行业的环境污染情况和产业集聚水平制定相应的政策导向,鼓励具有环保优势的外资向清洁产业转移并带动相关产业的孵化与成长,注重吸取"清洁型"外资的先进技术与环保经验,最终实现引资与环保的双赢。为此,我们必须更加注重优化外商投资结构,重点引进产业关联度大的龙头企业、配套企业来推动现有产业链向上下游延伸,大力提升技术密集型和劳动密集型产业的集聚水平。同时,应鼓励中小企业以特色产业集群方式参与专业化分工,形成集群内本地企业与跨国公司之间紧密的产业关联,并采用强有力的措施积极鼓励内资企业以特色产业集群方式参与专业化分工,依托产业集群优势来加快发展现代高端服务业,尤其是生产性服务业发展。要加大对环境污染高、技术落后的内资企业的淘汰力度,并利用较高的环境压力

和治污成本倒逼内资企业的研发活动和技术升级,刺激内资企业进行环保技术创新。鉴于不同地区、不同城市规模区间内集聚外部性对环境污染的影响存在显著的差异,地方政府应因地制宜、因势利导地推动产业集聚,着力形成特色化、差异化产业集聚增长区。对于欠发达的中西部地区而言,要想缩小与发达地区在利用外资与环境保护方面的差距,除了鼓励具有环保优势的外资向清洁产业转移外,还可以充分利用马歇尔外部性和雅各布斯外部性对节能减排的"自净"作用,最终实现利用外资与环境保护的协调统一。由于不同城市规模区间内集聚外部性对环境污染的影响存在显著的差异,建议规模较小的城市集中优势资源重点发展特色产业,充分利用马歇尔外部性来加快产业内部的环保技术溢出;对于规模较大的城市而言,应鼓励多样化产业协同推进,发挥雅各布斯外部性来促进产业间环保技术外溢,通过多样化集聚来提高环境资源配置效率。在此过程中,地方政府应实施提高环保监督力度、增加环境治理投入和积极引导产业集聚的政策组合,以避免产业集聚发展和环境污染加剧可能带来的两难困境。

参 考 文 献

［1］包群、陈媛媛、宋立刚:《外商投资与东道国环境污染:存在倒 U 型曲线关系吗?》,《世界经济》2010 年第 1 期。

［2］郭峰、石庆玲:《官员更替、合谋震慑与空气质量的临时性改善》,《经济研究》2017 年第 7 期。

［3］林光平、龙志和、吴梅:《我国地区经济收敛的空间计量实证分析:1978—2002》,《经济学(季刊)》2005 年第 4 期。

［4］聂辉华、蒋敏杰:《政企合谋与矿难:来自中国省级面板数据的证据》,《经济研究》2011 年第 6 期。

［5］盛斌、吕越:《外国直接投资对中国环境的影响——来自工业行业面板数据的实证研究》,《中国社会科学》2012 年第 5 期。

［6］史青:《外商直接投资、环境规制与环境污染——基于政府廉洁度的视角》,《财贸经济》2013 年第 1 期。

［7］许和连、邓玉萍:《外商直接投资导致了中国的环境污吗? ——基于中国省际面板数据的空间计量研究》,《管理世界》2012 年第 2 期。

［8］杨杰、卢进勇:《外商直接投资对环境影响的门槛效应分析——基于中国城市面板数据研究》,《世界经济研究》2014 年第 8 期。

［9］袁建国、后青松、程晨:《企业政治资源的诅咒效应——基于政治关联与企业技术创新的考察》,《管理世界》2015 年第 1 期。

［10］张宇、蒋殿春:《FDI、政府监管与中国水污染——基于产业结构与技术进步分解指标的实证检验》,《经济学(季刊)》2014 年第 2 期。

［11］Aisen A., Veiga F., "How Does Political Instability Affect Economic Growth?", *European Journal of Political Economy*, Vol. 29, No. 3, 2013.

［12］Albornoz F., Cole M.A., Elliott R., "In Search of Environmental Spillovers", *The World Economy*, Vol. 32, No. 1, 2009.

［13］Anselin L., Bera A. K., Florax R., "Simple Diagnostic Tests for Spatial Dependence", *Regional Science and Urban Economics*, Vol. 26, No. 1, 1996.

［14］Baek J.，Koo W.W.，"The Environmental Consequences of Globalization: A Time-series Analysis"，*Ecological Economics*，Vol. 68，No. 8，2009.

［15］Baltagi B.H.，Egger，P.，"Estimating Models of Complex FDI: Are There Third-country Effects?"，*Journal of Econometrics*，Vol. 140，No. 1，2007.

［16］Baranchuk N.，Kieschnick R.，Moussawi R.，"Motivating Innovation in Newly Public Firms"，*Journal of Financial Economics*，Vol. 111，No. 3，2014.

［17］Bernal O.，Gnabo J.Y.，Guilmin G.，"Policy Uncertainty and Risk in the Eurozone"，*Journal of International Money & Finance*，Vol. 65，No. 3，2016.

［18］Bhattacharya U.，Hsu P.，Tian X.，"What Affects Innovation More: Policy or Policy Uncertainty"，*Journal of Financial & Quantitative*，Vol. 52，No. 5，2017.

［19］Biswas K.，Farzanegana M.，Thum，M.，"Pollution, Shadow Economy and Corruption"，*Ecological Economics*，Vo. 75，No. 11，2012.

［20］Bliss M.A.，Gul F.A.，"Political Connection and Cost of Debt: Some Malaysian Evidence"，*Journal of Banking & Finance*，Vol. 36，No. 5，2012.

［21］Bradley D.，Pantzalis C.，Yuan X.，"Policy Risk, Corporate Strategies and the Cost of Debt"，*Journal of Corporate Finance*，Vol. 40，2016.

［22］Bu M.，Wagner M.，"Racing to the Bottom and Racing to the Top: the Crucial Role of Firm Characteristics in Foreign Direct Investment Choices"，*Journal of International Business Studies*，Vol. 47，No. 6，2016.

［23］Cai Y.，Sevilir M.，"Board Connections and M&A Transactions"，*Journal of Financial Economics*，Vol. 103，No. 2，2012.

［24］Cole M.A.，Elliott R.J.，Okubo T.，Zhou，Y.，"The Carbon Dioxide Emissions of Firms: A Spatial Analysis"，*Journal of Environmental Economics & Management*，Vol. 65，No. 2，2013.

［25］Cole M.A.，Elliott R.J.，"FDI and the Capital Intensity of Dirty Sector: A Missing Piece of the Pollution Haven Puzzle"，*Review of Development Economics*，Vol. 9，No. 4，2005.

［26］Copeland B.R.，Taylor M.S.，"Trade, Growth and Environment"，*Journal of Economic Literature*，Vol. 42，No. 1，1994.

［27］Dales J.H.，*Pollution, Property and Prices: an Essay in Policy-making and Economics*，Toronto: University of Toronto Press，1968.

［28］Dean J.M.，Lovely M.E.，Wang H.，"Are Foreign Investors Attracted to Weak Environmental Regulations? Evaluating the Evidence from China"，*Journal of Development Economics*，Vol. 90，No. 1，2009.

［29］Dong B.，Torgler B.，"Causes of Corruption: Evidence from China"，*China Economic Review*，Vol. 26，2013.

[30] Elhorst P., "Applied Spatial Econometrics: Raising the Bar", *Spatial Economic Analysis*, Vol. 5, No. 1, 2010.

[31] Eskeland G.S., Harrison A.E., "Moving to Greener Pastures? Multinationals and the Pollution Haven Hypothesis", *Journal of Development and Economics*, Vol. 70, No. 1, 2003.

[32] Faccio M., "Differences between Politically Connected and Nonconnected Firms", *Financial Management*, Vol. 39, No. 3, 2010.

[33] Fredriksson P.G., Wollscheid J.R., "Environmental Decentralization and Political Centralization", *Ecological Economics*, Vol. 107, No.C, 2014.

[34] Fridel B., Getzner M., "Determinates of CO_2 Emissions in a Small Open Economy", *Ecological Economics*, Vol. 159, No. 45, 2003.

[35] Girma S.Y., Gong H., "Foreign Direct Investment, Access to Finance and Innovation Activity in Chinese Enterprises", *The World Bank Economic Review*, Vol. 22, No. 2, 2008.

[36] Goldman E., Rocholl J., So J., "Do Politically Connected Boards Affect Firm Value?", *Review of Financial Studies*, Vol. 22, No. 6, 2009.

[37] Grossman, G M., Krueger A.B., "Economic Growth and the Environment", The *Quarterly Journal of Economics*, Vol. 110, No. 2, 1995.

[38] Hauffer A., Wooton I., "Country Size and Tax Competition for Foreign Direct Investment", *Journal of Public Economics*, Vol. 71, No. 1, 1999..

[39] He J., Wang H., "Economic Structure, Development Policy and Environmental Quality", *Ecological Economics*, Vol. 76, No. 3, 2012.

[40] Hosoe M., Naito T., "Transboundary Pollution Trans-mission and Regional Agglomeration Effects", *Regional Science*, Vol. 85, No. 1, 2006.

[41] Hosseini M., Kaneko S., "Can Environmental Quality Spread Through Institutions", *Energy Policy*, Vol. 56, No. 2, 2013.

[42] Jens C., "Political Uncertainty and Investment: Causal Evidence from U.S. Elections", *Journal of Financial Economics*, Vol. 124, No. 3, 2017.

[43] Jia R.X., "Pollution for Promotion", *International Economic Studies Working Paper*, 2013.

[44] Julio, B., Yook, Y. Policy Uncertainty, Irreversibility, and Cross-border Flows of Capital, *Journal of International Economics*, Vol. 103, No. 3, 2016.

[45] Kuznets S., "Economic Growth and Income Inequality", *American Economic Review*, Vol. 45, No. 1, 1955.

[46] Levinson A., Taylor M.S., "Unmasking the Pollution Haven Effect", *International*

Economic Review, Vol. 49, No. 1, 2008.

［47］Li H., Zhou L., "Political Turnover and Economic Performance: the Role of Personnel Control", *Journal of Public Economics*, Vol. 89, No. 9, 2005.

［48］Maddison D., "Modelling Sulphur Emissions in Europe: A Spatial Econometric Approach", *Oxford Economic Papers*, Vol. 59, No. 4, 2007.

［49］Malthus R. T., *An Essay on the Principle of Population*, Cambridge: Cambridge University Press, 1817.

［50］Markusen J. R., "Foreign Direct Investment As a Catalyst for Industrial Development", *European Economic Review*, Vol. 43, No. 2, 1999.

［51］Martin A., Hans L., "Agglomeration and Productivity: Evidence from Firm-Level Data", *The Annals of Regional Science*, Vol. 46, Np. 3, 2011.

［52］Meadows D. H., Randers J., Behrens W., *The Limits to Growth*, New York: Universe Books, 1972.

［53］Mill J.S., *Principles of Political Economy*, London: Prometheus Books, 1848.

［54］Millimet D.L., Roy J., "Empirical Tests of the Pollution Haven Hypothesis When Environmental Regulation is Endogenous", *Journal of Applied Econometrics*, Vol. 31, No. 4, 2015..

［55］Moriki H., Tohru N., "Transboundary Pollution Transmission and Regional Agglomeration Effects", *Papers in Regional Science*, Vol. 85, No. 1, 2006.

［56］Opschoor J. B., *Sustainable Development, the Economic Process and Economic Analysis*, Amsterdam: Wolters-Noordhoff, 1992.

［57］Piotroski D.O., Zhang T.Y., "Politicians and the IPO Decision: The Impact of Impending Political Promotions on IPO Activity in China", *Journal of Financial Economics*, Vol. 111, No. 1, 2014.

［58］Selden T. M., Song D., "Environmental Quality and Development: Is There a Kuznets Curve for Air Pollution Emissions?", *Journal of Environmental Economics and Management*, Vol. 27, No. 2, 1994.

［59］Sidorkin O., Vorobyeva D., "Political Cycles and Corruption in Russian Regions", *European Journal of Political Economy*, Vol. 52, 2018.

［60］Tiebout C., "A Pure Theory of Local Expenditures", *Journal of Political Economy*, Vol. 64, No. 5, 1956.

［61］Wagner U.J., Timmins C.D., "Agglomeration Effects in Foreign Direct Investment and the Pollution Haven Hypothesis", *Environmental and Resource Economics*, Vol. 43, No. 2, 2009.

［62］Walter I., Ugelow J. L., "Environmental Policies in Developing Countries",

Ambio, Vol. 8, 1979.

[63] Wang H., Jin Y., "Ownership and Environmental Performance: Evidence from China", *Environmental & Resource Economics*, Vol. 36, No. 3, 2007.

[64] Zeng D., Zhao I., "Pollution Havens and Industrial Agglomeration", *Journal of Environmental Economics and Management*, Vol. 58, No. 2, 2009.

后　　记

　　本书为国家自然科学基金资助项目"政治关系网络下策略性减排的形成机制及空间溢出效应研究"（项目批准号：71703035）的阶段性研究成果。书中多数内容先后在相关研讨会上做过交流，并得到了与会专家的肯定和修改意见，在此深表谢意。

　　囿于学识、理论、数据和资料的限制，本书不可避免地存在不足之处并亟待进一步完善：第一，目前的研究仅仅给出了空间相关性以及空间集聚的具体形式，对于这一现象产生的理论机制分析过于浅薄，对其背后的成因解释不够深入。第二，对中国利用外资的环境效应考察，主要以中国31 个省、自治区或直辖市、275 个地级市以及 36 个制造业细分行业为研究对象，缺乏利用微观企业数据分析外资企业的环境讨价还价能力。第三，对政企关系的探讨仅仅局限于"关系"表面，而缺乏从"网络"的角度研究其对策略性减排行为的微观机制及影响效应。

　　在本书付梓出版之际，特别感谢人民出版社经济与管理编辑室主任郑海燕编审的大力支持与帮助！由于水平有限，本书难免存在不足和错误，欢迎学术界同行批评指正。

策划编辑:郑海燕

封面设计:胡欣欣

责任校对:白　玥

图书在版编目(CIP)数据

外商直接投资、环境污染与策略性减排研究/邓玉萍,许和连 著. —北京:
　人民出版社,2019.8
ISBN 978－7－01－021081－0

Ⅰ.①外… Ⅱ.①邓…②许… Ⅲ.①外商直接投资-影响-环境污染-研究-
　中国 Ⅳ.①F832.6②X508.2

中国版本图书馆 CIP 数据核字(2019)第 155535 号

外商直接投资、环境污染与策略性减排研究

WAISHANG ZHIJIE TOUZI HUANJING WURAN YU CELÜEXING JIANPAI YANJIU

邓玉萍　许和连　著

人民出版社 出版发行

(100706　北京市东城区隆福寺街 99 号)

中煤(北京)印务有限公司印刷　新华书店经销

2019 年 8 月第 1 版　2019 年 8 月北京第 1 次印刷

开本:710 毫米×1000 毫米 1/16　印张:14

字数:201 千字

ISBN 978－7－01－021081－0　定价:58.00 元

邮购地址 100706　北京市东城区隆福寺街 99 号

人民东方图书销售中心　电话 (010)65250042　65289539